舰船推进系统选型概论
——像舰船总设计师那样思考

余 放 编

国防工业出版社
·北京·

内 容 简 介

动力是舰船的"心脏",是整艘舰船重要的组成部分。在舰船设计的最初阶段,就应开始慎重考虑推进系统。本书站在舰船总体设计师的角度着重介绍了推进系统的技术特点,以及舰船设计师如何根据其技术特点和约束条件来选择推进系统。全书共分11章。第1章~第7章主要讨论推进系统设备的组成;第8章~第10章着重介绍各种设备组成整套推进系统时,应考虑各种影响因素,以及选型过程中的若干约束条件,如设备的成本及可用性等;第11章列举了一些设计研究的方案。

本书主要是供舰船设计者和科研管理者使用的,也可作为大专院校船舶动力装置专业的参考书。

图书在版编目(CIP)数据

舰船推进系统选型概论:像舰船总设计师那样思考/
余放编 . —北京:国防工业出版社,2017.1
ISBN 978-7-118-11095-1

Ⅰ.①舰… Ⅱ.①余… Ⅲ.①军用船—推进系统—
概论 Ⅳ.①U674.7

中国版本图书馆 CIP 数据核字(2016)第 255268 号

※

国防工业出版社出版发行
(北京市海淀区紫竹院南路23号 邮政编码100048)
三河市众誉天成印务有限公司印刷
新华书店经售

*

开本 710×1000 1/16 印张 13½ 字数 249 千字
2017 年第 1 版第 1 次印刷 印数 1—2000 册 定价 68.00 元

(本书如有印装错误,我社负责调换)

国防书店:(010)88540777　　发行邮购:(010)88540776
发行传真:(010)88540755　　发行业务:(010)88540717

序　言

众所周知,关于舰船推进系统各种设备的出版物较多,但涉及系统本身的设计,或者说设计师如何为舰船推进系统选型的著作却很少。为了丰富国内舰船推进系统选型领域的研究资料,本书收集介绍了英国舰船行业科研人员的著述及观点,重点介绍推进系统的技术特点,以及舰船设计师如何根据其技术特点和约束条件进行推进系统的选型,这些观点均来自真实的海军舰船设计实践。

舰船设计需要引用广泛的专业知识。由于舰船设计各专业之间存在广泛的相互联系,所以人为地划分了一些界限。但是,舰船设计的特点要求我们任何专业的设计师都应首先把自己视为一名舰船设计者,其次才是具体专业的设计师。总之,本书主要是供舰船设计者使用的,尤其是那些负责为舰船推进系统选型的设计者。

关于舰船推进系统选型,英国舰船行业存在以下观点:

舰船设计是一个不断逼近的过程,需要时间使设计方案逐渐成熟。因为推进系统是舰船整体的一部分,一旦安装好了,就不容易更改,所以最重要的是应在舰船设计的最初阶段就开始慎重考虑推进系统。因为推进系统包括一些研制周期较长的设备,可能会造成舰船采购和推进系统设备研制之间进度上不同步。这些因素可能使得长期从事推进系统设备研制的科研人员,在其设备首次在海上试验使用时,还不十分清楚舰船的总体性能,而这些性能很可能对设备产生重要影响。

推进系统选定后,还有大量细致的工作要做,但只要选择过程是成功的,详细设计阶段就不会有重大改变;或者说,当推进系统逐渐与该舰设计的其他特征相互影响时,就不会明显改变其特性(如不会大量增加重量等)。详细设计很重要,因为设计中如果考虑不周到,会给舰船使用及维护人员造成较大的困难。常常听到舰船使用人员抱怨管路铺设妨碍一台需要定期维护保养的设备的通道,而不管设计初期在重量和全寿命周期成本之间是否做出正确权衡。

在设计过程中,如果我们拥有成套完整的可用信息资料,就可方便地做出某些决策。然而有些时候,尤其在工程的初期,有许多决策只能基于不太充足的信息资料。人们必须利用现有的各种资料,并加以某些思考,尽量客观地做出判断。即使这样,仍将有某些决策只是一些推测:认为可能是舰船设计所必需的,因为建成舰船的用途可能与设计阶段所设想的有所不同。如果是这样,采取特定的设计方案能阻止潜在的攻击吗？或者说，不是这样，这种方案能使胜利确定无疑吗？当无法预测上述细节时，那么有什么根据能判断各种备选方案呢？敌对各方都在彼此不断地评论各自的优势与劣势，并不断修改设计方案以对付不断变化的威胁。这就意味着，决定在舰上安装什么样的设备会影响敌方所采取的对策。例如，敌方发现了某些难以直接对付的防御能力，则会研发新武器或新战术，以威胁位于防御最薄弱方面的舰船。

在审查各种不同推进系统方案时，要谨防强行推销的做法。不要听信某人说某艘舰最高航速可达多少节，或者说另一艘舰1小时只使用多少吨燃油，或者一艘舰的机舱只有多少米长。不可能用简述或概述来说清楚一套推进系统的全貌，或者是该系统如何能很好地满足舰船设计的操作使用特点和其他特征。为尝试优化一台装置，必须审查舰船设计中众多的相互关联，而且必须进行折中权衡。一艘舰就是一种综合平衡的结果，因此，满足作战使用要求的最有吸引力的总体方案，也许不是该舰具有最高航速、最经济燃油消耗、最短的机舱长度或者无论什么别的独立特性。采用新设备或者不同等级的燃油，或是改变现有的保障系统，代价可能很昂贵。因为这样会涉及整个保障体系、备品、培训、手册及岸基设施。孤立地看，一种完全不同的舰船设计方案可能会节省一些费用，但考虑到它增加保障的成本，费用就会大大增加。这绝对不是说不要做重大修改，重要的是，这种修改要在现实环境下进行，既要考虑增益，又要考虑损失。

在许多情况下的问题是准确确定舰船设计师力图达到的目标。目标是要打赢一场战争（什么类型的战争——局部冲突或全球战争？）还是制止一场战争？或者只是想采购一艘讲求费效的舰船？上述所有目标都很难进行分析评价。"简单"地讲，目标就是一种讲求费效的设计方案。必须既要考虑费用，又要考虑效果，并绘制出相互关系图，才有望找出费效比最佳值。然而，实际上无论是费用还是效果都不容易确定。第10章讨论了确定费用真实含义的问题。确定效果比确定费用更难，因为最终效果要追溯到基本无法估量的事情：所设计的舰船是为了打赢一场战争还是制止一场战争？

目 录

第1章 蒸汽系统 ··· 1
  1.1 概述 ··· 1
  1.2 蒸汽循环 ··· 2
  1.3 锅炉 ··· 3
  1.4 循环 ··· 7
  1.5 汽轮机 ··· 7
  1.6 汽轮机控制 ······································· 9
  1.7 特征信号 ··· 10
  1.8 近代蒸汽系统 ····································· 11
  1.9 辅机 ··· 14

第2章 柴油机 ··· 15
  2.1 概述 ··· 15
  2.2 发动机功率-转速包络线 ···························· 16
  2.3 燃油消耗曲线 ····································· 21
  2.4 分类 ··· 22
  2.5 废热回收 ··· 23
  2.6 燃烧 ··· 23
  2.7 进排气管 ··· 24
  2.8 过渡工况 ··· 24
  2.9 舰船柴油机的优选系列 ····························· 25
  2.10 水下噪声与抗冲击 ······························· 26
  2.11 尺寸与重量 ····································· 26
  2.12 舰船运行模式 ··································· 27
  2.13 可维性 ··· 27

v

2.14 红外信号 ··· 27

2.15 潜艇柴油机 ··· 28

第3章 燃气轮机 ·· 29

3.1 概述 ··· 29

3.2 燃气轮机循环 ··· 30

3.3 舰用燃气轮机 ··· 36

第4章 核动力推进系统 ··· 48

4.1 概述 ··· 48

4.2 核反应 ··· 48

4.3 核反应堆 ··· 49

4.4 屏蔽 ··· 52

4.5 反应堆密封壳 ··· 53

4.6 压水反应堆 ·· 53

4.7 "萨凡纳"油轮 ··· 57

4.8 "奥托霍恩"号船 ··· 58

4.9 未来的应用 ·· 59

第5章 传动系统 ·· 63

5.1 齿轮装置 ··· 63

5.2 电力传动 ··· 79

5.3 轴系 ··· 84

5.4 推进器 ··· 85

第6章 监测与控制 ·· 97

6.1 概述 ··· 97

6.2 对推进控制系统的要求 ·· 98

6.3 模拟系统与数字系统 ··· 100

6.4 控制方式的选择 ·· 101

6.5 仿真 ·· 102

6.6 推进系统的控制 ·· 102

6.7 控制系统与舰员素质 ··· 104

第7章 燃料 ··· 106

7.1 概述 ··· 106
7.2 精炼 ··· 107
7.3 柴油 ··· 108
7.4 使用蒸馏油舰船的燃油系统 ··· 110
7.5 馏分混合物 ··· 114
7.6 渣油 ··· 115
7.7 煤 ··· 118
7.8 舰船用燃料的变化 ··· 121

第8章 推进系统集成 ··· 124

8.1 概述 ··· 124
8.2 推进系统模型 ··· 124
8.3 系统设计 ··· 125
8.4 舰船实用效果 ··· 126
8.5 联合动力装置 ··· 128
8.6 燃气轮机 ··· 128
8.7 柴油机 ··· 129
8.8 CODAG/CODOG ··· 130
8.9 调距桨 ··· 131
8.10 辅助功率输出 ··· 133
8.11 低速运行 ··· 134
8.12 拖曳负荷 ··· 134
8.13 舰船机动期间推进过渡过程 ··· 135

第9章 推进系统设计的约束条件 ··· 141

9.1 概述 ··· 141
9.2 重量 ··· 141
9.3 空间 ··· 142
9.4 特征信号与冲击 ··· 147
9.5 工业基础 ··· 154
9.6 成本 ··· 155
9.7 变革的阻力 ··· 155

9.8	可用性、可靠性及可维性	157
9.9	易损性	166
9.10	舰员配备	168

第10章 推进系统的成本要素 … 170

10.1	概述	170
10.2	评价成本的方法	171
10.3	影响成本的因素	173

第11章 设计研究举例 … 187

11.1	概述	187
11.2	例1:是否需要研制新机型	187
11.3	例2:新设计舰船推进系统的选型	195
11.4	例3:续造舰船推进系统的选型	204

参考文献 … 208

第1章 蒸汽系统

1.1 概　　述

由于航空母舰和核潜艇在一个国家的地位越来越重要，所以我们要关注蒸汽系统。

自19世纪初出现轮机工程开始，蒸汽系统就一直在舰船上应用。直到20世纪初船舶蒸汽系统才开始使用燃油。在19世纪蒸汽系统设计方面的进展很快，由初期小于100kPa压力工作的活塞式蒸汽系统，到20世纪初发展成为以2100kPa压力工作的三重膨胀发动机。锅炉技术取得了巨大进步，由筒式锅炉取代了19世纪初广泛使用的箱式锅炉，满足了工作压力提高的需要。在这个时期的前期，海水被用作工作流体，但这样首先必须使海水淡化，因为随着锅炉装置高度开发利用，海水有关的腐蚀和水垢导致的问题越来越多。

大约在石油燃料获得海军认可的前后，汽轮机诞生了。汽轮机公开试验的消息，刊载于1897年《舰船评论》上，曾轰动一时。7年后，英国海军有了一艘汽轮机动力巡洋舰。两年后，"无畏"号舰成为英国第一艘汽轮机动力战舰。到了1912年，所有新型的重要舰船都用汽轮机作动力。活塞式蒸汽机继续应用在小型战舰上，并且运行得很好。直到20世纪70年代，最后的活塞式蒸汽机才离开英国海军舰船。

多年来，蒸汽系统不断地发展。在某些领域某个时期发展进程超过了其他系统。那个时期，都是使用可靠并经试验过的部件，以在舰船首次航行时将失误操作期间可能产生的风险降到最低。但这种做法延缓了蒸汽系统变革的过程以及达到更高蒸汽参数水平的进展。

当较高压力和温度的蒸汽导向一个尺寸较小、效率较高的装置时，有一种连续驱动力来增加这两个参数。20世纪70年代，英国海军成功建造了以燃油蒸汽系统作为动力的新型舰船。最后一艘"利安德"（Leander）级护卫舰，一些"郡"（County）级驱逐舰和"布里其布托尔"（Bristol）舰在70年代初都开始了它们的运行生涯，至少它们的推进动力部分都使用蒸汽。这些舰船的最先进之处是所用蒸汽压力达到4800kPa，温度达到510℃。到第二次世界大战前，美国蒸汽推进系统的发展已超过英国,并且一直领先。最新的燃油蒸汽水面舰船用8300kPa压力和510℃温度的蒸汽运行。有些舰船已采用了压力燃烧锅炉。俄罗斯海军拥有多种级别的燃油蒸汽战舰,其中有些仅是最近才露面的,很难得到关于它们设计的细节。

1.2 蒸汽循环

一个基本的蒸汽循环可以从一台以定压向锅炉供水的给水泵开始。热量被用于加热给水并产生一定温度和压力的蒸汽,作为锅炉的输出。这些蒸汽经过一蒸汽轮机,并保持其压力低于大气压。蒸汽被冷凝,然后工作流体被泵抽到给水系统,最后到达给水泵吸入口。这个过程表示在温-熵图上,如图1.1所示。

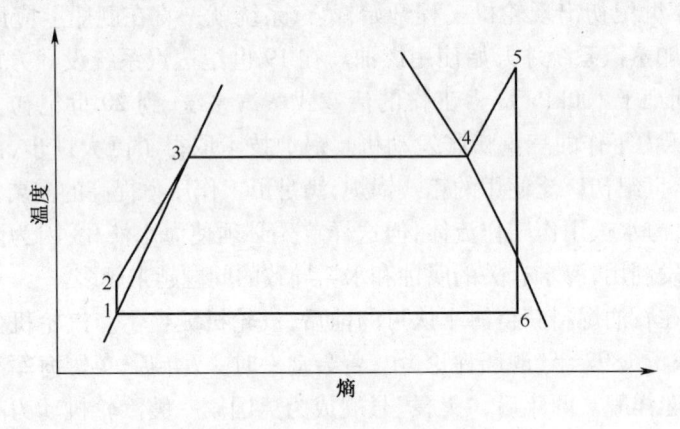

图1.1 Rankine 循环

其中:
1-2 为给水从冷凝器泵到锅炉入口的绝热过程。
2-3 为水在锅炉中的定压加热过程。
3-4 为定压加热蒸发过程。
4-5 为蒸汽在定压下的过热过程。
5-6 为蒸汽在涡轮中绝热膨胀过程。
6-1 为冷凝器中系统的放热过程。

上述过程称为 Rankine 循环。

这个系统工作时需要各种辅助机械,诸如给锅炉提供燃烧空气的鼓风机、滑油系统,从给水系统中排除空气和非凝结气体的装置,以及可以允许随功率需要变化而改变给水要求的给水系统,这里仅仅列出几种。多年来,蒸汽一直作为大多数辅助机械的动力。蒸汽轮机可驱动泵和鼓风机,蒸汽可用于空气引射泵中,以去除工作空间内的空气和非凝结气体,也可用于加热器等。蒸汽用于这些辅助机械有其吸引力,因为这些设备需要的蒸汽量与用于推进装置中的蒸汽量相比是很小的,所以对锅炉的尺寸和重量的影响适中。不管怎样,以蒸汽为动力的每台机械必须有蒸汽进出的管道、阀门和与其他机械的交叉连接,所有这些设备遍布机舱。其目的是提高个别机械的效率(小型汽轮机效率通常不是很高的),减少管道铺设和渗漏源(在某些设计中接头和阀门出现过重大问题)。某些机械已经改用电力驱动。

基本蒸汽系统可进一步完善,以提高其各方面的性能,例如收集汽封和密封装置周围漏泄的蒸汽,并送回到给水系统,从而减少需要生产的给水量。蒸汽循环还有许多其他特性,可使某些性能得到进一步改善,但通常要在空间、重量、复杂性、维修或费用等方面付出一些代价。

尽管"标准的"燃油蒸汽动力装置已有某些实例,但对舰船用蒸汽动力装置的惯例一直是进行专门设计。除像锅炉和汽轮机等大型设备以外,许多其他设备的尺寸相对适度,以便能把它们适当地布置在机舱的各个位置。因此,使用燃油蒸汽系统的舰船设计初期是较灵活的,因为某些较小的辅助机械可从一个舱移到另一个舱。为了使装置达到足够的可用性和可靠性,在任何舰船设计中都可能有许多锅炉和汽轮机,这也会增加设计初期阶段可能要研究的变数。可以将锅炉集中安装在舰船的某一小区,而汽轮机安装在另一小区(小型舰船通常如此);也可将一套锅炉/汽轮机装在一区,而另一套锅炉/汽轮机装在另一区。这两种方案各有所长。作为所有这些选择的结果,有许多不同的蒸汽系统采用多种技术途径,目的在于强调设计的某一特性或另一特性。

商船并没有随英国海军进入燃气轮机时代。大型商船,特别是需要大功率的高速船均倾向于使用蒸汽系统。20世纪70年代石油危机之前,所生产的蒸汽装置的平均尺寸逐渐增加(尽管当时情况如此,事实上,柴油机发出的最大可用功率正在增大,且其效率高于小功率蒸汽系统,柴油机势必垄断这部分市场)。随着动力装置平均尺寸增大,锅炉和汽轮机的设计采用了先前开发陆用装置所用的措施,因为大型舰船动力装置要求的蒸汽产量正在接近陆用装置。蒸汽压力和温度不断升高。70年代,随着燃油价格的迅速上涨,商船蒸汽系统设计集中于试图生产具有高热效率的装置,但其结果仍低于柴油机。贸易上的不景气,导致大型舰船订货推迟,航速降低。因此,受蒸汽系统支配的市场规模也减小了。

1.3 锅 炉

蒸汽动力装置的输出功率取决于动力装置设计中的许多因素,但主要取决于蒸汽流量和蒸汽状态参数。这些参数是有内在联系的。较高的蒸汽状态参数,对于给定输出功率(图1.2)会导致较低的蒸汽流量。然而,当考虑锅炉设计时,在一定条件下根据产出一定蒸汽量的需求来确定锅炉尺寸。锅炉中工质量必须是这样的:即热量输入以及工质流动形成理想的蒸汽状态。蒸汽流量和状态参数之间有进一步的相互影响。当后者上升时,可能会导致降低对流量的要求,但这不会使锅炉尺寸减小,因为更高的压力将需要更大、更牢固的锅炉构件。

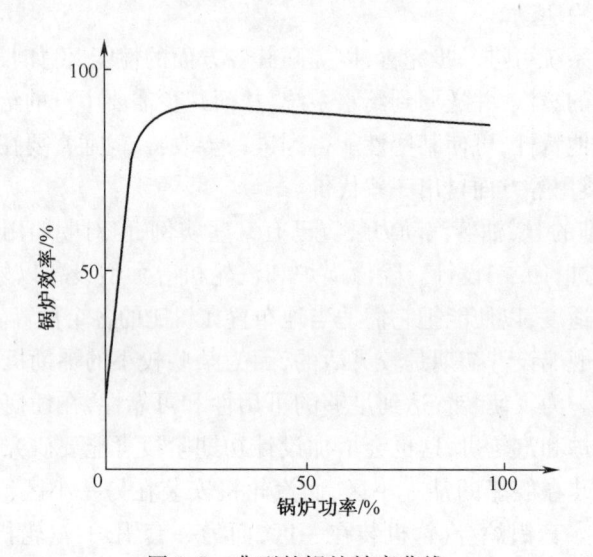

图1.2 典型的锅炉效率曲线

锅炉主要包括以下三个部分。

1.3.1 炉膛

炉膛中空气和燃油混合并燃烧。炉膛必须被设计成使燃烧过程和给水之间的热交换率达到最大。在炉膛内,热交换主要是辐射换热和对流换热。燃油燃烧时间很短,燃油应以小雾滴的形式喷入炉膛,并利用多种方案雾化燃料,例如,利用蒸汽汽雾帮助雾化燃油形成大小均匀的小滴,并形成良好的汽雾。这些汽雾小滴经过炉膛时就开始燃烧。如果炉膛的设计不适合于所用的燃油或存在某些故障,在燃气离开炉膛并进入蒸汽管排之后,燃烧过程会连续发生,这样就会产生超温问题。在燃烧过程中,积炭和燃油中其他非燃烧物质一起进入蒸汽管排。

锅炉的形状和尺寸取决于几种因素,其中炉筒之间的垂直距离和炉膛的深度及宽度是很重要的因素。在燃烧器安装在正前方的锅炉中,炉膛深度取决于火焰长度。火焰形状可以通过改变燃烧器喷雾角做某种程度的修正,这样就可得到较短、较宽的火焰。因此,较短锅炉的缺陷是锅炉更宽。换句话说,如果锅炉长度是关键因素,则可把燃烧器安装在锅炉的顶部,使火焰垂直地燃烧。在某些设计中,锅炉的高度是关键因素,因为锅炉可能破坏甲板平台,并给布置在机舱四周的舱室带来很多问题。在这样的环境中,锅炉形状需要做成短而粗(不长而较宽)。在这种情况下,火焰不大可能垂直燃烧。

锅炉配有多个燃烧器。大幅度降低通过单一燃烧器的燃油流量,将引起低流量情况下燃烧不良。对锅炉来说,多燃烧器系统允许较大程度地降低燃油流量。因为燃烧器可以顺次地点火。点着火的燃烧器就高效率地工作。然而,由于把每个燃烧器连接起来要在费用和维护上付出代价,因此必须在这两个特点之间作出权衡折中。

炉膛过去习惯用耐火砖做内衬,砖造部分需要维修,当进一步强调生产更紧凑的锅炉时,炉壁的水冷获得了普遍的应用。这样可降低炉壁温度,或换句话说,对于同样壁温情况,允许做成较小的炉膛。用这种方法,耐火砖仍然是必要的,但不暴露在高温下,所以维护工作量大大减少。

与其他类型燃烧碳氢燃料的船用推进装置比较,燃油蒸汽系统因燃烧燃料范围最宽而具有极大的潜力。整个系统的设计必须考虑燃油的品质,因为低品质的燃油在喷入锅炉之前需要较大程度地加热,而且要求燃油在炉膛内的滞留时间更长。除非采用特殊措施,否则污染物和燃烧物会引起燃气通道阻塞和加快腐蚀速率。由于劣质燃油购买价格低,所以舰船燃油蒸汽装置设计的推动力是开发利用燃油的潜力。很少有系统会利用低劣的油料。尽管如此,近年来蒸汽系统在船用动力装置中的使用已经很少了。在军船设计中燃气轮机和柴油机占有市场,而在商船设计中柴油机(低、中速)占有市场。不过,蒸汽系统在航母和核潜艇上却大有用武之地。

1.3.2 蒸汽发生器和过热器管排

燃烧过程中的热量通过辐射、对流及传导的方式进行传递。蒸汽发生器管排环绕炉膛四周,它们之间留有间隙,以便燃气流达到每根管。如果燃油中含有钒,那么过高的温度会导致管排燃气侧腐蚀速率加快。因此单个管子的温度是很重要的。此温度取决于管子的位置(暴露于炉膛辐射热的程度),燃气沿管周围流动并加热管内的水/蒸汽。蒸汽系统的目的是生产高压蒸汽和高温蒸汽。因此,通过降低管内蒸汽温度来控制金属壁温的方法是不可取的。增加通过管内蒸汽/水流量同样是不理想的,因为这样会导致锅炉产生更大的压力损失,从而影响出口蒸汽压力。然而,锅炉内的压力降是不可避免的,实际上也是促使良好的分配工质流量所必需的。给水压力较高当然好,但也会带来使组件更大、更重、更贵的弊端。设计者的目标就是要在这两者之间做出适当的折中和权衡。

舰船机动期间,推进系统所需要的功率经常是快速变化的,因此,导致锅炉管排内流量也随之改变。情况既然如此,当管排内蒸汽流量减少时,燃气流量/温度也必须减少,局部过热方可避免。在负荷变化时,可能有相当大的热惯性,这可能意味着管子蒸汽侧流量变化比输入管子内的热量变化要快得多,便会产生过热。一个解决办法是锅炉内包含多个炉膛,每个炉膛可这样来控制,即它所供热的管排无论是在稳态还是在过渡状态都不会过热。这种系统的响应时间短,反应快,容易控制。虽然增加了操作的灵活性,但结构更复杂了。第二个解决办法是控制燃气流(采用隔板),这样燃气可在一定条件下直接离开关键管排。稳态工况时,输入到锅炉不同部件上的热量必须控制,而采用多炉膛或隔板系统就能用于这一目的。

当考虑锅炉传热、尺寸和重量时,管排的间隙是很重要的。尽管管排之间细密的间隙可使燃气流通道达到全部管排,但燃油中的杂质,燃烧期间生成的碳会阻塞燃气通道,以致干扰锅炉内热量的分配。采用更大的管路间隙和/或定期清洗燃气通道的办法虽然可行,但会导致锅炉的尺寸更大、更重。

和其他燃烧碳氢燃料的原动机一样,应给炉膛提供高于理想条件下燃烧所需要的空气量。然而空气过量必须适度,对于大功率装置空气超过量为3%~5%,而对小型船用装置通常为10%~15%。小型装置需要较大的空气过量是因为这种空气可用来协助调节温度。

1.3.3 废热回收

燃气经过蒸汽发生器和过热器管排之后,仍然含有大量热量,且仍然处于高温状态(尽管温度没有高到可大量地传热给过热蒸汽)。这些排出的烟气可用于加热输入炉膛之前的空气和/或加热进入锅炉(这被称为经济器)前的给水。这些措施使锅炉效率提高大约10%,而经过预热燃烧的空气会燃烧得更好,且维护工作量较小。但必须注意,不允许废气离开废热回收系统时温度下降得太低,因为这会在烟道中产生酸凝使烟道和锅炉的某些部件腐蚀速率加快。

如果给水离开除氧器的温度与除氧器相应压力下的饱和温度尽可能接近,则给水的含氧量应较低,以便使经济器和锅炉蒸汽发生器部件的内部腐蚀最小。经济器给水进口温度较高,将有助于防止燃气出口温度太低,从而使酸凝结。

因为给水和废气流动都会引起损失,所以引入了经济器要求较高的给水泵压和鼓风机风压。

舰船机动会引起锅炉供水突然明显地中断。给水重新进入热经济器管排时引起的热冲击会产生较高的热应力。

1.4 循　　环

根据水/蒸汽在锅炉管排内的流动,可分为自然循环和强制循环。就前者而言,热量输入建立起循环,低密度的水/蒸汽上升,并为高密度的水所置换。必须注意,在舰船运行过程中,遇到任何情况(包括舰船遭受战斗损坏引起通常的稳态倾斜等),都必须保持这个循环,其管排布置方式是非常重要的。当自然循环流动必须经历低压差时,要维持流动则必须有大面积的流道。这就要付出重量和体积方面的代价。强制循环通常用于减小锅炉尺寸,它允许更大范围地修改锅炉的形状以满足舰船的要求。通常强制循环给水是被加压的,并围绕锅炉建立起循环。所用管排孔径比自然循环管排小得多,这将节省空间和重量。但强制循环必须增装附加泵设备,驱动泵需要消耗附加动力以及对转动部件存在更大的依赖性等,这些不足又反过来抵消了上述优点。当把锅炉循环作为一个独立变量来调节时,调节系统更为复杂。

多年来,已经尝试过许多不同型号的锅炉。直流式锅炉的给水进入和蒸汽离开是通过一根导管,这种锅炉已有应用,但通常不用于推进系统。因为这种锅炉并不是在任何情况下都能达到合适的水化学标准和足够的管流量。还有很多问题。与鼓筒式锅炉相比,直流式锅炉的水/蒸汽容量小,会产生很多问题,特别是舰船机动期间,急需储备蒸汽时更是如此。这些问题妨碍了直流式锅炉在大功率装置中的应用。某些其他型号锅炉一直在商船上使用或打算用在商船上,例如,那些采用了沸腾层的锅炉。现有的各种型号的锅炉都在设计上为克服舰船使用方面的障碍付出了相当大的代价。

1.5 汽　轮　机

多年来,为提高蒸汽系统的效率和减小体积已做出了很多改进。随着蒸汽压力的提高,由于汽轮机叶片尺寸较小,所以在某一点内部效率开始下降。大输出功率的汽轮机叶片仍保持可接受的尺寸以适应更高压力,因此,就可考虑将较高的蒸汽状态参数用于较大的功率输出系统。由于蒸汽会使级效率大幅度减少,较高的原始蒸汽温度会减少末级汽轮机的水分,因此,增加汽轮机进口温度有助于改善汽轮机效率。蒸汽会引起腐蚀,因此对进口蒸汽有一个最低温度值,低于此值时,效率降低,磨损严重增加。

蒸汽膨胀到低于大气压,此过程可在一缸或多缸内完成。输出功率在

15MW左右的装置,从空气、重量、费用和维护理由等方面考虑采用单缸较为有利。超过这个功率值,当考虑系统效率时(这主要是由于为满足不同级的叶片速度要求而引起的困难),提供引人注意的单级方案比多级少。末级压力越低,从蒸汽中吸取的能量就越大。然而,末级压力越低,末级叶片就越大,汽轮机/冷凝器需要的总重和体积就越大。由于在一定环境条件下更难达到很低压力,还有更多的维修问题,因此舰船动力装置通常在比商船动力略高的压力下工作,系统效率低一些是可接受的。

汽轮机叶片分成冲动式和反动式两大类。其详细定义可在许多教科书中找到。实际上,没有叶片是纯冲动式或纯反动式的,因为从叶根到叶梢(通常叶梢附近反动度增加)为自然过渡,承担更多的负荷,状态参数更均匀,对末级来讲是可能的。为方便起见,经常称叶片为冲动式叶片或反动式叶片。通常汽轮机的前几级高压级主要是冲动式叶片,而较后低压级是反动式叶片。

汽轮机的扭矩-转速特性与采用自由涡轮的舰船燃气轮机的特性相类似。减小航速时扭矩增加,超过全功率扭矩而航速为0时,会出现大约2倍于全功率扭矩(图1.3)。要是安装了倒车汽轮机,通过给倒车汽轮机提供蒸汽,可有效地将扭矩用于减慢旋转涡轮(在最大倒车速度时,扭矩大约为150%)。在舰船航行期间这是会用到的。然而,舰船航行期间,蒸汽被送入冷态汽轮机时必须小心从事,并且要适当限制响应的速度以适应设备状态的变化过程。虽然达到的扭矩值可能很高,但其发生的概率较低。

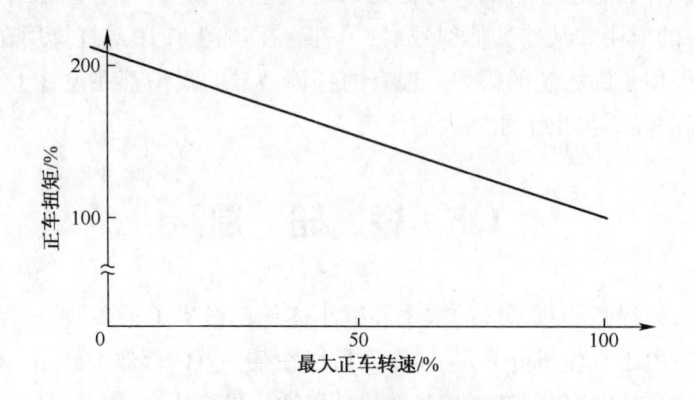

图1.3 汽轮机扭矩与转速的关系

蒸汽离开汽轮机末级时应该凝结,以便将工质用泵送回锅炉。通过一个放置在冷凝器内的装置除去不可冷凝的部分,系统的最低压力位于冷凝器中,这样就可促使蒸汽在系统内很好地流动。

汽轮机从工质中抽取能量的效率取决于叶片的类型,以及蒸汽的速度和叶片的切向速度。如图 1.4 所示,不同类型叶片有不同的效率,为在有限空间内要求达到足够高的效率,汽轮机的转速必须是每分钟数千转。这就要求在汽轮机与螺旋桨之间设置减速器(减速齿轮箱)。

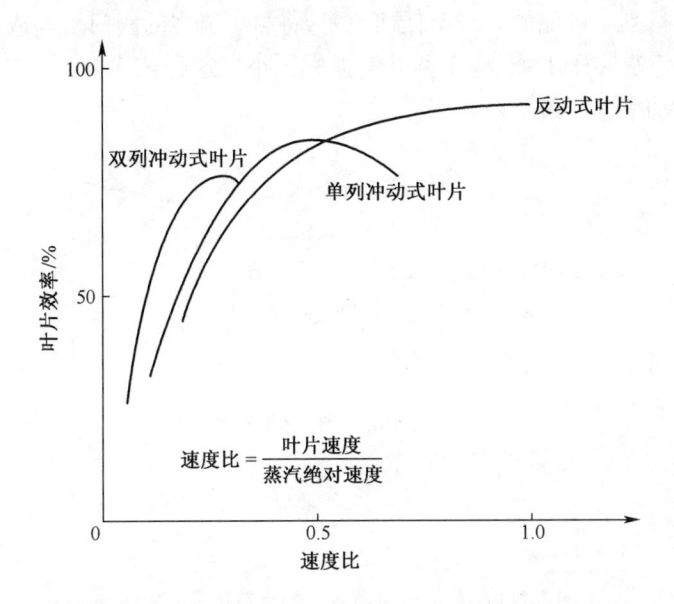

图 1.4　某些类型的叶片速度比与叶片效率之间的关系

汽轮机、齿轮箱和冷凝器应合理地布置,使其在长度、宽度和高度方向所占空间最小。冷凝器通常悬挂在汽轮机的下面,这三个部件能被安装在一个共用基座上。有许多结构和布置方法都试过,力图做出更高效、更紧凑的冷凝器。

舰船的倒车动力由倒车汽轮机提供,可安装在与正车汽轮机同一根轴上,使用时蒸汽直接通过正车汽轮机或倒车汽轮机两者之一,未用的汽轮机在真空中旋转,因此鼓风损失不大。通常倒车轴功率接近正车轴功率的 30%,这只用少数几级汽轮机就可达到。所以倒车汽轮机很小,且很轻。尽管不是很有效,但倒车效率通常不是主要性能指标。倒车汽轮机最具吸引力的原因之一,是它在船舶运行期间可用作螺旋桨轴的制动力。

1.6　汽轮机控制

一旦锅炉蒸汽参数给定,汽轮机输出功率就取决于通过它的蒸汽流量。蒸汽流量可以靠节流蒸汽来改变,但在部分负荷时,会导致汽轮机出现不可接受的低效率。一种不损失部分负荷效率的备选方案是,随着功率需求下降而减少第一级喷嘴面积。这样,喷嘴进口处的蒸汽压力由主阀进口处压力维持。靠设置多个阀门来减小喷嘴面积(图 1.5)。每个阀控制到达部分第一级喷嘴的蒸汽。以各种组合方式打开和关闭阀门,使进入汽轮机的蒸汽流量可随之改变。在实际应用中,通常每组大约只有四个阀门。靠这些阀门全开或全关得到一系列连续的蒸汽流量是不可能的。对于任何流量,将尽可能多的阀门全开或全关,部分开启的阀门不得多于 1 个,从而可以使损失最小。这种依次开启一组阀门的过程允许对低功率进行最佳控制。

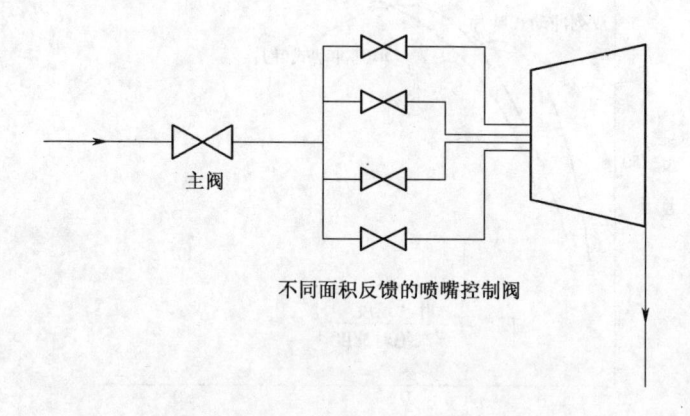

图 1.5 改善部分负荷效率的汽轮机控制方案

在某些设计方案中,设置阀门可使蒸汽旁路绕过第一级喷嘴。由于提供较大的喷嘴进口面积,使该旁通阀允许更大的蒸汽流量进入汽轮机,并可使汽轮机在更大范围内高效工作。

1.7 特征信号

1.7.1 红外信号

由于蒸汽系统的废气量远远小于相同功率下的燃气轮机或柴油机,而且通常排气温度较低。因此,蒸汽系统的红外特征信号较其他燃油原动机的红外特征信号更有利。

1.7.2 噪声信号

燃油蒸汽系统倾向于使用旋转部件,而不用往复式装置。旋转部件的固有噪声水平通常是较低的,而燃油蒸汽动力舰船的水下噪声特征信号通常是中低水平。如第 9 章讨论的那样,有很多方法能减少固有特征信号,因为,精确的特征信号对设计细节是非常重要的。

1.8 近代蒸汽系统

英国海军舰用燃油蒸汽系统基本上是20世纪50年代设计的,并经历了多次修改,某些已进行了现代化改装。但在许多方面,它们与现代舰用燃气轮机和柴油机设计布置相比不适应,这是针对未来发展而提出的。那么怎样的现代蒸汽系统才能与燃气轮机和柴油机不相上下呢?为了回答这个问题,有必要看一看舰用蒸汽系统与燃气轮机和柴油机二者之间的差别,看一看30多年来根据其他领域内蒸汽系统设计取得的进步,对燃油蒸汽系统做了哪些改进。

1.8.1 效率

与海军舰船的其他燃油原动机方案相比,燃油蒸汽系统的效率最低。蒸汽系统的效率可用迄今较高的蒸汽状态参数来提高。但当压力和温度升高时,意味着装置的重量也相应增加,因为结构部件必须设计成为耐高压部件。另外,锅炉燃气和蒸汽两侧的腐蚀速率也会加快,这取决于所用燃油与给水的纯度。

蒸汽系统的效率随汽轮机中蒸汽的平均温升而增加。20世纪70年代,人们曾考虑过以再热作为提高系统效率的方法。再热循环期间,从汽轮机膨胀蒸汽的部分通路中引出蒸汽,并返回到锅炉再加热。然后,将再加热的蒸汽送回到涡轮,在剩余的各级汽轮机中通过膨胀做功。必须将汽轮机膨胀的再热点和再热程度,视作全系统设计的一部分。蒸汽通过末级汽轮机时会含有较高的水分,这样的蒸汽系统会从再热中得到好处,这是因为再热会使水分含量降低。然而,过分的再热会导致蒸汽离开汽轮机时仍然具有相当大的能量没有被转换。

再热确实会使系统更复杂、维护工作量更大,以及初始费用更高。当再热仅仅是为提高效率时,它不适用于倒车汽轮机。在倒车运行期间,蒸汽流到再热器就停止流动。但是,如运行要求频繁的改变从正车到倒车或相反,再热器可能因蒸汽流迅速改变而承受多次热冲击。在舰船航行期间,有很多方法(或用过的或建议的)可用来控制该系统。在某些运行过程中,可将锅炉的再热部分完全关闭。或使用隔板分流锅炉气流离开再热器管排,或用一个专用燃烧炉加热再热管排,均可做到完全关闭。在装有几台锅炉的大型舰船中,一种备选方案是把所有汽轮机的再热器集中,仅用于一部分锅炉,航行期间可使这部分锅炉关闭。由于最大装机功率在航行中通常是不需要的,所以这种布置不会明显地影响到舰船的性能。如果将再热器关闭,航行期间各汽轮机也将经历不同的工作状态,因此这种设计方案必须考虑汽轮机后几级的影响。

一台汽轮机可以有几个再热级,每级获得的附加效率的优点必须与附加重量、体积和费用等相平衡。尽管再热似乎在效率上可获得更大增益,且仅仅提高蒸汽状态参数就可能达到(当考虑实际应用时),但还是仅有几个再热系统被应用到海上,还没有一台再热器在军舰上得到应用。这是由于海军首先看中的并不是效率,而且在一艘紧凑的战舰上安装再热系统,在附加重量、空间、费用和复杂性方面要付出更大的代价。

部分负荷下蒸汽系统的性能可通过使用加速汽轮机和巡航汽轮机两者来改善。对于舰船运行模式来讲,两者都是恰当的,不过在复杂程度、重量、空间等方面也要付出代价。

大多数提高效率的方法都要付出重量和体积方面的代价,并导致船的阻力增加,但在某种程度上至少还是节省了燃油的总费用(详见第9章)。

1.8.2 维护工作量

20世纪60年代初,燃油蒸汽舰船的特点是维护工作量较大。这也就是英国海军在60年代中期决定在其舰船上燃烧中间馏分燃料的原因。由于不再使用渣油,要求经常性清洗外部锅炉的次数大大减少。这种特殊的情况,对燃油蒸汽系统的设计者带来了有趣的难题。如前所述,当考虑实际限制时,燃油蒸汽系统的效率比不上它的竞争者。只要确保燃油蒸汽系统的燃油费用不超过它的竞争者,利用燃油蒸汽系统对燃油更大的适应性,蒸汽系统便可使用更便宜的渣油。然而,低品质渣油本身开始暴露出设计上的局限性。如果要避免过多地清洗外部锅炉,必须很好地放置管排,以便有更大的燃气流通道。这又会对锅炉尺寸有影响。另外,如果腐蚀速率是可接受的,使用低品质燃油意味着温度需要限制(同时效率也受到影响)。

20世纪50年代所设计的锅炉中衬砖部分也是一项主要的维修工作。一台现代锅炉可如此设计,在大炉膛四周布置水管排,以减少直接暴露在炉膛辐射区内衬砖的数量。

现有蒸汽舰船有许多用蒸汽作动力的辅助机械。这就需要采用众多管道,不计其数的阀门,同时也产生许多泄漏,因此系统的维护工作量是很大的。一个现代蒸汽系统多数辅机都使用电动机驱动,而只有较大功率的辅机如鼓风机才用蒸汽驱动。

燃油蒸汽系统的维护工作大部分需在舰船甲板上进行,而不像燃气轮机维护项目需在岸上进行维修。只有通过对维修的全部费用进行比较,才能得出燃油蒸汽系统与燃气轮机各自的优缺点(详见第9章)。

1.8.3 人员配备

一个世纪以来的发展趋势表明,动力系统需要配备的人员一直在减少。对于今天以燃油蒸汽系统为动力的舰船比燃气轮机和以柴油机为动力的舰船配备更多的人员,并不感到惊讶。然而,由于需要维护的工作量可减到适度水平,没有任何理由说明现代燃油蒸汽系统舰船不应该具有现代燃气轮机或柴油机舰船人员配备的水平。因为甲板上的维护不需要由舰船机组人员来做,因此,即使是燃油蒸汽系统比燃气轮机设备需要在甲板上做更多的维护工作,也不会影响增加舰员编制,不过,这清楚地表明要增加岸基保障。

1.8.4 功率变化率

尽管在许多情况下燃油蒸汽系统响应速度是足够的,但功率变化率永远比不上燃气轮机的响应能力。一个冷态燃油蒸汽系统加热到舰船出海运行的工作点往往要花费数个小时的时间。现代蒸汽系统设计特点应允许快速加热。例如,减少衬砖,汽轮机便可迅速地加热。文献[6]中提到舰船可在30min内由冷态启动后离港。

多年来,燃气轮机快速投入运行的能力不断增加,这就使以燃气轮机为动力的舰船可以最小功率的发动机驱动运行,每台都运行在最大效率点上,从而减少这些发动机的运行时数。通过调节热量输入可使锅炉保持在压力之下,但不输出蒸汽。这种锅炉在几分钟之内就能使燃油蒸汽舰船运行起来,但这种锅炉最好还是需要前面提到的30min使冷态锅炉运行。因此,燃油蒸汽舰船应以多台锅炉的工作方式运行,那样才能一接到指令就能立即将功率增加到所需要的水平。

1.8.5 空间

锅炉在与理想配比十分接近的状态下运行,与几乎同等功率的燃气轮机相比,管道(进排气)要小得多。然而,如果想要达到令人满意的效率,就必须限制锅炉的实际形状,这会使得锅炉比燃气轮机还高。因此不管燃气轮机舰船主机舱的空间较相当功率的蒸汽动力舰船的是大还是小,机舱天花板以上甲板整个空间需求才是设计细节问题。

有几个关于燃气轮机和燃油蒸汽系统比较的研究报告。在某些情况下,这种比较因其他因素而扭曲,这些因素还被引入演习之中,但通常燃油蒸汽系统所占的空间要大于燃气轮机,除非采用特殊手段来减少锅炉尺寸。采用压力燃烧,即空气以高压送入炉膛,是减小尺寸措施之一。这不仅允许燃烧更多的燃料,而且还有更高的燃烧速度,以促使在管排之间更好地传热。

1.8.6 重量

蒸汽装置的重量大于与其相当功率的燃气轮机装置。蒸汽装置的效率在多数情况下小于与其相当功率水平的燃气轮机,因此设备与燃油相结合使附加重量会更大,使得已是沉重的舰船,需要进一步增加更大的动力及机械重量。

1.8.7 人力因素

考虑到燃油蒸汽系统向机舱散出大量热量,可采用隔热的办法力图使之达到最小。即使如此,蒸汽机舱的环境条件并没有燃气轮机机舱令人满意。1967年英国海军决定把蒸汽轮机换成燃气轮机时,便考虑了舰员工作条件这一因素。

1.9 辅 机

燃油蒸汽系统的运行需要很多辅助机械。通常不是一种方法才可达到预期效果,但为使人们对所涉及的机械有所了解,特做下列说明:

(1) 必须生产出适当纯度的水以补充系统由于泄漏和有意排放造成的水量不足。锅炉腐蚀速度主要取决于给水中酸的含量,加入化学药品以减少酸性,但又会产生沉淀。水垢和固态铁锈可通过锅炉排污而除去,例如排放一些水,水中固体含量便会减少。

(2) 给水中的空气含量也会导致锅炉的腐蚀,并会在冷凝器中占有一个空气区。应该安装一台除氧器,以便给水进入锅炉前降低空气含量,也可在冷凝器内安装一台抽气器来除去非冷凝气体。

(3) 为了输送给水或冷却海水需要许多泵。

(4) 锅炉管排中积累烟灰,也会导致热交换损失和腐蚀面积扩大。通过定期将烟灰吹出管排可控制烟灰量。

过去所有这些机械都用蒸汽驱动,现在有多种可用的备选动力源,并将会使系统更简单。迄今为止,海上系统在多数情况下仍采用蒸汽动力辅助机械。

第2章 柴 油 机

2.1 概　　述

柴油机应用广泛,在新设计的商船中几乎排除了其他所有的推进方式。在海军应用领域,各类柴油机广泛用作发电机组的动力,而且在许多舰船(特别是小型舰船)上用作推进系统的一部分。

柴油机的理想循环如图2.1所示。空气被压缩(1-2),在定压下绝热加热(2-3),绝热膨胀(3-4),最后在等容积下冷却(4-1)。实际上对该循环要做些修改,例如,加热并不是在等压下发生的,由基本热力学(文献[3])可知,发动机的输出功是由图2.1中封闭的面积来表示的。循环全过程中压力的变化,在确定输出功时出现了一点问题,但是此问题通过确定一个叫做平均有效压力的平均压力就可解决。确定平均有效压力有两种方法,而最常用的方法是测量发动机输出功率,并计算出产生这些功率所需要的平均压力。这种平均压力称为制动平均有效压力。测量在循环期间气缸内的压力,可建立指示平均有效压力。指示平均有效压力是工质内能量的一种度量,而制动平均有效压力是到达输出轴有用能量的一种度量。后者更加实用,而且就是通常所引用的平均有效压力。由于扫气容积对于一台给定的发动机来说是不变的,因而制动平均有效压力和发动机转速的乘积就与输出功率的大小成比例。发动机的平均扭矩和转速的乘积也与发动机的输出功率成比例,因此制动平均有效压力与平均扭矩相互之间也是成正比的。燃油在气缸内燃烧过程中释放的能量与加在活塞上的能量成正比。因此,该平均扭矩和制动平均有效压力,就全部实用目的来说,均与燃油的喷射量成正比。

为了从一台特定的发动机获取最大功率,一种方法就是增加燃油喷射量。为了使燃油能够燃烧,必须相应地增加气缸中可用的空气量。在这种情形下,要求使用涡轮增压器使空气被压缩。提高发动机的转速能够增加发动机的输出功率,但是这会造成较高的离心力,而此离心力又导致平衡问题或是造成设计零件的强度足够大的难题。

发动机扭矩-转速曲线一般是相当平坦的(图2.2),这是因为诸如内部磨

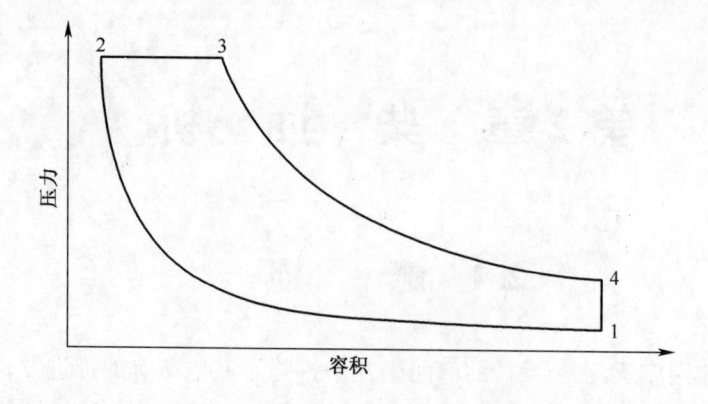

图 2.1 柴油机理想循环

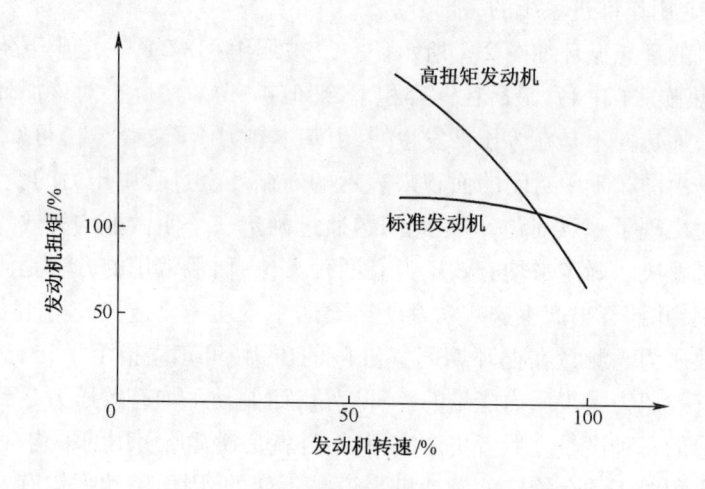

图 2.2 柴油机扭矩特性曲线

擦、涡轮增压器的效率等一些与转速有关的设计特点对曲线斜率的影响可能不是很大。然而要求在低于发动机最大转速的情况下扭矩要增大的一些应用场合，在一定范围内可改变喷入的燃油与转速的关系并改变涡轮增压器的匹配，从而保证在发动机转速降低时能够燃烧的燃油量最多。这就能得到较高的部分负荷的扭矩，但是代价是降低了最大输出功率。

2.2 发动机功率-转速包络线

如果为在整个转速范围内其扭矩为常量的装置绘出功率转速曲线，即可绘出图 2.3 所示的简单的斜率。实际上柴油机的功率和转速的关系要复杂得多，因为有许多因素限制柴油机只能在一个包络线之内运行。典型的包络线如图2.4所示。包络线的各个极限值是由不同的因素确定的,而包络线的形状,包络线所包含面积的大小以及限定的各个因素都随发动机不同而改变。最普通的限制因素有以下几个方面。

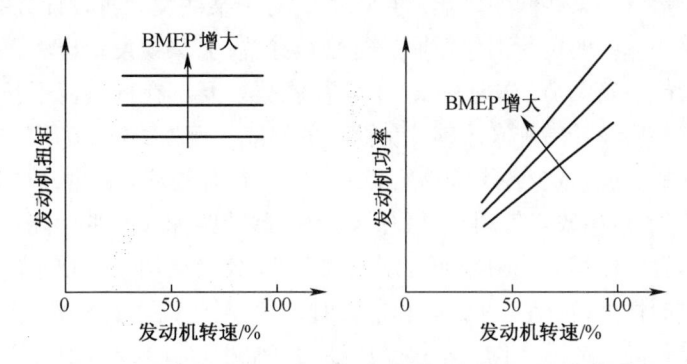

图2.3 柴油机理想的扭矩-转速曲线和功率-转速曲线

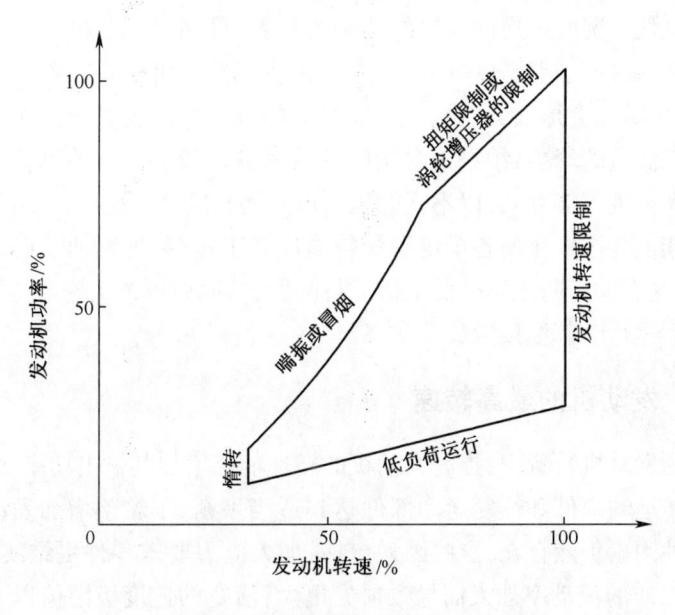

图2.4 典型的柴油机运行包络线

2.2.1 低负荷运行

当每一气缸所要求的功率下降时,在该气缸中的温度也下降。低负荷的第一个因素是在某个温度下,一些酸类物质会凝结,可能造成加速腐蚀。低负荷的第二个因素可能是燃烧效果差,造成无法着火以及燃烧时碳生成物增加。碳会积累在各个部件上,最终导致发动机性能下降。对于涡轮增压的发动机,低负荷的第三个因素是当进气阀开启时,进气总管的压力可能会比缸内的压力低,使空气倒流到进气总管内。在任何特定的发动机中,这些因素中哪一个最重要,取决于设计方案。

低负荷运行的某些问题是能够克服的。对于某些发动机设计方案,在比低负荷极限值还低些的负荷下作短期运行是可接受的,只要发动机将不需要的化合物烧掉后能在高负荷(亦即高温)下运行就行。要求在低负荷下长期工作的发动机会有一些设计措施来改善低负荷下的性能。例如,在低负荷条件下,可增加进口空气的温度,减少各类酸物质凝结可能。在有些发动机中,以牺牲最大输出功率为代价,可用改变气阀定时和涡轮增压器的匹配来减少燃烧产物流入到空气进气总管的作用。德国柴油机制造商 MTU 公司使用一种技术来改善低负荷下运行时的性能,特别是在起动和惰转时,只对某些气缸喷入燃油。这些气缸在高温和单独高负荷下工作。不接受燃油的气缸把空气泵入工作的气缸中。

随着发动机负荷的下降,排气温度也降低,这就影响了涡轮增压器的性能。为了使发动机低工况时传递到涡轮的功率为最大,可回收一部分废气流中的动能,这就要求气缸排气阀处气体内的动能保留时间要尽可能长。若不采取特殊措施,这些能量脉冲会形成其他气缸不能接受的背压。涡轮增压器涡轮的设计也须考虑到气流量的峰值,结果是涡轮的总效率就比较低。一种可替代的办法是安置一个大型废气储存器,以不变的压力供给涡轮能量。这样,就可使涡轮的效率接近最佳值。按顺序使各个定压涡轮增压器工作,并把燃油喷射到限定数量的气缸内,这有助于防止发生低负荷运行问题,从而使单个涡轮增压器在发动机各种负荷下运行时都能接近最佳状态。

2.2.2 发动机的最高转速

在给定的发动机装置中,提高发动机的转速能够增加其输出功率。然而,即使能够让旋转运动部件和往复运动部件达到适当平衡,不希望增加发动机的最高转速的种种因素仍然存在,这些因素包括:加大应力要求零件更结实(因而也更重);气体工质的流动率加大而导致损失更大;活塞的速度极限值以及气阀的控制问题等。

在某些情况下,发动机型号标志有各种可能的最大转速。用户可以选定该范围内任何额定的最大转速。这对于发电领域特别有用,因为在发电领域内频率是没有国际标准的。适当地匹配发电机和柴油机的转速,能产生不同的标准频率。

2.2.3 功率上限

最大额定转速附近功率的极限值可由发动机所能承受的最大扭矩或者制动平均有效压力来设定,也可根据气缸压力值、温度值或涡轮增压器内的各极限值来设定。许多零件必须根据气缸内压力峰值的大小来设计,这是最重要的一条准则。增加发动机的功率要求增加制动平均有效压力(假设发动机的转速不变),而且理想的状态是在增加制动平均有效压力的同时避免相应地增大机械应力和热应力。

已做过多种努力,希望通过增加制动平均有效压力来改善柴油机的功率密度。将更多的燃油喷入到气缸内部是没有多大问题的,但是限制因素是可供燃烧的空气量。自然吸气的发动机大多已被涡轮增压的发动机代替。从发动机废气中吸取能量的途径是让燃气经过一个涡轮。涡轮驱动压气机并将空气输送到气缸。多年来,涡轮增压器已经取得了很大的进步,压气机的压比已有了提高,不过,进展的速度还不像一些柴油机制造厂商所希望的那么快。多数发动机只使用单级涡轮增压器,但也有几种发动机使用了两级涡轮增压器,以期增加总压比。这个办法有下列作用:

(1) 使每一级压气机的额定值较低。

(2) 涡轮增压器的转速作为限制因素的可能性较小。

(3) 部分负荷时压气机内部的流动不稳定性对柴油机的功率-转速包络线的影响较小。

(4) 对过渡过程可能有益,这是由于比使用单级压气机时能够更迅速地供给空气。

气缸压力峰值与几个因素有关,其中一个因素是该气缸内空气的质量。当涡轮增压器的输出功率更高时,对于给定的发动机装置来说,将承受更高的压力峰值。设计方面应有一个折中方案来兼顾压缩比和压力峰值。如果不能接受较高的压力峰值,压缩比就可降低。这就是不增加压力峰值而提高制动平均有效压力的设计方案。这种方案会付出一些代价:总体效率会有所下降(不过这种下降可能适中),发动机的起动会变得较为困难。

进入气缸内的空气有两大功能:一个功能是使燃烧可能发生;另一个功能是限制在燃烧区周围的发动机零件所承受的温度极限值。在理想的条件下,燃烧所必需的空气燃油比是 15∶1。然而,实际上空气和燃料的掺和不会完全均匀,因而必须有过量的空气。冷却需要的空气在此基础上又有所增加,因此在海军用柴油机中,空气燃油比为 30∶1 是较常见的。某些燃烧技术,可在不影响压力峰值下得到较高的制动平均有效压力,可能会造成发动机零件的温度过高,这只能借助于过量的空气进行冷却。结果，这些燃烧过程在不采用其他防护措施时，会造成更高的压力峰值（防护措施是限制喷入到燃烧区域的燃油量，这就不能实现制动平均有效压力的全部潜在的效益）。

2.2.4 中间转速

在发动机中间转速范围内，常常是为了避免冒烟而设定功率限值，因为冒烟会使得敌人探测到该舰的存在，或者是必须设定功率限值以避免涡轮增压器的喘振。在压气机的特性曲线的某些区域内，流量的减少会伴随着压比的下降，这会导致流量等进一步减少。因此在靠近喘振极限值附近，较小的流动扰动会引起较大的流动扰动。由于气流较小的扰动是不可避免的，所以防止喘振发生的唯一途径就是在远离喘振极限值运行。喘振发生的准确条件取决于该系统的设计。有若干种技术能扩大喘振极限，如在某些运行条件下，通过放泄掉一部分空气来控制压气机的状态。

图2.5给出了一种典型的涡轮增压器压气机的运行包络线。从图上可看到，最高效率区域靠近喘振极限。随着涡轮增压器压比的提高，最大效率点和喘振极限有相交的倾向。为发动机选择涡轮增压器要求确保发动机最大负荷线通过包络线内较高效率区域，而无靠近喘振极限的危险。可变几何装置可简化匹配问题，并能扩大运行的界限，但是到目前为止，这种装置的复杂性妨碍了其广泛的应用。

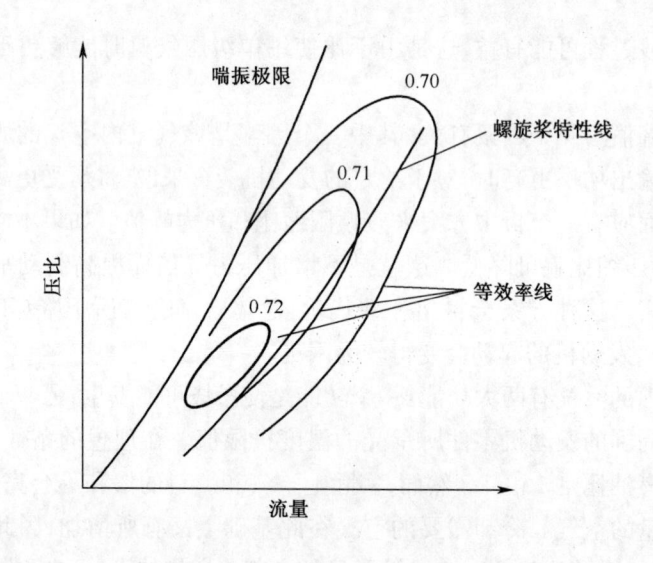

图 2.5 典型的压气机特性曲线

2.2.5 发动机最低稳定转速

发动机最低稳定转速是该发动机能够平稳运行的最低转速。此限值常常因燃烧困难而设定,特别适用于海军各类高功率密度的柴油机。因为转速降低时所需燃油量也较小,调节相当困难,而且功率降低后气缸内的空气温度也会较低,这就会导致燃烧的不稳定。发动机的最低稳定转速可能低到发动机最高转速的 50%,不过,低到 30% 更为常见。

2.3 燃油消耗曲线

根据柴油机用途的不同,可有不同的方式来表示燃油消耗曲线。图 2.6 给出了功率-转速关系包络线上典型的等油耗线。图中给出的最高效率区域(最低燃油消耗率区域)靠近喘振线极限,还给出了一条螺旋桨特性曲线。在燃油消耗率-功率曲线的基础上,重新绘制这个关系,就可以得到图 2.7 所示的曲线。各类柴油机常用作发电机组的原动机,也能包括推进应用。在一般的情况下,发电应用希望频率保持不变,因而一条发电机最大转速限制直线也如图 2.6 所示。图 2.8 给出了重新绘制的燃油消耗率-功率关系曲线。它表明螺旋桨特性曲线靠近柴油机包络线的最高效率区域,而且通常是在该包络线的效率较高的区域,但发电机最大转速限制线却匹配得不太好。

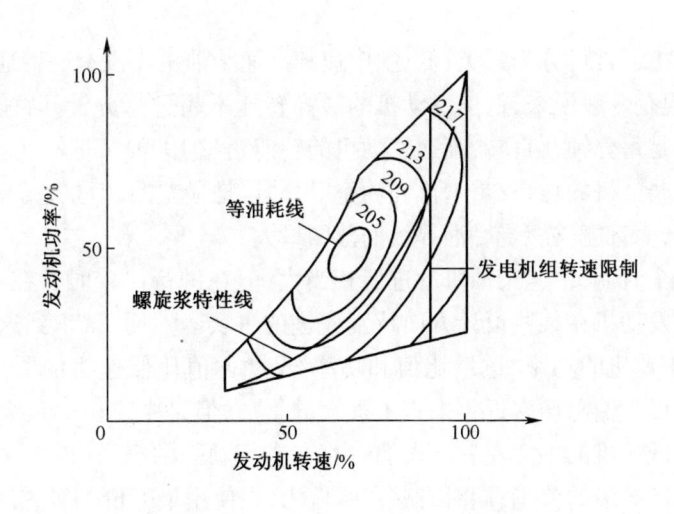

图 2.6 表示燃油消耗率与负荷限制的典型的柴油机包络线

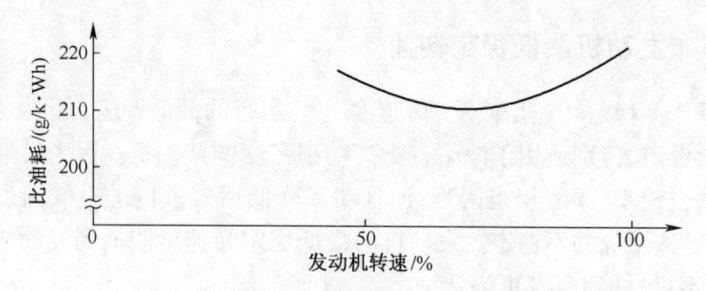

图 2.7　典型的发动机燃油消耗率与转速关系曲线
（基于螺旋桨特性）

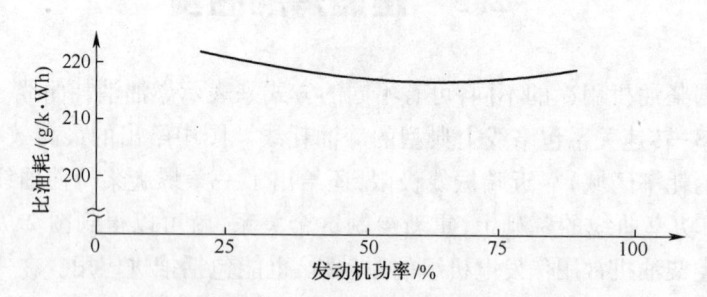

图 2.8　典型的发动机燃油消耗率与功率关系曲线
（基于发动电机最大转速限制）

2.4　分　　类

　　柴油机通常可分为三类：低速、中速和高速柴油机。没有一种通用的分类定义方法，但是一般说来，低速发动机的最高转速不超过每分钟几百转，中速发动机的转速是每分钟几百转，高速发动机的转速超过 1000r/min。

　　低速柴油机的功率/重量比和功率/尺寸比是最差的，但是它们的功率最大、效率最高，而且能够燃烧燃油等级的范围最大。

　　有一个时期，中速柴油机的进展相当大，但在进行比较时存在一些误区，掩盖了中速发动机在某些设计方面特别先进的事实。然而，认识到这种误区后可以看出，中速机的功率/重量比值和功率/尺寸比值比低速机的要高 3 倍左右。中速机的最大输出功率近年来有了很大的增加，但是中速机的最大输出功率仍然仅仅是低速机的 1/2 左右。人们一直在进行顽强的努力，以扩大中速机所能使用的燃油等级的范围；同时有些主张认为，在使用最廉价等级燃油方面中速机能够同低速机相抗衡。中速机的效率现在还没有低速机的高，但是相差不多。有些主张认为，各类中速机能够同低速机各个方面相媲美。

高速机的最大输出功率就更低了(小于中速机最大输出功率的1/2),而且最高效率值也较低(热效率略高于40%)。然而高速机的功率/重量比要比中速机的高2倍,而功率/体积比要高60%。

在确定是否应当使用二冲程循环(这有利于改善功率/重量比值)的问题中,低速机的巨大尺寸是最重要的方面。但是当发动机转速高时,各种因素相互抵消,就重量和体积方面来说,二冲程和四冲程循环之间就没有可选择的余地了。

2.5 废热回收

柴油机把从燃油中释放出来的能量的大约40%转化到输出轴上,所产生的其他形式的能量还可加以利用。燃油所释放出来能量的30%左右出现的废气中,而25%在冷却水中,剩下的以余热、噪声等形式出现。废气和冷却水的废热回收系统在商船中都有应用,但是在舰船中的应用非常有限。废气不仅含有大量的能量,而且温度也比冷却水要高得多,这有助于热传导过程进行。废气锅炉可用于生产蒸汽以加热舱室或是驱动涡轮。目前这项技术还没有得到开发,其原因是多方面的,例如:

(1) 各类柴油发电机通常以约50%最大功率运行,这就会引起该系统优化方面的矛盾。

(2) 废气中的能量只有一部分可回收,如要求将废气温度保持在各类酸物的露点以上,以及由于体积和重量的限制而不能使用大型废热回收锅炉。

因此结论是这样的,由废热回收系统获取的能量的大小不能判断该系统的复杂性。在将来这些观点是否被证实将取决于所用柴油机的输出功率及其负荷。

冷却水用于冷却发动机的缸套和滑油。在商船上常利用冷却水中的能量来制造淡水。就从废气中回收废热而言,人们并不认为这样复杂的系统在舰船的应用上有什么优势,由于温度较低,也限制了冷却水在其他方面的应用。

2.6 燃 烧

在英国,舰船柴油机燃烧一种名为dieso的中等馏分的燃油。第7章将详细说明这种dieso燃油以及柴油机可使用的其他燃油。

为使发动机达到最佳性能,在很短的时间内,在恰当的时刻以及在高压下必须把燃油喷入汽缸内。事实上在发动机负荷改变时恰当的喷射时刻也会改变；这就使前面的两项条件更加复杂化了。如果想要为避免增加系统的应力和喷油器腐蚀而付出代价，必须对燃油系统提出高压要求。

舰船柴油机燃油系统与第 7 章关于燃气轮机的燃油系统说明相似，在此就不再叙述了。

2.7 进 排 气 管

为了舰船能够安全通过有核污染物的大气环境，柴油机要借助于通到上甲板的管道系统得到空气。虽然这类管系要付出性能损失的借价（当考虑发动机性能时，涡轮增压器是系统中敏感的部件），但上述管系是可接受的。不希望盐分和海水进入发动机的空气系统，因此上甲板进气口的位置很重要，而且有必要使用进气滤器。在排气管中则常常见到各类消声器。

2.8 过 渡 工 况

负荷改变期间，涡轮增压器的响应在发动机的响应方面起重要作用。改变负荷的要求改变了进入气缸的燃油量，但是涡轮增压器压气机输出的改变反映出排气状态的改变过程中却有一定的延迟。这就导致空气/燃油比不是处于理想状态，这样会影响发动机的加速速率，并可能导致排气中有黑烟。过去已研究过这个问题，而且像 Hyperbar 这样的设备已经表现出优越性。用一套 Hyperbar 设备时，在涡轮增压器的涡轮之前装一个附加的燃烧室。通过控制进入涡轮的燃气的状态，该涡轮增压器响应速率能与需求更紧密配合。为克服部分负荷运行和起动难题，Hyperbar 可能是很有用的。但是这会使燃油消耗量变大。可用于改善涡轮增压器响应性能的另一种设备是空气喷射器（空气取自于外部气源），它能帮助涡轮增压器改变转速。

对于可逆转柴油机（这种柴油机能正转也能反转），必须仔细控制反转期间运行的顺序，确保系统的扭矩等参数不超过限值。在反转顺序过程中，气阀定时必须改变，然后，发动机以反方向重新起动。在反转顺序期间，该发动机能起到轴转动制动器的作用，因而对舰船运动也起到制动作用。

在过渡工况中，如果对柴油机的功率-转速包络线加以严格限制，柴油机很可能发生问题。当航速稳定时，机动开始时最大的加速力是螺旋桨初始最大负荷和发动机运行包络线极限之间差值的函数，如图 2.9 所示。图 2.9 是理想化的情况,因为如果航速没有改变,这个加速力未必会施加,它只是用来说明含义。还可能出现这样的情况,加速该系统时所能使用的力是非常小的,这些情况将在第8章中讨论。

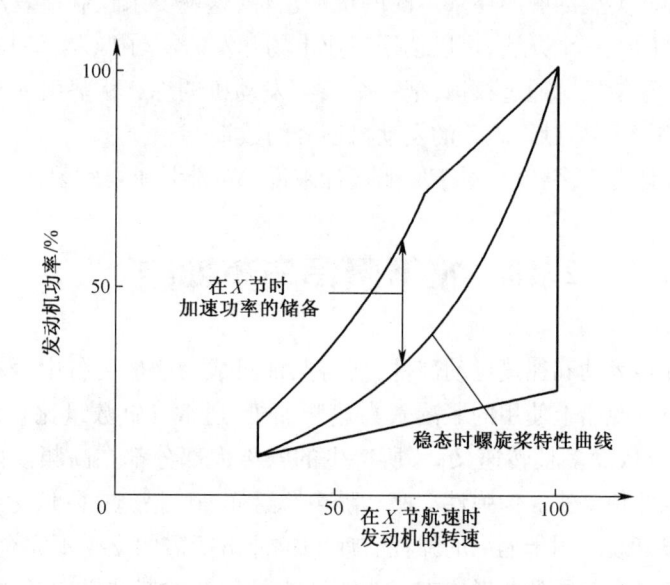

图 2.9 柴油机使舰船加速的能力

2.9 舰船柴油机的优选系列

从 20 世纪初开始,各类柴油机就与各类蒸汽系统开展竞争。柴油机的效率比蒸汽轮机高,但一般来说所需要的燃油的质量也要略高一些(因而价格贵些)。近年来在商业运输领域,各类柴油机几乎占据了统治地位,这是因为柴油机的高效率胜过了不同燃油品质之间的小小差别。在英国海军中,第一次世界大战和第二次世界大战之间引入各种柴油机是一个进步,但是当时没有很好地设计。结果是在第二次世界大战结束时,在役的发动机类型超过 300 种。包罗这个范围的后勤保障和培训费用十分昂贵。1950 年引入的海军标准范围(ASR)由五种发动机组成。其中功率最大的是 1.5MW。选定这些发动机是依照许多舰船设计的重要准则,像抗冲击性、尺寸、可靠性等。由于集中在这几类发动机上而且允许开展改型,这个标准范围使用了 20 年。许多护卫舰、潜艇和小型舰艇都使用过这个范围内的发动机。

近年来放弃了这个海军标准范围。英国海军使用的发动机类型有许多种,而且还有些发动机为用于海军并完成了试验。海军通常喜欢应用上述两类发动机，不过由于发动机的演变和新型号的出现，目前不在海军优选之内的发动机，只要满足了某些条件之后，也会被选用并列入优选系列之内。这些条件取决于用途，例如，不同类型的舰船要求不同的抗冲击性，这就要求在制造发动机方面有所反映。借助于这个办法，可以选用工业市场开发的发动机，然后对其进行必要的修改供海军使用。通过权衡，把一个新型发动机的综合优势引入到优选系列中，从而控制需要后勤保障等的发动机型号的数量。

柴油机设计有许多特点，对于舰船设计来说都可能是重要的因素。

2.10 水下噪声与抗冲击

大量的旋转运动和往复运动部件，使得柴油机成为舰船装备中振动量级最大的装备。便于舰船上使用的紧凑式高速柴油机，通常气缸数量比较多（如20缸）。由于气缸数量多且转速又高，所产生的噪声大部分都在高频段内。高频噪声的衰减比低频要快。像弹性支座和隔声罩这样一些措施在降低达到海上的噪声方面会很有效。用于隔声的弹性支座和抗冲击所需的支座不完全一样，但是可造出一种支座兼顾到两者要求。为工业市场制造的柴油机，在舰船设计总体要求承受的冲击载荷作用下会发生断裂，不过发动机在船上的位置也影响所受冲击力的大小。发动机设计的一些细节（像悬伸的大部件）在冲击条件下可能会出现问题，因此在海军使用之前，在设计上有必要做些改动。

为了避免柴油机和发电机在受到冲击载荷后出现不对中的问题，某些设计方案所采用的办法是把发电机直接安装在柴油机的端部。第9章将会更详细地讨论冲击和水下噪声问题。

2.11 尺寸与重量

如果限定只能使用柴油机，那么考虑最高航速为30kn左右的大型舰船时，实际上必需的功率只能由低速柴油机或是由多台中速柴油机来提供。在功率/重量比和功率/尺寸比方面，与燃气轮机相比较，这两种选择都是不利的（在大多数情况下非常不利），故未得到大量使用。在功率/重量比和功率/尺寸比方面高速柴油机与燃气轮机更接近些，在最高功率要求不是很大的小型舰船或大型舰船要求的巡航功率方面，这种柴油机很有竞争力。因此，许多在役舰船都使用柴油机作为推进系统的一部分。

为了获得更为紧凑的柴油机,可使用多级涡轮增压器。当基本发动机发出了更大的功率并改善了功率/尺寸比时,减少返回定律起作用了,也就是说,涡轮增压器尺寸增加而优越性减少。

对于舰船用柴油机来说,进一步的问题是更大的功率密度,在燃油效率方面要付出一定的代价;这个问题也说明了军舰和商船的不同要求导致了各自独立的发展道路。在分歧的早期阶段,许多零件是通用的,但是如果两条道路发展分离得过大,零件的通用性将会丧失,因而研制成本就由各自专门的部门承担了。

许多类型的柴油机气缸可采用直列式布置或V形布置。直列式较窄,但当缸数相同时则较长。由于多种原因,包括发动机的长度,直列式发动机通常限于用在缸数不多的场合。

2.12 舰船运行模式

舰船运行模式的特性要求具有宽广的航速范围。由于低航速需要低功率,具有较高最低稳定转速或者较小功率-转速包络线的柴油机,可能会限制舰船在低航速下运行及迅速改变航速的能力。通过选择适当的发动机并且优化特定条件下的发动机的功率-转速包络线,常常能找到可接受的折中方案。第8章将讨论增强舰船低速运行的一些装置。

2.13 可 维 性

结构紧凑的高速柴油机会有多个气缸。相当多的维修工作对每一个气缸是重复进行的,因此气缸多是一个缺点。然而与低速柴油机的零部件相比,高速柴油机零部件的尺寸和重量适中,因而高速发动机更容易完成规定的任务。

尽管主要的大修工作在岸上进行,但是柴油机一般性维护通常是在舰船上进行的。在柴油机的周围必须留有拆除的路径和位置,以保证可进行维护。

2.14 红 外 信 号

与燃气轮机相比,柴油机消耗的空气数量少,而且排气温度也低些。事实上舰船使用的柴油机的输出功率也远远小于燃气轮机,上述因素与这一事实共同使得柴油机红外信号源比燃气轮机弱。

2.15 潜艇柴油机

潜艇对各类柴油机的应用提出了专门的要求。由于通气管航行状态时管路损失大,所以更愿意使用机械增压器而不是涡轮增压器。在水面舰船上机械增压器因效率低而不太受欢迎。潜艇柴油机的另一个发展是闭式循环柴油机,详见文献[4]。闭式循环柴油机允许更长的下潜时间。不过,在水面舰船上由于可自由使用空气,它就没有优势了。

第3章 燃气轮机

3.1 概 述

到20世纪50年代,燃气轮机才初次用在大型舰船上。各类舰船很少在大功率下长时间运行。在较高航速下,舰船的功率/航速曲线相当陡峭,因此同最高航速相比而言,在巡航速度下功率要求并不很高。即使大功率推进系统大修期相对短些,对于舰船设计的影响也不大。因此,大功率推进系统对于不常使用的高航速运行还是有吸引力的。与同时代的其他推进装置相比,燃气轮机曾经具有(现代仍然具有)相当高的功率密度,无论在大型舰船的"加速"方面还是作为小型高速艇(具有较短航程)唯一的推进形式方面,均显示出优越性。在50年代,冒险设计一艘新型舰船而没有"常规"的动力装置提供全功率一半的功率是不恰当的。当时,英国海军正在设计一艘导弹驱逐舰,在研究了"常规"基本负荷方案之后,选择了蒸汽系统。加速由四台燃气轮机提供,形成蒸汽轮机和燃气轮机联合动力装置(COSAG)。与此同时又提出了一艘新型通用护卫舰,其设计和建造时间均比上述驱逐舰要短。这艘护卫舰上若安装一套类似的蒸汽轮机和燃气轮机联合推进装置,就能得到这种装置早期的海上运行经验。于是决定在该护卫舰上安装一套COSAG联合动力装置,使得这艘护卫舰("部落"级)成为第一艘装有燃气轮机的海军大型舰船。

在获得了舰用燃气轮机的某些使用经验之后,1967年,英国海军决定在未来舰船上使用航空改型燃气轮机。鉴于航空发动机的应用特点,对其进行了大量的研发工作。由于研发成本较高,于是鼓励航空界与航海界来分享所取得的成果。在20世纪60年代后期和70年代初期,由于舰船应用开发的时间有限而且成本过高,开发用于舰船的航空燃气轮机的类型受到限制。这些研发包括要改变燃料系统,使其能燃烧标准海军燃料——dieso(柴油)——代替航空燃料,强化许多部件(在海平面上连续工作的燃气轮机要比飞机发动机承受高得多的负荷),并要求必须控制腐蚀,这些腐蚀主要是由于经过空气和燃油进入发动机后不可避免地吸入盐分而形成的。由于简单循环燃气轮机在部分负荷时的燃烧效率相对较差,将巡航用发动机和加速用发动机分开来,就可能使这些发动机运行在最佳效率点附近。

20世纪60年代后期选定了英国制造的两种发动机,用Olympus(功率为18.8MW的TM1A型)作为加速机组,而用Tyne(功率为3.2MW的RM1A型)作为巡航机组。经过研发和试验,产生了英国海军第一艘全燃气轮机的军舰——21型护卫舰,很快42型驱逐舰又问世了。这些舰船均采用燃-燃交替联合动力推进装置(COGOG),以Olympus用于加速而以Tyne用于巡航。英国海军后续几级大型军舰一直在使用这两种燃气轮机,而且这两种燃气轮机多年以来大大提高了额定功率。第三种型号的燃气轮机是功率为12.75MW的SM1A型,也已在后来的22型护卫舰上应用,而且会出现在23型护卫舰上。甚至在SM1A型经受海上验证之前,就研究额定功率为18MW的SM1C型燃气轮机了。20世纪60年代到70年代,其他国家海军舰船也开始改用燃气轮机动力。当前世界的情形是,2000~20000t级排水量的大多数军舰都装有燃气轮机,至少用作一部分推进功率。

3.2 燃气轮机循环

3.2.1 简单循环

简单循环包括空气被压缩、加热、做功及最后被冷却(图3.1)。与往复式内燃机一样,燃气轮机的功率输出是膨胀功与压缩功之差。输出功率与效率均取决于循环的最高温度与进口温度之比。因为燃烧过程是间歇式的,且周围的金属容易冷却,所以往复式内燃机使用的最高循环温度可比燃气轮机大,燃气轮机的燃烧是连续的,且燃气轮机的涡轮可长时间在接近于最高循环温度下工作,所以,系统部件就较难获得令人满意的强度和抗腐蚀速率。

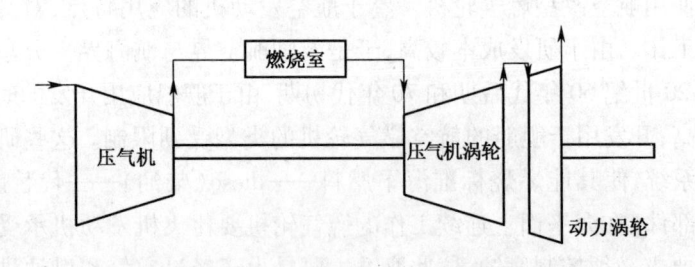

图3.1 船用简单循环燃气轮机的组成

理想的 Brayton 循环如图 3.2 所示。造成这种理想循环无法实现的因素众多。燃气轮机各种损失有下列原因：

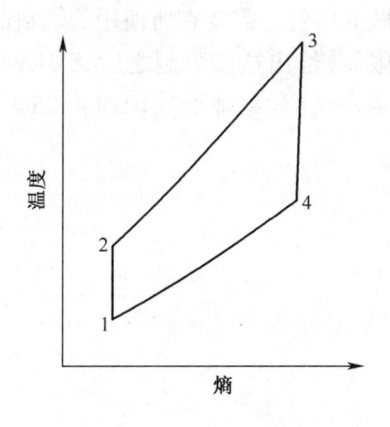

图 3.2 Brayton 循环

（1）在燃烧过程中产生损失，因为需要有空气流动：保证空气与燃油充分混合；在各种燃气轮机负荷条件下要产生稳定的火焰；提供冷却空气以防止燃烧室周围金属温度过高。

（2）用于限制热端各部件金属温度的抽气造成循环损失。

（3）有害的空气泄漏也形成损失，这在各密封装置周围是不可避免的。

（4）主要损失来自于部件的效率低于理想值，而压气机和涡轮的效率尤其重要。

所有这些损失的结果就是如图 3.3 所示的燃气轮机的循环。在一个船用循环(实际上在所有的应用中几乎都是这样)中，空气被发动机吸入然后又排出去，图 3.2 中 4 点和 1 点之间并没有任何形式上的冷却过程。

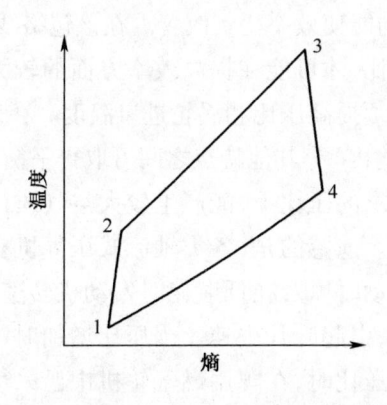

图 3.3 计入燃气轮机损失后修正的 Brayton 循环

31

燃油消耗率与循环效率成反比且经常被引用,这是因为燃油消耗率很容易转化为燃油消耗量。图 3.4 所示为燃料消耗率曲线,它是罗尔斯·罗伊斯公司为 SM1A 型燃气轮机所做的广告。需要在所使用的燃料品种以及发动机入口和出口条件方面给出许多限制,给出这些限制之后,SM1A 的最高效率约为 35%。在部分负荷时燃油消耗率升高(效率降低),因而在 25% 的最大功率时,效率约为 20%。

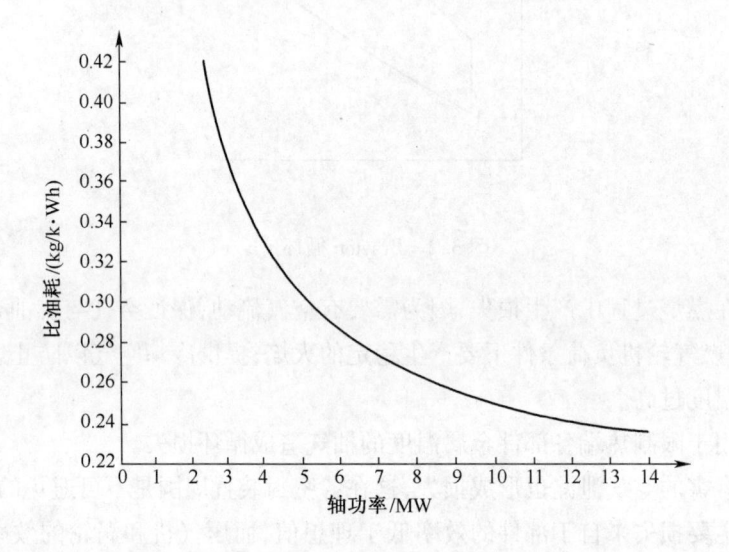

图 3.4 SM1A 的燃油消耗率与输出功率的变化关系

有许多种办法可提高简单循环燃气轮机的效率,如经常改善部件效率和不断进行密封设计,同时努力将有害的泄漏减到最小。在过去的 25 年中,循环的压比和涡轮进口温度大大提高了。如图 3.5 所示,在包络线的某些部分提高压比或提高涡轮进口温度,均能使效率得到改善。在该包络线的其他部分,只有同时提高涡轮进口温度和压比,才可能在提高效率方面的较大的增益,一般说来,燃气轮机发展的趋势是必须提高压比和涡轮进口温度。在效率增益和比功率增益(单位空气质量的功率输出)等其他特点之间可取得平衡。

在基于循环效率所要求的压比下,能产生较大空气质量流量的最有效的压气机是多级轴流式压气机。遗憾的是,各类轴流式压气机在偏离设计状态时有运行不稳定的倾向。在起动时以及在低航速时发动机转速较低,压气机后面几级中空气的流速可能过高,引起叶片失速。当压比增加时,这个问题更为严重;于是从循环效率出发提高压比时,在舰用燃气轮机中已采用了两种主要的解决办法。第一种办法是采用二级压气机,每一级压气机由自身涡轮驱动,在一定的

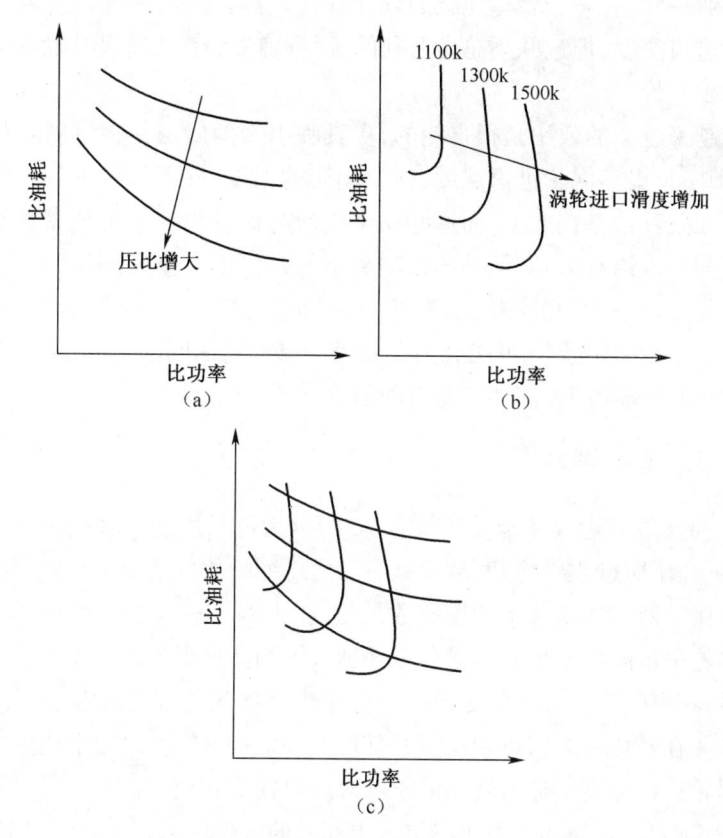

图 3.5 一种可能的简单循环燃气轮机的性能特点
(图(c)是图(a)和图(b)的重叠)

转速范围内运行可以避免失速。第二种办法是在压气机的选定部件上安装可变静子叶片。当发动机负荷要求改变时，静子可被调节，以在压气机的所有流道均能产生可接受的流动图形。

使用能承受较高温度的新材料，以及在很多情况下更多地应用涡轮部件冷却技术，可以得到更高的涡轮进口温度。涡轮转子和涡轮静子叶片冷却本身确实给验循环带来额外损失，但是冷却能大大提高涡轮进口温度，从而抵消损失且有余。空气通过内部通道，可以实现冷却，其目的是以可控方式使叶片表面保持冷却，因此冷却的最有效方式是将空气直接引到叶片外表面而围绕着叶片形成一层气膜。在大功率下必须冷却发动机叶片，但在部分负荷下，冷却又是所不希望的，因为冷却降低了总的效率，于是，随发动机输出功率变化而调整冷却流量可能是一种好方法。设计方案作某些改变会改善燃烧室出口的温度分布，从而有助于提高平均涡轮进口温度，而不提高涡轮进口温度的峰值。同工程界的其他许多领域一样,有一个增益递减的规律存在,也就是说,从理论上看可增加压比和涡轮进口温度,但这并不总是有利的,而且确实会在像降低比功率等重要参数方面付出代价。

追求越来越高的效率是很自然的,更具吸引力的做法是促进材料技术和叶片冷却,但不是提高涡轮进口温度,保持相同的温度,并延长部件的寿命。燃气轮机可用在几种功率档次上,而这些功率档次与涡轮进口温度值密切相关。各国海军之间的术语有区别,但是连续功率指的是根据大修间隔时间建立起来的且是在正常环境下使用的额定功率的一种"标准"术语。在较大的功率档次下(较高的涡轮进口温度值)可能会大大缩短大修期间的间隔时间,但是在某些设计方案中,短时间使用较高功率是有益的。

3.2.2 复杂循环

有多种办法可构成复杂循环,图 3.6 所示为可采用的几种措施。在压缩阶段,空气可在压缩过程中冷却,从而减小后面压缩阶段的功负荷。离开压气机的空气温度比较低。如果加入的燃油数量相同,则涡轮进口温度就比相当的简单循环的涡轮进口温度要低。为避免额外加入燃油而把涡轮进口温度升高到相同的数值,可在空气进入燃烧室之前用一台回热器对空气预先加热,热源就是发动机的排气。在燃烧室之后可使用变几何叶片,以帮助在较大功率范围之内保持较高的涡轮进口温度。通过转动静子叶片就可使面积改变。在较低功率状况下减小此面积,则可以使燃气发生器进入更高效的工作区域,并且提高涡轮进口温度,这两种措施会改善部分负荷下的燃油消耗率。变截面动力涡轮会使排气温度更高一些,因而使用废热回收系统就更有吸引力。动力涡轮的效率会受到静子叶片位置的影响,因此必须小心谨慎,确保从较高涡轮进口温度得到的效益增益超过由此引起的损失。还可用另一种办法来提高动力涡轮上的温度,即增加一个再热级,也就是使燃油在第二套燃烧室中燃烧。

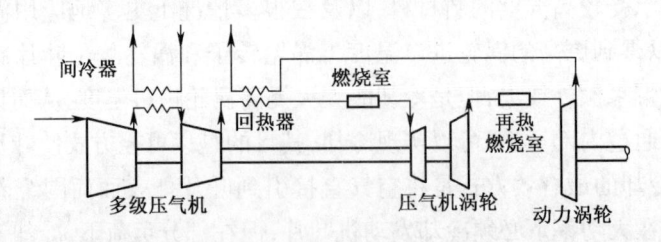

图 3.6 带有间冷、回热和再热的复杂循环燃气轮机

在燃气轮机中选用上述措施的哪一种措施,取决于燃气轮机的基本设计以及打算提高哪方面的性能。例如,一台回热器给性能带来的不利影响表现在空

气流入燃烧室的额外压力损失和排气过程的压力损失,还有是增加了空间和重量的要求。于是,如果排气传给进入燃烧室的空气的热量值相当大,这才是有吸引力的备选方案。除了其他条件之外,传热量值取决于排气和进入燃烧室的空气之间的温度差值。具有中等压比(约12∶1)的燃气轮机借助于安装一个回热器可改善简单循环的热效率。压比值较高的燃气轮机引入一台回热器似乎是无益的,除非在压气机级间安装一台间冷器。然而即使这样还不能完全说明问题,因为使发动机复杂化的某些措施,在提高热效率峰值的同时,却与简单循环燃气轮机相似地保持着部分负荷的较低效率。采用其他一些复杂的措施,不仅能提高热效率的峰值,而且能使效率与输出功率的曲线(图3.7)变得更加平坦。把这样的曲线与简单循环做一比较,就百分比而论,能很清楚地看到部分负荷时的增益远远超过最大功率时的增益。在文献[1]报道的一项研究中,比较了一台先进的使用间冷器、回热器以及变截面动力涡轮的复杂循环燃气轮机和一台新型第二代简单循环燃气轮机。在全功率时,复杂循环的燃油消耗率比简单循环的燃油消耗率低16%(即热效率更高),但在10%全功率时,复杂循环的燃油消耗率比简单循环的低43%。并非所有使简单循环燃气轮机成为复杂循环燃气轮机的措施都能使比功率得到改善,但是在文献[1]给出的例子中,比功率有较大的提高(约35%)。

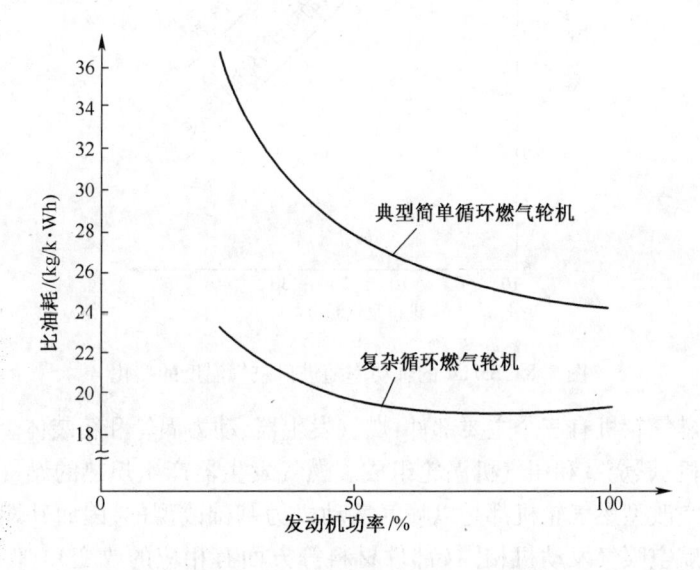

图3.7 典型简单循环燃气轮机同可能的复杂循环燃气轮机的比较

复杂循环发动机提供的效率增益,即效率曲线更加平坦以及进气口和排气口尺寸减小,必须与发动机重量、尺寸、复杂性、初始成本等的增加相平衡。

3.3 舰用燃气轮机

各类燃气轮机在许多方面是不同的,但是它们都不同程度受到相同的限制。各类燃气轮机对于进气和排气的损失都是敏感的。进气压力损失比排气背压更为严重,进口压力损失1%会造成发动机输出功率下降2%。排气背压增加1%会使发动机的功率下降1%。虽然这些数字取决于设计的细节,且随着每一种发动机设计方案会有变化,但是进气和排气的损失都会导致推进系统效率的下降。发动机进口空气温度对发动机的性能也有影响,而且这种影响也是取决于每一种发动机的设计。图3.8给出了温度如何影响发动机输出功率的实例。

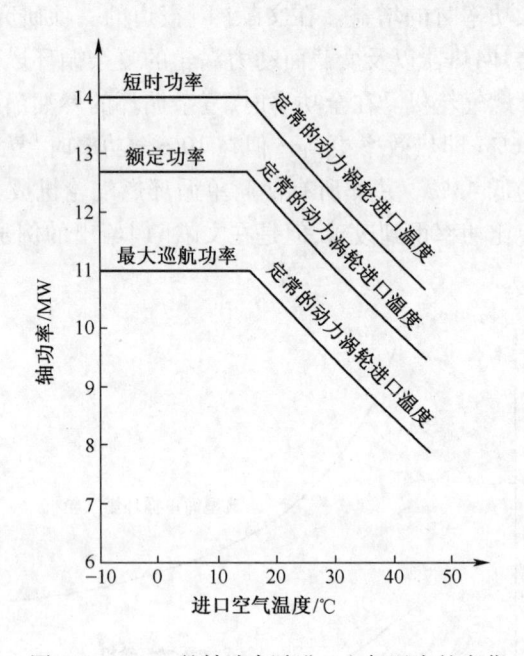

图3.8 SM1A的轴功率随进口空气温度的变化

舰用燃气轮机有三个主要部件:燃气发生器、动力涡轮和箱装体。燃气发生器由压气机、燃烧室和压气机涡轮组成。燃气发生器产生炽热的燃气流。大多数舰用航空改型燃气轮机都是以喷气发动机为基础改型的,因而其燃气发生器基本上与航空喷气发动机相同(部件材料等方面有相应的改变)。但是在燃烧方面需有些改变,因而值得讨论。

3.3.1 燃烧室

燃烧室的设计必须考虑到船舶应用的中间馏分,而不是飞机使用的轻馏分。

在两种应用中,有一个重要的差别在于,如果要使阻力降到最小,在航空发动机中空气以飞机的速度流入燃气轮机并流过发动机周围是十分重要的,因此各类航空发动机一般都具有相对较小的横截面积。对于一台航空发动机来说,重量也是一个重要的衡量标准,这正是保持发动机尽可能短小的理由之一。在一艘舰船上,重量和空间的考虑也是重要的,但是在发动机设计方面的限制却不像飞机上那么严格。一台航空燃气轮机的舰用化改型,在设计上有一些自由,这种改型燃气轮机的燃烧室与航空发动机燃烧室的形状和尺寸完全不同。这就允许用更多的措施使燃烧过程优化,当然也会涉及发动机的其他部件。这些部件的改变,减少了与航空发动机的共性,最终舰用燃气轮机失去了航空开发的所有优点。舰用燃气轮机的燃烧室通常与该航空发动机燃烧室相似,但空间更大。在一台结构紧凑的发动机中,力求在各种稳态功率和过渡工况期间尽量保持良好的燃烧状况,可能是非常重要的。

为了达到发动机高效率,高温度是必需的。即便使用最新材料和冷却技术,在燃烧过程中达到的温度对于系统各部件来说也嫌太高。因而在燃烧后必须供给系统过量的空气,从而降低燃气流的温度。必须细心设计这一混合过程,否则在过渡过程中火焰可能被吹熄,或是没有有效的冷却空气可用。

将航空发动机改装为舰用的过程中采用的一些折中方案,已经产生了一些问题,问题之一是早期 Olympus 发动机在低功率运行时存在较大的排烟。烟气是有害的,它有助于敌人识别军舰的存在,而且烟气过浓时,飞机在舰上的降落会出现问题。多年来,Olympus 发动机在排气含烟量方面已有了很大改进。

3.3.2 动力涡轮

在航空应用中,除少数几种发动机以外,均为喷气式发动机,因而炽热的燃气流必须通过一个动力涡轮以产生旋转运动并输出功率。可根据动力涡轮设计的某些特点做出相应的权衡。当输出轴转速低时就会使传动系统中有较小的速比。但是,一台喷气式发动机的燃气发生器都能使工质产生很高的速度。在涡轮级中能否使工质的势能释放出来作为功率,取决于进入涡轮的工质速度与涡轮叶片转动速度之比。为了得到动力涡轮适当的直径尺寸,同时使涡轮级的效率有合理的数值,涡轮需要有较高的转速(每分钟几千转)。多级涡轮能使工质中的能量更有效地释放出来。

在动力涡轮的末级之后,燃气仍然有一定的速度并且仍然是炽热的。燃油释放出的全部能量,或者出现在燃气轮机的输出轴上,或者消失在排气中,于是一台效率为35%的发动机在排气中损失的能量几乎是发动机输出轴上实现能量的2倍。

动力涡轮常常设计成在全寿命周期内都保留在舰船上,而不像燃气发生器那样需拆除运到岸上维修和大修。装有多个螺旋桨的舰船,在做机动动作时,所有的螺旋桨不以相同的方向转动是其一个优点。当动力涡轮在全寿命周期内保留在舰船上时,可使左舷螺旋桨的转向与右舷螺旋桨的相反。当动力涡轮作为可更换的燃气轮机组件的一部分同时运到岸上修理和保养时,不同转向的动力涡轮减少了备用发动机的选择,即所有发动机的转向均可相同,仅依靠船上推进传动系统来改变轴的转向,因而这又是一个优点。

3.3.3 箱装体

鉴于多种原因,舰用燃气轮机装在一个专用箱装体内是有利的(图3.9)。箱装体具有许多功能:

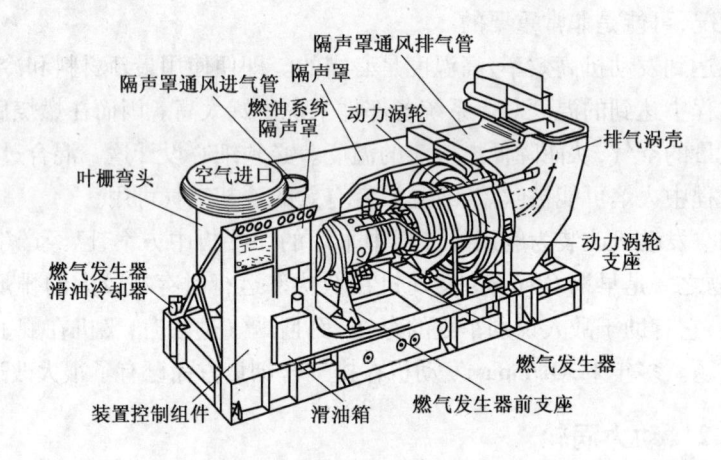

图3.9 SM1A船用燃气轮机箱装体

(1) 箱装体中含有直角弯头,使空气由垂直流动转变为发动机要求的沿水平方向流动。在此弯头中气流的状态控制特别重要,不仅可能造成压力损失(也就是性能损失),而且某些不规则流动可能会导致压气机内的振动(在极端情况下会造成事故)。

(2) 以一定的方式支撑燃气发生器,以有助于抗冲击和有助于与动力涡轮对中。

(3) 作为动力涡轮的外壳。

(4) 装有排气弯头,使流动转向90°后朝向排气道。

(5) 装有火灾监测和消防系统。

(6) 装有专为燃气轮机设计的通风系统。

(7) 为发动机的控制和监测系统提供一个方便的安装位置。

（8）减小传递到机舱的空气噪声。

（9）提供一个公共底座，以便于支承系统的布置。支座是降噪和抗冲击措施的一部分。

3.3.4　进排气管道

由于燃气轮机要消耗大量的空气，而且必须使压力损失减到最小，所以在装舰设计中，进气和排气管道空间要求是相当重要的。

比较理想的情况是，进气开口位于舰船上层建筑尽可能高的位置而且朝向船尾，可使进气口周围的喷溅减到最小。然而有些时候，特别是对于小型舰艇来说，进气口附近会有盐水存在，甚至在进气口会出现有海水大量泼溅的情况。进气滤器系统（图 3.10）可从空气中除去足够数量的水和盐分，从而使到达发动机的这类污染物的数量降到可接受的程度。过滤系统常常借助于流动方向的交变形成一种离心力，这种离心力将较重的污染物从空气中分离出来。这种滤器系统要求在发动机全功率时经过滤器系统的压力损失要小（从保证发动机性能要求出发），因此当发动机的功率降低时，通过该滤器系统的空气流量就会降低。这样就会使利用离心力分离污染物的作用减弱。当发动机功率降低时，用一套百叶窗系统就可解决进气口面积减小的问题。

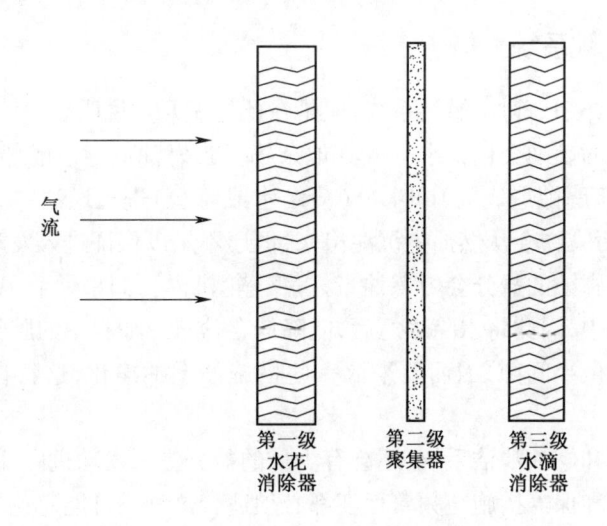

图 3.10　三级空气滤器的组成

结冰或者污染物过多会使滤器堵塞。在紧急情况下，当滤器的压降超过一定的极限时，滤器的旁通门可自动打开或者由人工打开。在极限结冰的情况下，旁通门也会被冻结而无法打开。如果预计舰船要在寒冷气候条件下工作，就要考虑使用上甲板加热器或者要求定期除冰。旁通门的密封是非常重要的，否则未过滤的空气会长期地进入发动机。如果这些旁通门关闭不可靠，舰船的剧烈振动可能会使旁通门打开而引起泄漏。

为了将滤器的污染物数量减到最小，空气进口应当是垂直的。在以燃气轮机为动力的舰船中，发动机按传统做法设置在舰船的底部，空气经过滤器之后要向下转弯90°到达底部。消声弯头减少了压力损失和湍流问题，但是会占据较大的空间。这些管道的一端通常连接在燃气轮机箱装体上。

排气压力损失比进气压力损失对燃气轮机性能的影响要小些，但是仍然希望把损失减到最小。大量炽热燃气在箱装体中转了90°后就直接流到烟道了。排气腐蚀可能成为问题。尽管抗蚀材料的初始成本高，但是选用抗蚀材料在全寿命周期内会得到成本收益。排气中的湍流会导致背压、管道共振甚至造成管道结构的机械破坏，从而降低发动机的性能。

排气的高温要求在管道外表面上必须加装隔热层，而且进气和排气管道都要加装消声器，以确保环境噪声达到可接受的程度。上述措施进一步增加了管道对空间的要求。

要进行管道的模型试验，以确保流场满足要求，还要在风洞中进行船舶甲板布置的试验，以验证在类似的运行条件下排出的烟气不会污染附近桅杆上的敏感装置，而且要验证空气进口不会吸入排出的烟气。

3.3.5 燃料系统

第7章会更详细地讨论燃料系统，但是在此先做几点说明。

输送到船上的燃油会包含水分或其他杂物。当燃油储存于舰船的油箱时，还会有脏物（油箱腐蚀造成的）和水分（凝结水或海水）进入燃油中。在舰船运动过程中，有些污染物会从燃油中沉淀出来，但还不足以保证进入发动机所要求的清洁度。引起腐蚀的盐分会由燃油带入燃气轮机内。如果燃油中有水分，那么盐会溶解在水中，因此将水除去之后，能降低含盐量。油料中的脏物可能会堵塞发动机内部的微小间隙，因而要采取一些措施使燃油净化，这将在第7章中讨论。

尽管有空气和燃油清洁系统，还会有少量的盐分进入发动机内，因此燃气轮机所选用的材料和保养措施与频繁程度都必须适合这种不可能避免的状态。

3.3.6 发动机的性能特点

图3.7给出了简单循环和复杂循环燃气轮机的燃油消耗率与功率的关系曲线。由于简单循环燃气轮机曲线在功率降低时有陡峭的负斜率，在许多舰船设计中都分别选择采用巡航发动机和加速发动机，以使这些发动机基本上在各自

的最佳效率点附近运行。但是,并不总是能够将使用自身巡航发动机的一艘舰船的航速同舰队中其他舰船的航速匹配良好。这就会造成所有的舰船都以最慢的巡航速度航行,或者较慢的舰船开动加速机组运行而使效率下降。因此,通常希望在发动机全部功率范围内的燃油消耗率曲线较为平坦,这或许是复杂循环燃气轮机有优势的一个原因。

如果使用自由动力涡轮燃气轮机,那么燃气轮机的特性是在低功率时扭矩有所增加。这是由于压气机转速同动力涡轮的转速无关。在不同螺旋桨轴转速时,燃气流转换成为轴功率的效率取决于动力涡轮的特性。尽管这种效率随螺旋桨轴转速的降低而下降,失速时的扭矩可能达到全航速时传递扭矩的2倍或3倍。在设计推进系统时,必须要考虑到这个特性,从而保证各个部件的扭矩转速特性匹配良好。但在某些情况下,可能不值得设计这样一个系统,它允许低转速时扭矩高,燃气轮机会按照限制扭矩的程序工作。如果动力涡轮的轴与燃气发生器的轴连接在一起,那么输出转速降低时,压气机转速也同时降低。这就形成了一个特点:当输出轴转速下降时,扭矩也稳定下降。

燃气轮机的加速率可能相当快,它与一些机械因素有关,与涡轮叶片短时间所能承受的最高温度有关,且还与压气机流场畸变的可能性有关;舰船的加速率明显较发动机慢,这会造成在推进系统内部承受较高的扭矩和推力(详见第8章)。

多年以来,燃气轮机起动的可靠性逐渐增大。对于某些船型来说,可采取一种新的运行模式。对许多装有双螺旋桨的船而言,在一定的航速范围内,最经济的方式是只使用一台燃气轮机驱动一根螺旋桨轴,而另一根轴处于拖曳状态。由于指挥官们确信,有紧急情况出现时,不需要很长时间就可将另一台发动机起动发功并使其投入运行,因而他们准备在大多数情况下以这种模式工作。迅速起动几台发动机或是改变发动机功率档次的这种改变运行模式的能力,已经为不同的舰船运行方式提供了更大的灵活性。有少数发动机能够运行得比先前认为的要节省些,即具有更好的燃油经济性和较少的发动机工作时数。

在燃气轮机的设计寿命周期内,会出现技术进步,因此在发动机的输出功率、寿命、效率等方面,最新的发动机会比早期同一型号的发动机有重大改进。一种发动机某一方面的提高,又会带来问题,这就要求在这种提高真正实现之前,先消除那些负面影响。

3.3.7 维护保养

舰用燃气轮机动力装置的设计,应使最需要经常维护或修理的部件很容易从船上拆下来。虽然这种设计方法并不是燃气轮机所独有的,但是特别适合燃气轮机。通过更换有缺陷的燃气轮机组件或需要大修的燃气轮机组件，可使该船迅速进入正常工作的状态。究竟能在多大程度上采用这种"更换维修"的方法，目前还有争议(详见第9章)。

燃气轮机从舰船上拆除的部分，即燃气轮机的可更换组件，一般只是燃气发生器。设计方法不同，拆除的路线也不同。一种常用的方法是经由进气道拆除，拆除的步骤如图 3.11 所示。另一种方法是把燃气轮机更换组件放到机舱里，然后经由舰上通路运出去。拆换燃气轮机所需的时间可长可短，这取决于舰船的设计和任务的紧迫性。不过从开始到完成一般需要 36h。

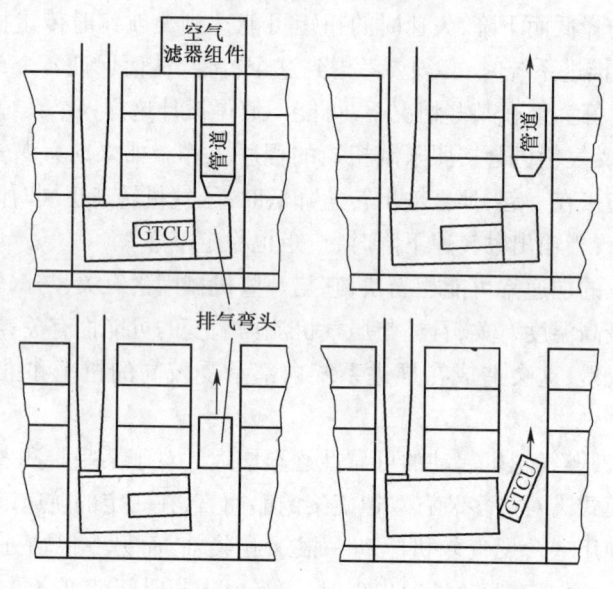

图 3.11　经进气道拆除燃气轮机的可更换组件(GTCU)

由于燃气轮机更换组件相对来说比较容易，对于大型舰船，空间位置所需的额外费用较少，因此可在舰上携带备用组件。机组人员能利用这个备件来更换发动机，在更换这段时间内，可能有必要将舰船运动减到最小(可将舰停泊在隐蔽水域或是谨慎地选择航线和航速)。

并非所有的维护保养工作都需要把发动机从船上拆下来才能进行。在工作温度下，当燃气轮机处于停车状态时，会出现部件腐蚀。通过选择材料与叶片冷却技术可解决工作温度下的腐蚀问题。在停车状态下，会发生冷凝，并与发动机中存在的盐分颗粒相混合，于是形成盐水溶液，从而引起腐蚀。当发动机需要停车一段时间时，使用抑制剂会降低腐蚀的速率，但是要求机组人员涂敷抑制剂。选择适宜的材料也会降低腐蚀速率，这些材料比较昂贵，但是能降低全寿命周期成本。

尽管空气过滤系统去除了吸入空气中的大多数盐分,但是在压气机中仍然会有盐分积累现象。除了降低发动机的性能之外,积累的盐粒可能会突然脱落而进入发动机的热端,这样会加速腐蚀。定期用水冲洗可防止盐分过分地积累。

根据发动机设计方案的不同,在海上能够更换某些主要部件,但是由于岸上工作条件容易控制,而且专用工具等更容易使用,只要有可能,大多数情况都在岸上更换主要部件。英国海军使用燃气轮机的经验:当维修工作量不太大时,舰上维修工作不会给舰船运行强加过多的限制,常常可根据舰船的运行程序来加以安排。

发动机状态监测的目的是试图避免重大的故障并使发动机的寿命最长。通过性能检查可监测发动机的状况,可用目测来检查发动机,并且可对发动机进行各种试验以评价许多部件的状态。然而这类试验的结果常常是不确定的,或者出现无法解释的疑问。因此,燃气轮机的大修寿命开始时常常设定在保守的水平上,随着使用年限的增加,经验和信心也增加,从而使大修寿命逐步延长。如果燃气轮机在海军中每年运行时数适中,而且难有依据舰船的运行经验来延长大修寿命,那么这种延长过程会是很缓慢的。部件或者试验用发动机的选择试验会加速这一过程。由于燃气轮机的一个故障会导致严重的二次损坏,因而必须要有一种稳妥的办法来延长大修期。

3.3.8 舰用复杂循环燃气轮机

1953 年,英国海军在"灰鹅"(Grey Goose)号舰上装有一台型号为 RM60 的复杂循环燃气轮机之后,直到近年才重新对舰用复杂循环燃气轮机产生了兴趣。

复杂循环燃气轮机会使某些舰船的设计放弃巡航/加速概念,这是因为在各种舰船航速下,这种燃气轮机具有良好的燃油经济性。这就减少了舰船上发动机的数量,从而能补偿复杂循环发动机增加的重量、空间和成本等(或许是补偿有余)。

在考虑复杂循环燃气轮机应用在舰船上之前,还必须考虑到一些因素。有几个方面需要进行权衡:

(1) 压气机的间冷器可能是单一组件,若舰船设计能从中获益,间冷器可以是几个小组件。气流离开间冷器被过度冷却时,会导致凝结发生,这会使性能和部件寿命受到影响。

(2) 在设计排气管道的热交换器时有许多限制。为了使进入燃烧室的空气得到最多的热量,热交换器的体积要求很大。然而大型热交换器不仅要占据较大空间(而恰恰又要求设置在机舱传统位置上方,这正是舰船所需使用的后部区域),而且具有较大的重量(重量在船的位置较高时,对稳性会有影响)。减小热交换器的尺寸,不仅会影响热回收和热传递的效果,而且还会使气体的通道狭小。这就增加了压气机和燃烧室之间的压力损失,而且使燃气轮机的背压增高,又可能增加污染。燃油类型也是影响污染的一个重要因素,且可预料到未来的燃油会形成更多的污染。利用吹灰器可除去燃油锅炉的污染,但却避免不了在热交换器中加入类似系统而增加系统的复杂性。

这种热交换器还将承受多种形式的腐蚀损坏。来自燃气轮机压气机的空气有一定的盐分,而且进入热交换器的排气也会有盐分,这都会引起腐蚀。在热交换器排气侧出口处的温度将低于简单循环燃气轮机相应的温度。如果允许此温度下降得过低,那么各类酸会凝结起来从而引起腐蚀。

该热交换器还可能有旁通排气管道(作为应急措施),特别是复杂循环燃气轮机在船上应用的早期更有必要,这就进一步要求增加空间。

由于各部件的热容量较大会引起滞后,所以复杂循环燃气轮机的动态响应要比简单循环燃气轮机差些。从这一方面来看,热交换器的尺寸小一些是优点。简单循环燃气轮机能够迅速地改变功率,对于舰船应用来说常常是太快了一些(详见第8章)。复杂循环燃气轮机的性能或许会适宜些,而且对舰船的机动性不会有不利的影响。

(3) 将简单循环燃气轮机与复杂循环燃气轮机相比较可知,在一定的输出功率下,复杂循环燃气轮机具有较高的比功率和较低的排气温度。在这种情况下,因为空气的容积流量少会使进、排气道的尺寸减小,当然这种减小的程度取决于采取什么措施使发动机成为复杂循环。排气温度降低减小了红外信号,于是减少了红外抑制措施,进一步节省了重量和空间。

(4) 简单循环舰用燃气轮机是由航空发动机演变而来的,这就降低了开发的成本。如果能由简单循环舰用燃气轮机发展成为复杂循环燃气轮机,那么开发成本或许是可以接受的。但是,如果复杂循环燃气轮机基本上是一台新发动机,那么开发成本会很高。利用简单循环舰用燃气轮机研制出复杂循环燃气轮机的潜力,随着发动机不同而不同。由简单循环燃气轮机研制复杂循环燃气轮机将要改变若干部件,但是在某些发动机中,这些不会存在太大的困难。例如,当复杂循环燃气轮机要安装间冷器时,有两级压气机的简单循环燃气轮机或许几乎不存在什么实际问题。在一定范围内,可使用验证过的或是试验过的其他发动机的部件,以减小经过权衡后的复杂循环燃气轮机性能下降的风险。

3.3.9 废热回收循环

在简单循环燃气轮机的排气中含有大量的能量,可在排气道中安置一台废热回收锅炉以便回收部分能量,并用于其他用途。图 3.12 给出了这样一种装置。锅炉中产生的蒸汽供给到一台蒸汽轮机,这台蒸汽轮机驱动推进齿轮箱(不一定是燃气轮机驱动的传递功率的同一齿轮箱)。从蒸汽轮机排出的废气经冷凝后反馈到锅炉。

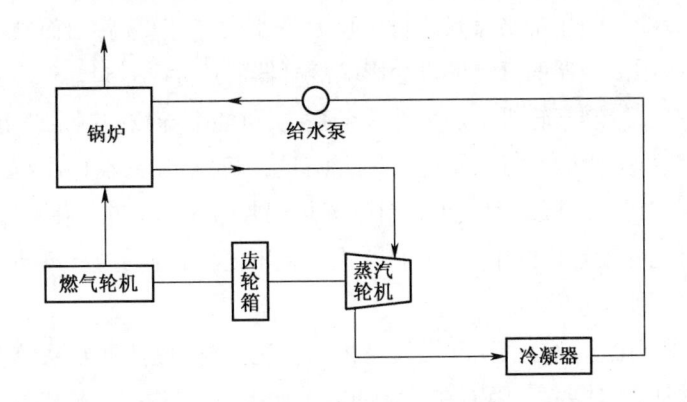

图 3.12　燃-蒸联合动力装置(COGAS)

在工业领域,废热回收装置已经应用了多年,但是在海军舰船工程方面最有意义的新进展是朗肯循环能量回收(RACER)系统在美国的应用。文献[2]给出了 RACER 设计概念的说明。此系统装在美国海军已广泛应用的 LM2500 燃气轮机上。引入蒸汽系统应注意下列问题:

(1) 锅炉。采用了对复杂循环燃气轮机热交换器的许多部件。尺寸较大的锅炉将有利于从燃气轮机的排气气流中回收能量,但是却要付出空间和重量的代价(而且是在机舱上方的区域内)。尺寸较大的锅炉还会有较大的热容量,因而会影响推进系统的动态性能。不同类型的锅炉装置对于负荷要求变化响应的速度是不同的。再循环式锅炉不但比直流锅炉更重且更大,而且动态响应也更缓慢一些。然而再循环式锅炉的效率更高一些。

锅炉管道会出现沾污,于是除灰或干燥运行锅炉将烟灰烧掉可能是解决的办法。锅炉的燃气侧和蒸汽侧的腐蚀速率都需要控制。锅炉的各个部件必须是可拆卸式的。仔细的设计能使拆除所需的空间最小,但是小型锅炉将会使这类问题容易解决。

(2) 给水。在蒸汽循环中必须产生出高品质的水作为工质,废热回收系统中给水的损失量越大,那么在舰船上的产量就越大,或者说需要的储水箱的容积也越大。可采取各种措施来减少泄漏,因而是在废热回收系统中常常采用有关核动力装置多年来的研制成果,因种种不同的原因,核动力装置不希望有给水损失。

（3）涡轮。当输出功率值一定时，涡轮的尺寸越小，涡轮的转速越高。按照现代燃油锅炉的标准，使用燃气轮机废气作为热源系统的蒸汽状态是不高的，因此涡轮的尺寸比相应功率的燃油蒸汽涡轮要大些。

（4）冷凝器。使用价格昂贵的材料可允许水的流速更高，因而减小了冷凝器的尺寸。所用冷凝器的真空度也会影响冷凝器的尺寸和重量。

（5）控制。给燃气轮机增加另外一个系统，可能会导致控制系统更加复杂。一些额外参数可接受的运行限制值必须要满足，但是近年来在控制技术方面的进步，已不存在无法克服的困难了。由于废热回收系统是一个"附加"上去的系统，在各类可能的配置模式中，每一种模式都有不同的控制方案，可使用废热回收系统，亦可不使用该系统。

（6）进排气道。像复杂循环燃气轮机的情况一样，废热回收系统会比简单循环燃气轮机的比功要高，因而在一定的输出功率下，经过燃气轮机的空气流量就减少了。运行的锅炉出口温度也比相应功率的简单循环燃气轮机出口的温度要低，因而管道尺寸可减小。如果正常的模式是使用锅炉，则应在一定的范围内减少红外抑制的措施。

3.3.10 配置方式

图 3.12 所示的废热回收系统有一个优点，当舰船装有两根相互独立的螺旋桨轴时，一台燃气轮机能够驱动这两根轴，用燃气轮机驱动一个齿轮箱，而用蒸汽轮机驱动另一个齿轮箱。这就减少了拖动一根轴时增大的阻力，因而使总的推进效率有所提高。

与一台特定的燃气轮机相匹配的可能有许多种废热回收系统，其中某些系统偏重于最高效率，而付出空间、重量、风险和初始费用等代价；而另外一些系统在较低的效率下运行，对于设计的其他方面要求适中。就这一点而言，不可能定性地说简单循环燃气轮机可能会有哪些优点，只能概括地说，可望从废热回收系统中得到与图 3.7 上的复杂循环曲线相类似的燃油消耗率曲线。与一台简单循环燃气轮机相比，在重量、空间、维修工作量、初始成本和系统的复杂性方面付出代价是不可避免的。

由废热回收锅炉产出的蒸汽不一定用于推进，在商船上排气的废热回收常常用于舱室供暖和油箱的加温。

与其他形式的推进系统相比，简单循环燃气轮机具有下列特性：

(1) 结构紧凑且重量轻。
(2) 维护简单。
(3) 基本上没有附属设备的独立系统。
(4) 具有快速起动及迅速改变负荷的能力。

复杂循环和废热回收系统均会削弱上述一部分或全部优点。

第4章 核动力推进系统

4.1 概 述

为促使核动力装置在舰艇(主要是潜艇)上使用已做了很大努力。由于这一应用结果不公开是很自然的,因此本章主题范围只能是肤浅的论述。尽管如此,还是有足够材料可对核动力装置的主要优缺点做出评价。

本文并不打算涉及核物理的细节,但将会谈到核动力的某些特性以允许对舰艇安装结论给予评价。

将原子能作为一种可能的能源加以利用的概念出现在20世纪初,然而直到30年代才有相当的进展,即提出了一个可以利用裂变过程中链式反应的系统。

4.2 核 反 应

物质是由原子组成的。一个原子又由一个带正电荷的核和绕其周围旋转的带负电荷的电子组成。原子核由带正电荷质子和或有或无不带电荷的中子组成。一种元素仅有唯一类型的原子组成并靠核中所含质子数量来确定。例如,所有氢原子核中只有一个质子,所有氦原子核中只有两个质子等。对某一给定元素来讲,核中的中子数目是不固定的。例如,在大多数情况下,氢核中无中子,但也发现有一个中子或两个中子的氢核。已发现不同数量的中子与特定数量的质子(例如已给定元素)结合成为其同位素。一种元素不同的同位素几乎都有同样的化学性质,但物理性质不同。不是所有同位素都是稳定的,而在某一原子反应过程中会生成不稳定的同位素。当裂变发生时,放射性物质会释放出来,于是把这些物质称之为放射性同位素。

产生动力的过程就是裂变过程。在裂变反应过程中,重核吸收适当速度的一个中子,合成出来的化合物原子核再分裂成两个或多个适当大小的碎片。同时产生能量、中子和 γ 放射性物质。裂变产物总质量低于初始元素,而以热能方式出现的能量来自于这一质量转换(能量和质量的关系用著名公式 $E = mc^2$ 表示)。在放射性产物衰变的整个周期内都会产生 β 粒子和 γ 射线。在一套碰撞装置中发生链式反应时,会产生足够数量的中子,以补偿全部中子损失(中子被非裂变物质或大部分残油吸收),另外,足够多的中子可维持第二次裂变引起的反应。在每一轮裂变过程中都产生中子,连续进行链式反应。若以平均数计,裂变过程生成中子数少于下一步裂变所需要中子数时,反应是亚临界的,且反应将不能维持下去。若每次裂变生成的中子数多于下一裂变过程要求的中子数,那么链式反应会引起爆炸。在反应堆中,实际是每次裂变产生的中子数仅仅满足下一次裂变发生的需要。人们认为,在这一状态下工作的反应堆是临界状态。由于来自系统方面的中子损失存在,所以若系统超过一定尺寸,链式反应仅能维持。对特定系统来讲,这个尺寸有一个有限值,取决于包括所用材料及其几何形状在内的多种因素。于是就得出核装置的第一个明显的优点。所用的典型裂变材料的临界质量约为50kg,就能产生燃烧相当几百万倍燃油重量的能量。这样就可得出一个结构紧凑的动力源。

下列实际因素值得一提:

(1)裂变中产生的中子具有很高的动能,裂变发生很可能发生于具有较低动能的中子中,因此进一步裂变的可能性大小取决于提高减缓中子速度的减速剂(如水)的压力。这个过程称为中子的热能慢化。用于减慢裂变中子速度的机构使核之间产生弹性碰撞,以使中子的能量在其碰撞中损失一部分。

(2)裂变会引起不同形式的放射性物质的辐射。对此已经作过某些论述,但不打算对放射性问题作进一步阐述。因为它不是影响反应堆和舰艇设计的主要因素。要点将在后面提出,作为不同形式的设计来讨论。

(3)反应堆中产生热量的速率需要控制,这可通过改变堆芯中吸收中子的数量来实现。这个课题将在后面讨论。

(4)要使整个舰艇结构甚至燃料自身不处于过热状态,则裂变过程中产生的热量必须散发。冷却剂的控制是一个非常重要的设计问题,这也将在后面讨论。

4.3 核 反 应 堆

4.3.1 燃料

铀元素有92个质子,在自然界中存在有两种同位素铀235和铀238,它们分别有143个中子(中子与质子总和等于235)和146个中子。虽然铀238的同位素是稳定的,但铀235的同位素比自然界形成的铀量少1%,是不稳定的放射性同位素。不需外部能量,放射性同位素原子就会裂开,同时就会释放能量,但发生这一过程的可能性非常小(半衰期是 10^8 年),然而,裂变过程可以用中子炮弹轰击而形成。

链式反应取决于产生中子的速率和引起进一步裂变中子的概率。影响这一反应的因素是燃料中放射性同位素的浓度、几何形状、减速剂,以及中子吸收剂(像控制棒和抑制剂等)。为了形成紧凑的布置,反应堆使用浓缩铀,燃料中较天然铀料含更多的放射性铀 235,用在反应堆中的几何形状和材料大多在两种方案之间选择。尽管对反应堆来讲,球形几何形状效率最高,但为方便起见,圆柱形的布置(效率几乎相同)更为常用。

燃料元素四周有覆盖层,此覆盖层既可容纳燃料,又有助于阻碍裂变碎片逸出。覆盖层材料必须是耐腐蚀、不受高温影响以及捕获中子能力较差。最常用的覆盖材料是铝、锆和不锈钢。

核反应堆堆芯中含有燃料元件、控制棒和冷却剂(图 4.1)。

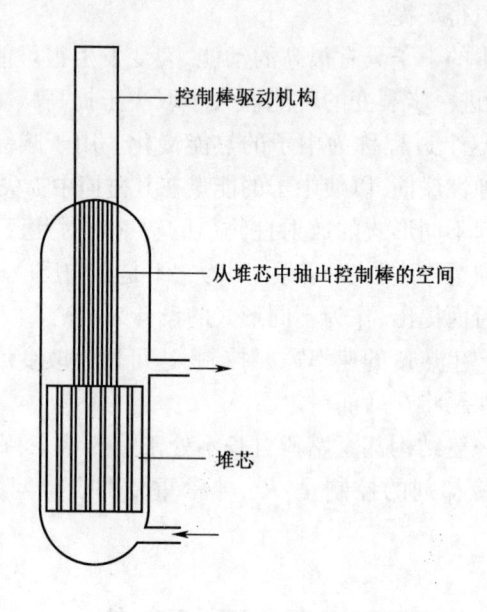

图 4.1 核反应堆主要部件图

4.3.2 控制棒

控制棒的功用是当从反应堆中提取负荷时使反应堆维持在临界状态,并提供一种关闭反应堆的工具(尤其重要的是应急关闭)。

控制棒的材料必须能有效捕获中子。它本身不可能起动裂变过程。最常用的控制棒材料是铪、镉和硼。

操纵这些棒的动作是非常重要的。应急停车要求快速将控制棒插入。为使反应堆保持临界状态,控制棒被抽出,但若抽出的时间太长,就可能发生过热。

4.3.3 抑制剂

在堆芯寿命期间,裂变物质的浓度减小。抑制剂是通过裂变过程起作用,对反应堆运转和堆芯寿命是不利的。这些物质有很高的中子吸附特性,并在反应中连续不断地生成。但若超过一个周期,它们就衰变或转变成具有低吸附中子性的物质。然而,其衰变时间可能很长,存在抑制剂稳态堆积现象。反应堆停机后的短期内,抑制剂继续生成。大约在堆芯寿命结束时,某些抑制剂到衰变时间之前仍可防止反应堆进入临界状态。抑制剂的存在意味着,在堆芯寿命结束时高比例的核燃料会残留在堆芯中未被利用。

一种中子吸收剂通常在生产燃料时就包含在其中了。这种易燃的抑制剂在堆芯运行初期减少反应活性,但当它被中子轰击后,就经历一种改变,变成一种不能良好吸收中子的元素。这也恰好抵消了由于其他原因所导致的一段时间后中子吸附的增加和裂变材料的减少,这样就允许控制棒在较长周期内有效地控制反应堆。易燃的抑制剂会延长堆芯的寿命,这是因为有更多的核燃料置于堆芯中。

4.3.4 减速剂

减速剂必须提供最大数量的弹性碰撞,每次碰撞都会使中子速度有极大损失,而没有吸收中子。与中子质量相似的核在中子速度降低时最有效。水是较好的减速剂,但一定要不含杂质,因为杂质在放热时会发生危险。

4.3.5 反应堆冷却剂

冷却剂的主要用途是维持反应堆在安全温度下工作并转换出可用能量。冷却剂应该有很好的热传导性能,无腐蚀,不危险或暴露于辐射中给予相反的影响以及不太昂贵等。尽管水不是唯一可用的冷却剂类型,也不是唯一试用过的那种类型,但船用动力装置毫无例外地几乎都采用水来冷却。

水作为冷却剂的主要优点是:

(1) 水是一种很好的减速剂。

(2) 水有良好的导热性和很高的热容量。

(3) 水容易生产且费用适度。

(4) 水减速式反应堆可能具有较大的负温系数,若从冷却剂中去除的能量增加,其温度就下降。堆芯的活性增加,以某种方式恢复冷却剂的原来温度。这可用冷却剂温度下降,其密度增加这一事实来解释。中子漏泄后不返回到堆芯中的速率降低。于是燃料中有更多的裂变发生以及更多的热量产生。相反,冷却剂温度增加会降低活性。负温系数是个重要的设计目标参数,因为它可使控制棒以最小的移动量来保证反应堆在临界条件下工作。

(5) 纯水对放射性损害不敏感。

(6) 水具有某些润滑性质。

(7) 水能很容易地加压输送。

(8) 在所经受的各种温度下,水不冻结。

(9) 水的生产工艺简单。

但水作为冷却剂也有下列缺点:

(1) 在一定条件下,水会与某些燃料产生反应。

(2) 水与结构构件和覆盖元件产生反应。

(3) 若允许水汽化,从燃料到冷却器的热传导将改变,这会引起严重过热。在工作温度下,必须给水加压,以使其保持液体状态。根据强度和重量的实际限制设定所用的最大压力,若冷却剂保持液态,则这种限制反过来又限制了冷却剂最大允许温度。

(4) 堆芯中的水为非放射性的,因此系统需要防护,不溶解的气体会形成长寿命裂变产物,因而需要采取一些措施以消除。

用一个或更多个系统(即回路)从反应堆中去除冷却剂。每个回路均设有主冷却剂泵和蒸汽发生器。

4.3.6 反射器

反应堆中的漏泄中子是一个问题。围绕反应堆四周的反射表面使漏泄中子量最少。这对反应堆(减小尺寸)有利,对减少反应堆外侧的辐射也有利。反射器要求的性能与减速剂所要求的相类似,因此两者经常采用同样的材料。

4.4 屏 蔽

屏蔽通常用来保护人和设备免受辐射。不同类型的辐射源要求采用不同的屏蔽材料。α 粒子在空气中短距离传播后就会衰减。β 粒子在诸如铝或弹性材料中会很快被吸收。γ 射线有相当大的穿透能力,因而需要高密度材料,通常使用铅。中子也具有很强的穿透能力。水和聚乙烯(后者往往含有硼)是中子屏蔽的良好材料。

4.5 反应堆密封壳

在万一发生事故以及反应堆或装置发生故障时,反应堆密封壳能够防止放射性物质(向船内外)失控释放。

反应堆密封壳利用舰上结构装在舰船上,为防止熔毁同样也需提供应急冷却。

下列因素需要考虑:

(1) 反应堆密封壳可能承受的最大压力。
(2) 意外事故时密封壳抵抗动力装置碎片冲击的能力。
(3) 能否承受外来碰撞带来的损害。
(4) 系统反应堆密封壳的穿透性布置。
(5) 舰船内失火或爆炸的可能影响。
(6) 舰船下沉时需要做的安排。
(7) 舰船运动可能造成的影响。
(8) 包括堆芯熔毁在内的各种冷却剂故障的后果。

根据经验,必须判断最不可信情况。可能的情况越极端,舰船设计的关系就越大。

主要目的总是控制该系统和防止反应堆密封壳的能量释放。个别部件发生故障,如控制棒滞留在堆芯里面而不是外面,性能下降,但工作可靠,这一点是很重要的。在装置安全性设计时,必须满足涉及人类健康和安全的法律条文。

4.6 压水反应堆

已经设计并建造了几种类型的实验和运行反应堆,就船用而言,压水反应堆是最常用的一种,所以值得重点讨论。

4.6.1 主系统

图 4.2 给出了一个典型的堆芯布置图,铀 238"反应堆再生区"围绕着铀 235"点火元件"的组件四周。

14×10^6Pa 左右压力的高压纯水用作减速剂和冷却剂。在如此高压下不允许氯化物进入该系统是很重要的。否则,可能发生氯化物应力腐蚀裂变。在全功率状态下,进口温度 260℃ 及出口温度 280℃ 是很典型的情况。冷却系统是有冗余的，例如，即使在全功率状态下主冷却泵也只是3个中有2个运行，或4个中有3个运行。在降低功率状态下，这些泵运行的数量会更少，或在某些系统中可使泵降速运行。

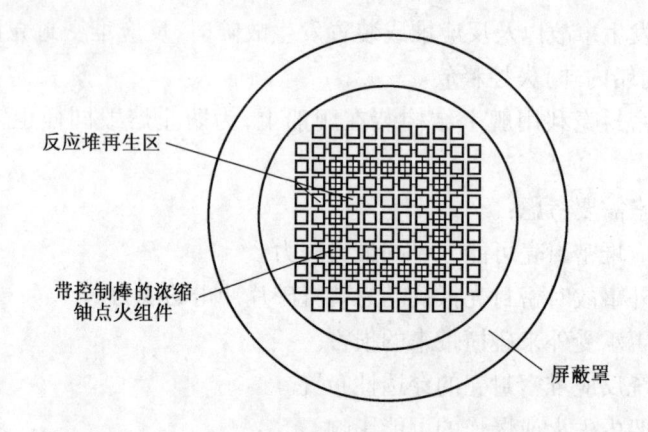

图 4.2　压水反应堆堆芯横截面图

冷却剂进入反应堆密封壳并流入燃料元件周围的一个或两个通道，这种冷却方式可使热梯度最小。

为确保稳态和过渡状态情况下全部堆芯区域安全，冷却剂流动方式非常重要。离开反应堆密封壳的冷却剂传递到蒸汽发生器（图 4.3），在第二回路装置中（蒸汽发生器）热量传输给水。冷却剂通过主冷却泵泵回到反应堆密封壳中。冷却剂回路中的压力靠加压器维持，而这可借助于电加热器和来自主冷却泵出口喷嘴来操作，在加压器中产生 $14×10^6$Pa 压力和 340℃ 温度的饱和状态。此加压器对该系统的另一个重要作用是控制平衡罐。在无负荷状态下，通过回路的冷却剂温度几乎没有变化。当功率增加时，来自反应堆密封壳的冷却剂温度也增加，而进入反应堆密封壳的冷却剂温度则降低。使系统温度下降大于温度增加部分。加压器中水平面有所下降，其原因是冷却剂平均密度增加。当功率需求减少时，情况与此相反。加压器上部的蒸汽形成了一个缓冲气垫，以应对这些容积的变化。

4.6.2　二回路系统

回过头来再看核动力装置示意图（图 4.3）。由图可看到，冷却剂充当蒸汽发生器中的加热介质。为了使反应堆不至于过热，冷却剂的温度要受到限制，这样也要求对蒸汽发生器中热源温度作一定限制。离开蒸汽发生器的蒸汽可能被过度加热，但过热温度并不高。在潜艇上，既可将这些蒸汽导入主推进涡轮，又可导入涡轮发电机。与此类似,水面舰船上也可考虑这种布置。推进蒸汽轮机既可直接将动力传给齿轮箱,又可使用电力传送系统驱动螺旋桨。在潜艇上,在螺旋桨轴由汽轮机装置驱动的情况下,还有一台电动机与螺旋桨轴相联。这样做是为了在主推进系统失效时,仍然有返航能力。通常在电力驱动系统中既有汽轮发电机,又有蓄电池来提供电力,因此这是一种真正的"双保险"。

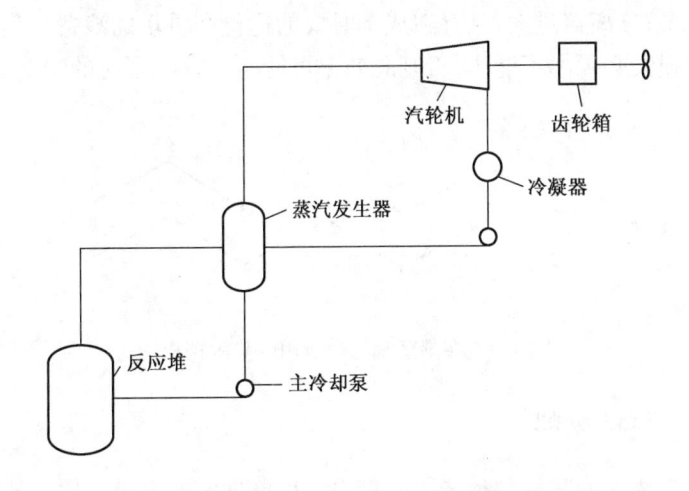

图 4.3 舰船用核动力装置组成

按照现代燃油蒸汽的标准来看,上述蒸汽状态参数并不高,随着功率改变,蒸汽压力变化很大。汽轮机设计人员应该把这个特点考虑进去,蒸汽状态参数低并不是一个新问题,20 世纪初,在燃油蒸汽系统中蒸汽状态参数低一直是个普遍的问题。最大蒸汽压力是处于无负荷状态下,而在全功率状态下,蒸汽压力几乎呈线性地下降到最小值。

4.6.3 含湿量

汽轮机进口状态是这样的:在汽轮机整个或部分流通蒸汽中可能会出现湿度。湿度的出现引起汽轮机级效率损失,因为它降低了工质(蒸汽)的品质,由于潮湿水滴比蒸汽流动慢,所以会冲击动叶叶背。这两方面原因导致汽轮机效率降低,每1%的湿度引起的级效率总损失约为1%。应当注意的是,如果不采用一些特殊措施,冷凝器入口处蒸汽含湿量可能高达20%,这不是一个小问题。

蒸汽中出现湿气还有进一步的负效应,即锈蚀问题。叶片前缘,尤其是靠近叶梢处易受损坏,因而需要镶嵌硬化。接头、法兰也会受到蒸汽中湿气锈蚀的影响。一旦这些地方开始漏泄,蒸汽湿气混合物的侵蚀性将不断地扩大漏泄部位。

由于这些问题的存在,应经常采用如下除湿技术:

(1) 在气缸内加工环形沟槽,导引动叶甩出的湿气。

(2) 蒸汽可经由一种专门设计的分离器除湿,蒸汽通过离心装置而旋转,较重的水粒被甩到外围部分进入疏水槽,从而达到除湿目的。另一种分离器带有挡板,形成一个锯齿形的蒸汽流道(图4.4),水粒在流动中不会变向,因而被疏水槽捕获。确定这种分离器的尺寸并不容易,分离器过小,会造成水满溢出重新回到蒸汽流中;分离器过大,又会造成不必要的造价和重量的浪费。蒸汽通过分离器时压力损失必须尽可能小,否则总效率可能会与未除湿时的情况一样低。

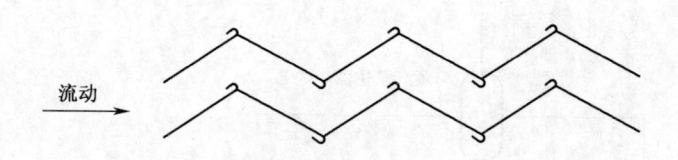

图4.4 在湿蒸汽流中所用的除湿挡板

4.6.4 更换燃料

设计船用核动力装置必须考虑满足定期更换堆芯的要求。用过的燃料棒辐射性很强,必须谨慎处理。更换燃料的程序依赖于精确设计,但通常在反应堆壳体上面放置一个装置,允许反应堆顶部向上浮动。燃料棒被提升到一槽中并放到一个箱子里,然后将箱子运到岸上。一旦燃料棒(装在箱中)抵岸,就要有特殊设备来储运它们。必须谨慎地更换燃料,因此应当确保关键设备(如起重机)的可靠性。与废燃料紧密接触过的设备,本身也有放射性,应当与在其他地方(与废燃料没有近距离接触)使用的设备隔离开,这样又需要有特殊工艺来处理放射线照射过的设备。暴露于辐射下的工作人员都需要采取保护措施和进行身体检查。衣服、物品上都可能携带有放射线照射过的颗粒,因而需要有专门的更衣场所。在换料过程中,可能会有放射性较弱的零部件或泄流物,这些零部件和泄流物必须存放在指定地点。一旦完成换料操作,就需要投入相当多的时间、人力、物力对工作装置进行检测和安置。主要因为换料期间要特别小心,所以更换商船核堆芯需要时间3~4个星期。

在世界范围内,有许多类型的核动力战舰,潜艇及其他专用船(如破冰船)正在使用中。关于战舰和潜艇的核动力装置,可讨论的东西非常有限,这并不奇怪。但是有一些关于商用核动力装置的细节已公开发表。

4.7 "萨凡纳"油轮

1958年"萨凡纳"(Savannah)油轮开工建造,1962年3月反应堆达到临界,1963年5月入役。其满载排水量为21000t级,功率由压水反应堆提供,可产生相当于75MW左右的能源输出,蒸汽轮机的额定功率是16MW,巡航速度达20kn(图4.5)。即使考虑到反应堆的部分功率用于船用电力系统,使用核能的总效率仍可能是适中的。

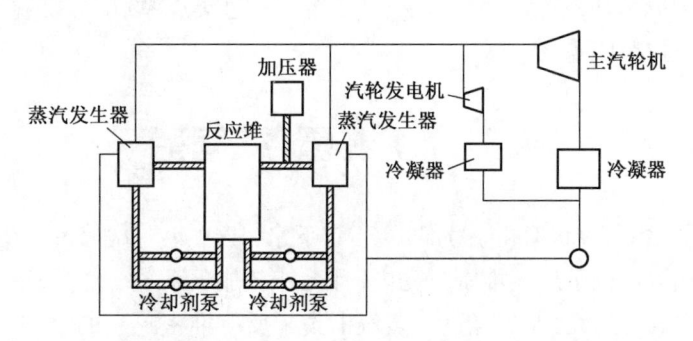

图4.5 "萨凡纳"油轮主回路和二回路系统的主要组件

第一个核堆芯含有8t铀元素,其中有300kg铀235。在堆芯寿命期内大约有60kg的铀235可裂变。装一次燃料便可使船以20kn航速航行3000000海里。与此相比,同时期的常规舰船,以相同的航速航行相同的距离则要耗掉达自重4~5倍的燃料。

钢制反应堆高约8m,内径约2.5m,内含不锈钢包层的壁厚约16cm。反应堆的上部可以拆卸,以便更换燃料。蒸汽发生器可产生121000kg/h的蒸汽,压力为31×10^5Pa,空载时蒸汽压力为49×10^5Pa。

由碳钢制成的密封壳长15m,直径11m,壁厚6cm,将反应堆、冷却泵、蒸汽发生器和增压装置包封起来。其设计可以承受13×10^5Pa的内压,这已超过预计的发生最大事故水平。

屏蔽防护装置分为两部分。第一部分允许人员短时间进入密封壳,由0.8m厚的水层和包围反应堆的铅层组成。第二部分在密封壳的外部,防止内部放射性物质的泄漏。第二层屏蔽包括聚乙烯和铅,包在密封壳的上部,下部为混凝土。

推进装置重1150t,密封壳与屏蔽防护装置重1900t,反应堆系统重600t。与重25t的21MW的燃气轮机相比(放在一起比较不太公平),显示出了核装置在重量上的缺陷。核动力船还要防碰撞和搁浅,为此在船体结构上还要付出几百吨的质量代价。

对于成本有许多说法(第10章会有更充分的讨论),但根据报道核装置的研制费用约为3000万英镑,而装置本身的成本为7000万英磅(1984年的价格水平,并考虑到通货膨胀)。

1970年,"萨凡纳"油轮大约航行了500000海里后由于蒸汽缘故而停船修理。

人们可发现"萨凡纳"油轮上的核装置是庞大的。由于装置本身是分散的,问题更加严重。实际上,这种类型的系统(反应堆和蒸汽发生器分置而用管路相连),称为分散性系统。为了节省空间,曾探索过集成系统。"奥托霍恩"号就装有这样一种集成系统。

4.8 "奥托霍恩"号船

"奥托霍恩"(Otto Haln)号船1964年下水,1969年首次出海。集成系统有一个直流式锅炉位于反应堆密封壳内,且无外部加压系统。通过让一些冷却剂在堆芯中沸腾可达到增压。然后,蒸汽汇集于反应堆密封壳的上部。所有冷却剂近于饱和状态。与其他类型的反应堆相比,工作压力是不高的(是"萨凡纳"号油船的1/2)。这种集成系统使密封壳尺寸和重量有明显的节省,而最终使舰船结构和屏蔽装置变得紧凑些。

该船装载燃料3t,在服役的头3年,以蒸汽动力航行了250000海里,1972年用一个更高功率密度的堆芯进行换装。随着世界性经济不景气的开始,它也停船修理,反应堆也就退役了。

"萨凡纳"号和"奥托霍恩"号在经济性方面都是不成功的。但他们和日本的"Mutsu"号船(这艘船有相当不幸的经历,当地渔民管理组织挑起骚动抵制核装备,以致使这艘船从未超出过初始试验范围内的航行)一起为比较核动力推进与另一种商用推进方式提供了良好的基础。

也曾考虑过将其他类型反应堆用于船上,并有人提议开发"萨凡纳"和"奥托霍恩"核动力装置,但在世界上没有一个能达到实用阶段。总体上看,"奥托霍恩"集成系统在商用中显示出很大的前景。1975年的一篇论文(文献[7])曾设想了一个能产出22.6MW/tU("萨凡纳"号堆芯仅产生10MW/tU)且寿命为28000MWd/tU("萨凡纳"号堆芯约为7000MW/tU)的堆。论文中提出的装置能用165℃的给水产生41×10^5Pa压力、302℃温度的过热蒸汽。在整个功率范围内压力相当恒定。该设计方案不寻常处是锅炉位于呈环形空间的反应堆四周。像"奥托霍恩"号船的堆芯设计一样,它不依靠外部增压器,但允许少量冷却剂在堆芯里沸腾。

4.9 未来的应用

4.9.1 舰船

舰船动力装置必须紧凑。当考虑在空间有限的潜艇体内安装核动力装置，并需要达到适当的系统控制有关问题时，压水反应堆系统用于潜艇是最有吸引力的折中方案。这种系统已经发展了多年。由于研制新设备需要大量费用，所以不愿换成另一类反应堆是可以理解的。

开发费用和时间跨度是不可低估的，因为它们在采购决策中起到重要的支撑作用。据报道，即使在十分有利的商业界，研制一艘商船核动力装置也需要十几年。由于冲击、噪声和航速方面有额外要求，研制一艘军船的核动力装置则需要更长的时间。

尽管偶尔核动力商船在经济性方面占有优势，但一般认为，核动力商船仅为财力充足的船东所拥有。只要看看上面提到的各种费用，这种说法显得不无道理。主要费用如下：

(1) 核动力装置研制费用。

(2) 核动力装置建造费用(如果将研究和开发费用包括在内，一种观点认为，核动力与常规动力的费用比应当定为 1.4∶1，其他费用估计为 2∶1)。

(3) 装有核动力装置的舰船可能有很大的排水量，在给定航速下，需要更大的功率。

(4) 更换燃料的设备与费用。

(5) 训练有素的舰员(以前有人宣称，由于遥控和联锁使核动力装置操作很简单，所以船员的训练不比常规动力装置对舰员的要求高。这样的观点是危险的，尤其在战舰上，如果发生事故或是作战受损，就需要舰员既要操作高度熟练，又要知识丰富。这将导致更多的培训费用)。舰员需要特殊的训练辅助器材，如模拟器等，所有这一切都是昂贵的，但也是必需的。模拟器必须能产生正常的运行反应和发生事故时的反应。由于一些模拟失事的情况不可能在真实的装置上产生，又不造成灾难性的危险，所以这是一个重要的训练方面。如果真的出现意外，在模拟器上经历过这些情况的操作人员，则可使不良后果减小到最低程度。

对于一个从未搞过船用核工业和核动力装置的国家来说，上述清单提出了难以承受的费用包。当然，如果一个国家已经决定花钱去买潜艇动力装置(核动力装置可使潜舰有无限的续航力从而给潜艇以独特的优势)，那么水面舰船

59

则可利用:
(1) 已经研制好的潜艇动力装置。
(2) 大批量订货可减少建造费用。
(3) 现有的换料设备。
(4) 现有的船员训练计划。

那么一种潜艇动力装置怎样才能适合于水面舰船呢?以前已经提到核动力装置庞大而笨重。因为该装置的尺寸可能决定舰船的最小宽度,其重量使舰船尺寸增大,所以它对小型舰船是不合适的。可是在大型舰船上,尤其是要求有大续航力的舰船上,核装置或许没有这样的不利影响。过去的研究表明,对于小于8000t的舰船,核动力装置不太有吸引力,如果看看现有的核动力战舰,它们的排水量大多大于8000t。

迄今为止,我们所谈到的舰船都是在全部推进功率范围内使用核动力。对许多舰船来说,CONAG(核-燃联合)装置可能是一个更好的系统。该系统用核动力装置巡航,燃气轮机提供加速。从典型的功率与速度关系曲线(图4.6)和任务剖面图(图4.7)可看出:大部分时间的运行速度低于最高航速的67%,如果在这样的舰上只装备核动力装置,则大部分时间几乎用不上。如果采用CONAG联合动力装置,使用核动力时,就可使舰达到最高航速的67%。这样比安装全部核动力装置重量轻得多,价格便宜得多。显然在设计上要权衡。鉴于前面提到的原因,设计师可能限制核动力装置尺寸。但在这样的装置中,以下几点应当是有可能做到的:

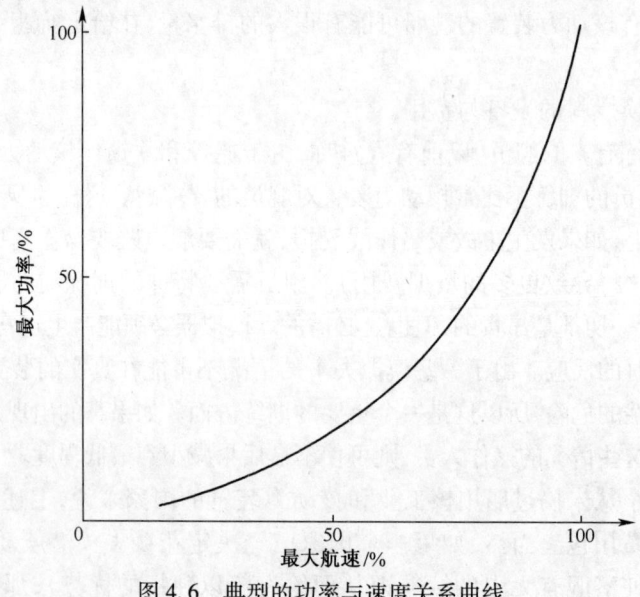

图4.6 典型的功率与速度关系曲线

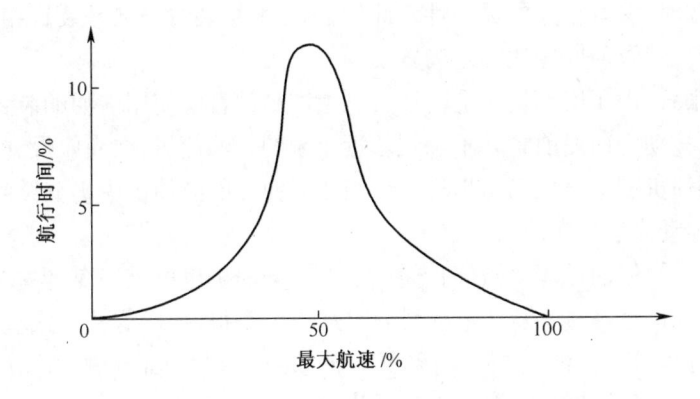

图 4.7 典型的任务剖面图

（1）总是能将部分功率用于舰上电力负荷。
（2）通过改变燃气轮机运行的时间来改变核燃料更换的时间间隔。
（3）因为水面舰船有更大的空间，所以可以考虑对潜艇核动力装置进行改进设计，以使换料更容易或使系统效率更高。
（4）根据水面舰船和潜艇的不同要求，可减少装置成本。
（5）考虑不同的机动运行要求，倒车可仅在巡航时或加速时或在两种情况下同时实现。

然而，并不是所有的情况都对水面舰船有利，因为潜艇容易得到应急冷却水，而水面舰船则不容易，并且水面舰船可能需要更高等级的屏蔽防护。

不论是从核装置中产生的蒸汽经燃油锅炉进行过热，还是将从燃油锅炉产生的相同状态参数的蒸汽用于核动力装置的补给，巡航/加速概念都可以延伸到CONAS 系统(核-蒸联合系统)。前一个系统利用燃油比较有效，但它必须是集成的核燃油系统设计的一部分，以保证在所有条件下的流量、压力等参数，对任何设备都是令人满意的。后一个系统的优势在于它几乎是对现有核动力装置的补充，即便不使用该核动力装置，该系统同样能提供很强的巡航能力。

4.9.2 商船

20 世纪 70 年代中期，人们预计如果油价继续快速上涨且船体继续增大，则在 80 年代核动力舰船会成为更经济的方案。但实际上油价已经稳定，船体尺寸趋于持平甚至有所下降。

像"萨凡纳"这样的油轮，已经显示出核动力商船的可行性，且有足够的安全性。尽管如此，仍有许多人怀疑核装置的危险性。如果运行不正常会发生什么情况？船上装置不像陆基装置，在它会带来危害的时候，可拖进海里，当不能解决这个问题时,又有很大的灵活性。此外,因为船用装置与陆基装置相比尺寸适中,所以船上装置的问题比陆基装置要少。

从近期来看,由于柴油机制造商通常可生产高效且能使用渣油的装置,垄断了市场,所以核动力商船前景并不乐观。近年来的石油危机,在商船设计上起到推动作用,柴油机制造商也已做出反应。当相对便宜的渣油供应仍继续时,柴油机很难被其他动力装置所取代。

从长远来看,渣油可能会被停止使用。有些柴油机也可燃烧煤,但技术不成熟,且煤的处理也远不尽人意。液体燃料可从煤中获得,但以这种方式获得的燃油总认为是等级较高的油(类似现行的馏分),因为这将有最大的利润。这样,便宜的渣油就有可能被停止使用,即使这样,核动力是否比其他动力便宜也不易确定。当便宜的渣油停止使用时,对舰船尺寸(对核动力系统来说越大越好)和运行方式(每年在编航行天数越多,航程越长,越有利于核动力船)可做出预测,看看核动力装置的研究和开发、训练及建造费用能否被认可。

第5章 传动系统

5.1 齿轮装置

5.1.1 概述

在许多情况下,原动机和螺旋桨的功率与转速特性曲线匹配得不是很好。首先考虑各类原动机,在确定燃气轮机和蒸汽轮机输出转速之前,有许多因素要审查,这会形成一系列最高转速可供使用,但是通常测量到的转速都是数千转每分钟。高速柴油机和中速柴油机以数百转每分钟的转速工作。可是在考虑螺旋桨时,通常对于舰船设计有一些重要的限制,于是造成了最高航速时螺旋桨的典型转速约为250r/min。

自19世纪早期舰船推进系统诞生起,就出现了原动机与推进器的功率与转速特性曲线不匹配的问题。在最早的设计方案中往复式蒸汽机直接带动桨轮。曾经有一段不长的时间,当螺旋桨代替桨轮作为推进器安装在新型舰船上之后,往复式蒸汽机的转速更适合于桨轮转速而不适合于螺旋桨的转速。齿轮传动装置的使用,有效地提高了发动机的输出转速。当发动机的设计输出转速较高时,这类齿轮传动装置就不需要了。在19世纪末至20世纪初蒸汽轮机出现后,发动机与螺旋桨转速不匹配的问题重新出现了。帕森斯(Parsons)是引入蒸汽轮机的开拓者,他有项蒸汽轮机的专利,此专利包括了齿轮传动装置驱动的可能性。曾有过若干艘蒸汽动力的舰船,未使用齿轮传动装置驱动,而该系统的转速为数百转每分钟的折中方案,导致蒸汽轮机和螺旋桨都未能在最佳状态下工作。然而,单级齿轮减速装置形成巨大的冲击,到了1916年,在战列舰这样的大型舰船上,安装齿轮传动装置的蒸汽轮机也已取得了足够的经验。但是使用单级齿轮减速装置还不可能使螺旋桨和原动机都能准确地在其最佳状态下工作。对双级齿轮减速装置进行了试验,某些制造厂家成功生产出高效且可靠性良好的组件。当时英国还不能制造。在第二次世界大战期间,护卫舰和驱逐舰上还是使用单级齿轮减速装置。美国的生产厂家已经成功制造出双级齿轮减速装置,战争期间美国海军护卫舰和驱逐舰已经装上了双级齿轮减速装置。采用较高的蒸汽参数和不同的设计原理,使得美国舰船的推进效率好得多,在巡航状态时尤其明显。第二次世界大战后,英国做出了艰苦的努力来改进蒸汽系统和齿轮传动装置的设计。战后不久建造成功的"果敢"级是最早使用双级齿轮减速装置的舰艇。此后在材料技术、负荷以及像联轴节等传动装置等其他方面有了重大的进步。

使用不同于齿轮传动的方法能够克服螺旋桨和各类原动机的转速与扭矩不相匹配的问题。各类电力传动系统已在舰船上有了应用,不过并未达到齿轮传动装置应用相同的程度,齿轮传动方案通常都能提供满足各种要求的有效、可靠而便宜的办法。

5.1.2 齿轮传动的优点

齿轮传动除了已提及的改进原动机扭矩/转速关系以适应推进器需要外,它还能提供许多优点。

特别是对各类舰船来说,常常对机舱有严格的限制,由于可用性、可靠性、易损性、燃料效率等方面的原因,常常必须配备几台原动机。船体形状会限制推进系统设备的布置。齿轮传动的功能之一就是允许输入轴和输出轴位于不同的平面上,使发动机相互之间以及相对于其他机械设备之间处于最有利的位置,从而充分地利用可用空间。根据需要,可将齿轮传动装置做成适合于各种机械布置的形式,当然这样做对重量、尺寸、成本等方面会有影响。

除了在布置方面的有利条件之外,齿轮传动的另一个功能是将几个输入合并成为一个输出(偶尔是一个输入分成为多个输出,齿轮传动易于做到这一点)。多种类型的原动机的输出轴转向只有一种,而且制造成功后就不能改变了。第9章还将讨论这一问题。就军需后勤方面而言,一艘舰上所有的原动机型号都相同是一种优点。然而在具有多个推进器的舰船上,并不是全部推进器的转向都相同,才有利于舰船的操纵,可按照左舷或者右舷轴系的不同来设计齿轮传动,使得输入轴和输出轴既可同向运转,亦可反向运转。

在船舶航行期间,需要反向推动。获得反向推力的方法有多种,在使用不可倒转的原动机时采用可倒转的齿轮传动装置就是一种。一台齿轮箱有几种方案可实现倒转。在大型军舰上,最常用的一种方法是在每个前进和后退的传动链内都带有液力偶合器。使相应的液力偶合器充油和泄油,就能改变输出轴的旋转方向。

所有这些有利条件使得大多数舰船都安装了齿轮箱,这些齿轮箱是针对特定舰型而专门设计的。生产厂家已经推出了几种标准的齿轮箱而且得到了实际使用。但是,特别是对舰船应用而言,这些节省需要由舰船设计的其余部分所带来的负面影响所抵销。那些增加采购成本和运行成本的负面影响是由多种因素引起的,诸如推进效率降低,或机舱布置与船体配合不良,导致需要更大的空间及较大的船体阻力,从而增加燃料消耗等。

5.1.3 齿轮箱零部件

(1) 齿轮的轮齿

有关齿轮型式、齿形以及齿轮强度和耐用性的相关加工制造技术,都能在教科书中找到。下面主要介绍备受关注的水下噪声问题。降噪要求我们对船内的各种噪声源(包括齿轮箱)进行检测。

轮齿制造的精度和光洁度都是影响齿轮箱噪声级的重要因素。于是,改进精度和光洁度的各种工艺技术都得到了发展。

加工齿轮最普通的方法是滚齿。滚齿刀上有多个切削刃,向转动的工件进给。这就形成了精确的齿形,但是对于舰用齿轮来说,几乎毫不例外地要对齿面进行精加工。剃齿比滚齿切削精细得多,而且已经用在一些船用齿轮的加工过程中以改善表面光洁度。磨齿的光洁度更高,它有一个额外的优点是,可用于改进硬化后齿轮的光洁度。由于剃齿和磨齿的加工量很小,达到允许光洁度所需的时间较短,通过滚齿加工过程可生产出尽可能好的产品。制造厂家多方努力将加工机床固定在基础上,基础本身是刚性的,同其他振源相隔离。加工机床保持在严格控制的环境中,可制造出非常精密的产品。

减小舰用齿轮箱的尺寸-功率比是多年来受到相当关注的另一个问题。本章后面将讨论这一课题,但是与尺寸和功率比相关的一个因素是系数 K。当齿轮传动链工作时,负荷是经由齿间一个较小的表面接触区域传递的。轮齿的抗压强度可能是传递负荷的一个限制因素。常常引用的表面负荷的一种度量是

$$K = 常数 \times \frac{传递的功率}{小齿轮转速(r/min) \times (小齿轮直径)^2 \times 有效表面宽度} \times \frac{R+1}{R}$$

式中:R 为齿轮传动比。

实际情况是,抗压强度同系数 K 的平方根成正比。

由系数 K 的定义可知,理想的情况是:经齿轮箱能传递的功率较大时,则小齿轮直径较小(节省空间和重量,且增大每一级的减速比)以及较窄的齿面宽(有助于减小齿轮箱的长度)等,它们都会使系数 K 增大,而小齿轮转速越高则系数 K 越小。系数 K 高时必须用硬齿面。在设计现代舰用齿轮箱时必须满足许多准则。系数 K 已被其他更合理的准则代替了,但是系数 K 确实表明了在希望减小齿轮箱尺寸时如何提高齿面硬度要求。

齿轮表面硬化常有三种方法:感应硬化、氮化和渗炭。后面两种方法要求齿

轮零件在可控环境中加热。设备尺寸的大小是硬化齿轮零件的一个限制因素，因此在某些齿轮箱中，小齿轮用一种方法生产，大齿轮（由于其尺寸大）只能用另一种方法生产，于是造成大齿轮表面比小齿轮表面要软些。硬化过程会导致变形，这些变形必须借助于进一步加工来校正。在硬化过程中制造工艺是非常重要的，因为还没有完全令人满意的非破坏性的方法来评价硬化处理过程是否成功，所以常常必须严格控制硬化过程的方法。对于齿轮设计来说，表面硬化可能有另外的有利作用，即有利于降低磨损速率，因此在海军舰船中表面硬化有许多应用。

在理想情况下齿间的接触面积应该尽可能地大，且分布负荷应尽可能均匀。然而有许多因素会改变轮齿的接触面积。齿轮箱内会产生一些热量，而且齿轮箱内各部件的加热不可能是均匀的。这就会引起变形从而导致轮齿的接触不良。小齿轮同时承受弯曲和扭矩的作用，这些力矩的大小取决于许多因素，其中包括舰船的航速和推进模式。在齿轮设计和制造时可为负荷条件下轮齿的变形预留裕量，而且可引入校正技术，使得当齿轮箱承受一定负荷时形成最佳的齿面接触。在考虑轮齿接触时，下列因素是重要的：

(a) 支撑各轴承的齿轮箱的刚度。船体结构不是完全刚性的，因此船体的弹性会在齿轮箱内部造成变形。

(b) 齿轮箱会经受不均匀的热膨胀，这一热膨胀过程对于不同的轴承会有不同的影响，因此某些齿轮的接触面比另外一些轮齿会更多一些。

(c) 转动件的平衡。

(d) 各种扭转振动。

(e) 对中不良（由于制造误差或安装误差引起）。

这里所说的仅仅是在推进系统选型过程中考虑的主要因素，但是还有若干其他因素也是必须考虑的，例如轮齿的弯曲。研究参考资料（即文献[8]），在详细的设计研究中可得到更多信息，以满足全套准则。

(2) 大齿轮和小齿轮

在单级齿轮减速装置中，最大的减速比取决于所用的最小的小齿轮和最大的大齿轮。系数 K 表明了较小的小齿轮使系数 K 变大，这可能是一个限制因素。如果系数 K 不成问题，那么就将出现小齿轮的最小直径，在这样的小齿轮上有固定轮齿能传递负荷。限制大齿轮最大直径的因素有以下几种：

(a) 制造大型精密齿轮的设备昂贵，因此齿轮制造厂家认为向这类设备投资经济上是不合理的。第9章将讨论保证适当的工业基础的问题，于是这两方面因素的综合作用就形成了大齿轮尺寸的限制，这是舰船设计时必须考虑的问题。

(b)舰船对于空间的限制是严格的,因此大齿轮过大在舰船上会出现问题,即过大的大齿轮会造成轴的倾角过大。大齿轮较小时(每一级齿轮的减速比小)则需要多级减速,不过这也是有利的。考虑到齿轮箱还有另外的功能,如可将原动机布置在不同的机舱,就是有利的方面。

为便于解决对中不良的问题,可以采取一些措施,在顺序啮合的部件之间加入弹性元件。可以采取以下的形式:

(a)使得顺序啮合的部件之间有较大的距离,既可以引入一定的扭矩弹性又可以降低对中不良的影响。在顺序啮合部件之间保持一定的距离,就要用长轴,此轴会占据较大的位置,又会增加齿轮箱的长度,这是不能接受的。在啮合之间分开距离过大时,还有一个不利的因素,即船体结构的挠性对啮合会有较大的影响。为使这两方面不利因素的作用减到最小,将一些轴布置在另一些轴的内部运转的方案是可取的。在图 5.1 中示出了这样一种布置,来自大齿轮的传动是通过将一个法兰用螺栓固定在内轴或套管轴实现的。在套管轴的远端有另一个螺栓联接的法兰,经此法兰传动到小齿轮上。在齿轮箱内使用轴内套轴的布置还有别的原因,但是一般来说这可获得最紧凑的布置。

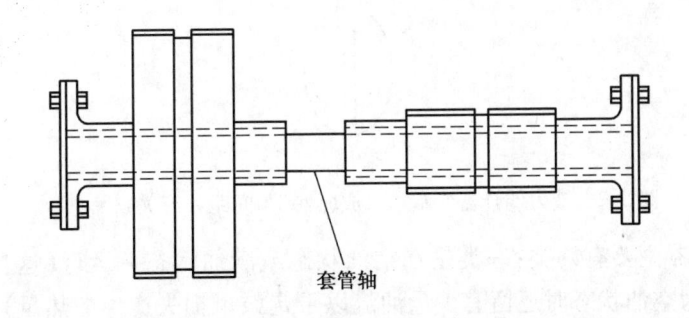

图 5.1 套管轴布置

(b)弹性部件常常能够提供有利条件,承受角对中不良以及一定的轴向移动。

在许多装置中,这两种办法可同时采用。

(3)离合器、联轴节和制动器

除了上面说过的弹性联轴节之外,在齿轮箱内还可见到其他类型的联轴节、离合器和制动器,而且也是为选择不同推进模式所必需的。

液力偶合器:在舰船齿轮箱中最常见的是液力偶合器。它们用作隔离振动或无磨损的离合器。液力偶合器由一个叶轮和一个转子组成,叶轮和转子之间无机械联系(图 5.2)。叶轮和转子的内部有许多径向叶片。如果叶轮转动,滑油引入叶轮/转子区域,滑油以流动形式使转子转动,带动输出轴转动。输入和输出之间有滑差出现,而且随着偶合器上负荷的增加滑差也增加。从输入到输出传递功率的峰值效率取决于多种因素,其中之一是叶轮和转子之间的距离,因此通常都努力使这个间距最小。即使如此,该效率也远远低于一个无滑差偶合器传递的效率,因此这类离合器常常用于稳定工况下航行,作为无滑差离合器的备用。

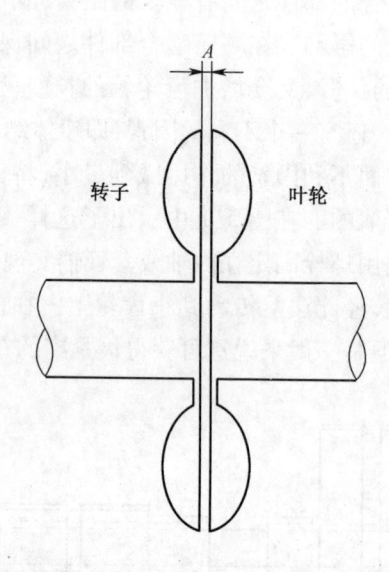

图 5.2 液力偶合器的基本组成(效率与间距 A 有关)

液力偶合器主要有两类:一类是在空油状态或满油状态下运行(这种说法不太准确,因为空油状态时还留有少量油流以带走鼓风损失产生的热量);另一类是可在空油状态、满油状态以及空油和满油之间任何油量的状态下运行。后一类偶合器可在输入转速不变时控制输出轴的转速。这种偶合器通常设计成使主滑油系统的供油连续通过工作油路流动。由于当偶合器内无油时输入和输出轴可以被有效地隔离,而且放油和充油能够迅速完成,因此使用这类偶合器对于航行驱动来说是有吸引力的。在这中装置中,无油时的转速比充油时要高些。要求有联锁装置以保证在偶合器超过正常充油时所经历的转速下不会充油,否则会造成应力过大。一台偶合器传递的功率是转速和偶合器直径二者的函数。为了避免尺寸过大,液力偶合器一般不会安装在齿轮箱的低速端。安装在高速端的液力偶合器直径比较小,能承受较高的离心应力,在这种情况下,液力偶合器可安装在中间段上(假设至少是两级减速齿轮箱,在高速端转速太高可能造成液力偶合器的应力问题)。

在某些机动情况下,偶合器的输出会处于失速状态,此时输入功率全部都耗散在滑油的流动之中。无论是这种情况或是另外的情况,最需要详细考虑的问题是滑油不必过热。因此,滑油流动和滑油系统的排热能力在设计时必须考虑到最坏的情况。滑油泵和冷却器增加了重量、空间、成本等方面的要求。

目前,市场上可买到一种液力偶合器,而且意大利海军的舰船上也使用了这种偶合器。这种偶合器在输入转速不变时,输出转向可正可反。这种可逆液力偶合器是由意大利制造的,文献[9]给出了细节。其叶轮和转子间的距离比常规的液力偶合器的间距大些,其效率比较低,如图 5.3 所示。所生成的空间可能插入静子叶片。当静子叶片没有插入时,叶轮和转子的转向相同;当静子叶片插入后,叶轮和转子的转向就相反。正好努力提高这类偶合器的效率,即便尚未成功,这类偶合器仍然是一种十分有吸引力的选择,因为它简化了可逆齿轮箱的构造,而且允许单个偶合器同时用于正车和倒车操作。

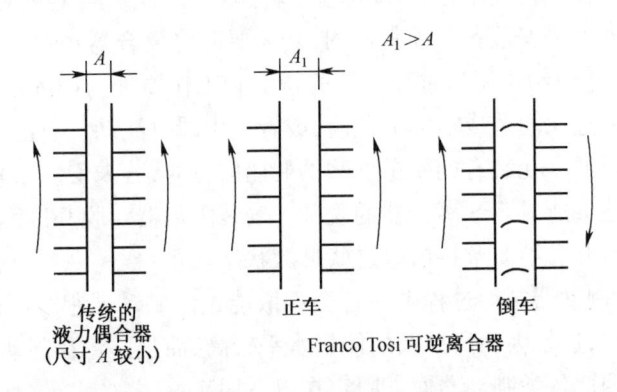

图 5.3 液力偶合器

润滑系统的容量和润滑油冷却器的尺寸必须考虑到可逆液力偶合器内部产生的热量。文献[9]给出这种偶合器正车时的最高效率为 85%,倒车时为 55%,而且舰船航行期间,效率可能明显下降。这些效率损失加上舰船减速时所必需耗散的一些能量,一同以滑油中的热量形式出现,于是在对舰船操纵性能与滑油系统需求之间存在一种权衡。

使用这种可逆液力偶合器会造成较大的传动损失,以致带有这样偶合器的齿轮箱很可能既装有机动传动装置(含偶合器),又装有平行的、无滑差稳定航速传动装置。在布置上,有两个平行的传动链,两个传动链在传动效率和滑差特性方面差别很大。如果要求做到两个传动链间的平稳转换,就必须考虑两个链的传动比和控制策略。

如果所用发动机的功率相互间差别很大,那么在设计上这几台发动机就很难与单台可逆偶合器匹配。在 CODOG 联合动力装置中,一台柴油机和一台燃气轮机驱动同一齿轮箱的情况就是这样的例子。如果偶合器是与燃气轮机相匹配的,那么在柴油机驱动时通过可逆偶合器的损失就会使柴油机传到螺旋桨的功率所剩无几。一种解决办法是安装一台较高功率的柴油机,从而可提高柴油机功率以达到稳态航速。这毫无疑问会增加柴油机占据的空间和重量,使初始成本更大。另一种替代办法是把可逆偶合器同柴油机相匹配,这就限制了燃气轮机供给该偶合器的功率。

离合器:摩擦离合器在输入轴和输出轴达到转速同步的阶段,允许有打滑的现象。在啮合过程中产生的热量必须耗散掉,通常是借助于空气或是滑油来完成这项工作。一般说来,这类离合器在舰船上只能用在小功率的场合。

在大功率舰船上使用的离合器是自动同步离合器(SSS 离合器)。当该离合器的输入转速超过输出转速时它自动啮合,而且一旦啮合完成,输出与输入之间无滑动。只要输入转速不会降低到输出转速以下,此离合器就处于啮合状态。在 SSS 离合器上可安装各种锁紧机构,在需要时将离合器锁在啮合位置或非啮合位置。文献[8]给出了这种离合器的构造和工作原理的详细说明。为防止离合器啮合动作过快而造成损坏的危险,或者发生瞬时波动,设有一个阻尼器对啮合过程进行阻尼。在装有调距螺旋桨的舰船航行时,若未安装锁紧机构,短时间的负扭矩可能会造成 SSS 离合器的脱开。安装阻尼器对脱开过程进行阻尼就可以防止这种脱开。第 8 章将讨论这些过渡状态。

制动器:制动器制动过程中一定会耗散能量。制动器很少对舰船的性能有什么重大影响,这是因为所涉及的能量水平较高,而且这将在制动耗散的能量中有所体现。因此各类制动器通常限定在以下用途:

(a) 原动机传动链的瞬时制动(有利于用 SSS 离合器脱开而改变推进模式)。

(b) 保持制动。

(c) 在轴转速较低时进行制动(这可能在某些紧急情况下才使用)。

5.1.4 箱体

箱体有下列各项功能:

(1) 支承轴承。因此,在各种推进模式中箱体是保持轮齿正确啮合的主要部件。

(2) 箱体内有液态或汽态形式的润滑剂。箱体内充满油汽,如果空气与滑油的比例合适且受到足够的加热作用,则有可能着火。热源可能是轴承引起的,因它们有摩擦作用,而液力偶合器的误动作或是间隙过小造成摩擦作用也可成为热源。幸而爆炸很少发生,爆炸的量级也是不同的。要采取某些措施使爆炸的机会降到最小(例如,对轴承进行精心设计、制造和安装,以减小摩擦作用),但是无法保证不发生爆炸。加强箱体结构可减小爆炸对周围舱室的影响,为此所付出的代价是增加齿轮箱的重量。

(3)能够减少齿轮箱零部件所产生的噪声传递到水下,从而减小舰船水下噪声特征信号。箱体的设计必须保证在类似的激振下不发生共振。

5.1.5 支承的布置

齿轮箱内的对中情况取决于齿轮箱与发动机及螺旋桨轴的对中。对齿轮箱的输入轴和输出轴可采取一些措施(如挠性联轴节)使轴约束间隙尽可能变大,允许存在较小的稳定的瞬时对中不良。这些未对中情况包括在冲击负荷下发生的相对运动。输入轴的高转速要求协调好轴径部位和轴承的间距。这些措施必须形成适当的挠性且在所有的工况下不发生过度的振动。在船体结构、齿轮箱和发动机之间任何的相对运动(齿轮箱和发动机的支承布置所允许的),都会导致齿轮箱的输入轴和输出轴设计更棘手。

5.1.6 主推力轴承的定位

主推力块常常位于齿轮箱内部,这样布置可使滑油系统更简单,主推力轴承可以使用供给齿轮箱的主滑油系统的滑油。然而,即便主推力轴承和齿轮箱是分立的,使用主滑油系统的滑油仍是一种备选方案。当齿轮箱为弹性支座时,推力块同齿轮箱分开是方便的。为了允许齿轮箱和推力块之间有相对运动,可采用两种主要方案,使用单一措施或是同时使用两种措施。在每一种情况下,推力块同齿轮箱都是分立的。如果推力块从齿轮箱内移出,那么联接轴固有的挠性可允许齿轮箱有足够的位移。另一种备选方法是在齿轮箱和推力块之间的螺旋桨轴内设置一个弹性元件。

5.1.7 齿轮箱辅助设备

(1)滑油系统

齿轮箱的设计者将基于对特定牌号的滑油来设计齿轮箱。如果齿轮箱设计的某一方面出现了问题,如齿轮开始磨损,那么重新考虑滑油的牌号碰巧可能解决问题。然而改变牌号,却可能引起另一个问题,除非替代牌号的滑油适合于滑油系统承担的全部任务。

主齿轮箱滑油系统可为其他用户供给滑油,即给主推力块和主发动机供给滑油。滑油经过冷却器和滤器送到滑油总管(图5.4),然后分配到各个用户,最

71

后滑油回到油箱。由于空气会进入到滑油中，因此要这样来设计油箱，使得滑油在油箱中能停留足够长的时间，以使空气能自然地分离出去。在油箱内布置一些挡板，使得进入油箱的滑油不会立即流到泵的进口。还可在滑油系统中加一个离心分油机，其作用是将滑油从该油箱中抽出，使滑油清洁之后，将滑油返回到该油箱的另一部分。

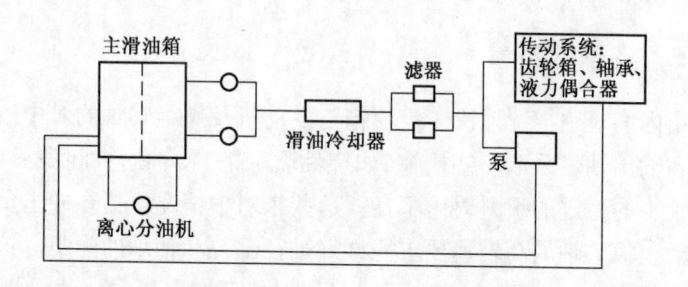

图5.4 典型的主滑油系统

供给推进系统滑油的失效将迅速导致一系列严重故障，因此通常至少有一种补救装置。可设置第二个滑油泵，此泵的动力源自主滑油泵的备用动力源。如果主滑油泵是电动的，那么此动力源可能有以下几种：

（a）一套独立的电源（因此当一个电气系统有故障时将不会影响其他系统）。

（b）一台安装在泵顶部的空气涡轮，此空气涡轮使用储存在高压气瓶中的压缩空气作为动力。

（c）齿轮箱输出的动力源。该泵的输出特性必须是这样的，只要螺旋桨轴转动，就有足够的滑油流动来满足需要。如果想避免增加变速驱动泵的复杂性，使泵的输出特性与需求相匹配证明是很难的。

一种可替代的备用装置是设置一个润滑油箱，使其位于船舱的高处或使其增压。如果主滑油供应发生故障，应急油箱中的滑油就会流到系统中（在重力作用下或是在增压压力作用下），使舰船和机械设备有足够的时间停下来。考虑到军舰作战破损，将滑油储存在机舱的上部以及加压储存不是好的办法。

滑油的需求量随一些因素（如推进模式和传递功率）的变化而改变。由定转速电动机作动力的滑油泵的输出特性与滑油的需求量不是很匹配。电动机的转速控制增加了复杂性和费用，因此一般不考虑采用。用齿轮箱输出功率来驱动的滑油泵与需求匹配得较好。在过渡过程中或在某些稳态工况下，为了避免泵的尺寸过大，或许需要辅助泵来补充齿轮箱驱动泵的输出量。

保持滑油系统的清洁和无污染物的重要性是容易理解的。最危险的时刻是系统刚刚建成的时刻或者系统经过一些维修工作后重建的时候,这是因为系统的完整性遭到了破坏。尽可能清洁地安装系统是常规的操作,而且系统一旦装配完成后,整个系统要用滑油冲洗,用专门安装的滤器捕集残杂物。在设计过程中必须采取一些措施保证系统各个部件没有死区,并能获得较高的流动速度,否则冲洗的效果就不理想。只有当冲洗时流动速度比工作时流动速度更高时,才有希望使冲洗期间不会丢下碎片。为能进行有效的冲洗,可能会要求增加空间和重量。

(2) 盘车齿轮和功率输出

盘车电机能使轴系低速转动以便于进行检查。盘车电机通常固定在齿轮箱上而带动齿轮传动链上的一个齿轮。盘车齿轮的布置常常具有应急状态下使轴系锁紧的功能。还可见到另外形式的功率输出。在商船中可见到轴带发电机组,但是在军舰上没有使用,商船的优势在于高效率的低速柴油机主要用廉价的渣油发电,这是不能用于军舰上的主要原因之一。必要时,在军舰上也有功率输出用于调距螺旋桨的泵及海水泵。

在低功率情况下,皮带、链轮或锥齿轮传动可能用作改变齿轮传动装置的转速-扭矩特性,或用作功率输出。

5.1.8 齿轮箱特性

在某种程度上,对舰用齿轮箱要求具有以下若干特性:

(1) 最小的空间和重量

如果要求最大航速要高,又想避免安装过大的推进主机,就要选择一种良好的船型。在护卫舰/驱逐舰级的舰船上,空间都是十分紧张的。从总体上看,当考虑推进装置空间的更广泛应用的时候,齿轮箱的长度、宽度和高度在总体设计中都是很重要的。

增加旋转零件的负荷将使旋转零件的尺寸变小,从而导致齿轮箱的尺寸减小,不过这取决于诸如推进机械设备布置等其他因素。

如前所述,齿面间的精确啮合是非常重要的,主要有两种办法来保证当确实出现对中不良后果时不会造成严重问题:采用专用挠性元件和套管轴可使对中不良影响减到最小,又不占据过大空间。

齿轮箱的重量由齿轮部件、离合器、偶合器、轴系、箱体、附件和滑油的重量所组成。增加轮齿的负荷,使齿轮部件变得更轻些,但是其他部件不受影响,因此节省的重量适中。

（2）最小的噪声和振动

使噪声和振动的量级保持最小是舰船设计的一个重要特点。降低齿轮箱所产生噪声的重要性已得到了公认,但是在降低噪声方面哪些因素是重要的,目前还没有一致的看法。就此而言,有许多因素需要考虑,而且每种因素的相对重要性也有待讨论。

由于轮齿周期性啮合的特性,齿轮箱常常产生几种离散的频率。在这些频率中,有一些频率比另外一些更重要,但是每一种频率的幅值也是一个重要的因素。对于产生噪声有作用的因素如下：

（a）齿面的精度。轮齿制造不良会导致啮合不良,从而产生噪声。在改善齿轮的切削精度方面,现代机床已经取得了相当的进展,而且磨削加工得到的超级光洁度比滚齿和剃齿要高得多。现代测量设备是提高光洁度的另一个因素。

（b）轮齿的形状。在啮合循环的全过程中,轮齿具有恒定的有效刚度是一个优点。实际上目标是要保持线接触的长度不变。螺旋角、轮齿的尺寸和形状,接触是怎样形成和破坏的,所有这些因素都要考虑。齿轮接触所产生的噪声的频率取决于齿轮部件的转速和齿轮上的齿数。某些频率受齿轮箱、船体结构等作用衰减得比另一些频率要快一些,在确定齿轮部件设计时,这可能是需要进一步考虑的一个因素。

（c）轮齿的负荷。很明显,负荷越高噪声的量级也越高。在较高的扭转负荷下,旋转部件确实会扭转和弯曲,从而使啮合图谱不同于无负荷情况。对于在负荷下变化的齿轮部件接触所做的修正只能给出设计负荷的最佳接触,在齿轮箱的其他负荷条件下,这种修正可能造成诱发噪声的因素。常常是舰船在巡航速度时而不是高航速时(见第 9 章)要求机械噪声为最小,这是一个重要的因素。对照其他齿轮设计准则此因素会导致降低一些降噪要求。应避免转动无负荷齿轮装置,这是因为它们接触时可能产生反跳而形成噪声。

（d）箱体结构。箱体是支承轴承的壳体,它是保证齿间正确啮合的一个重要部件。齿接触期间所产生的噪声可能经由齿轮箱传到机舱,或经过各个支座最终传到海水中。设计时若不细致谨慎,箱体的壁板会发生共振。

空气噪声可由刚性齿轮箱体来防护,在极端情况下可使用一个隔声外壳。因为空气噪声通常不是舰船水下特征信号的主要成分,所以很少采用一些非常措施来降低这种噪声成分。

各支座可能形成重要的噪声传播路径。由于齿轮箱的重量、齿轮箱与其他部件间的相对运动以及齿轮箱固定在船体上等情况都会增加齿轮箱的刚度,因此,人们认为把齿轮箱固定在弹性支座上并非总是有吸引力的。可以采用这样一些措施来降低齿轮箱产生的噪声,但是如果齿轮箱噪声传递到水下仍然过大,要求降低噪声级时,解决的办法就是避免该齿轮箱运行。如果齿轮箱是弹性安装的,舰船运动和反作用载荷会引起齿轮箱对于船体结构发生相对运动,因此有必要用弹性元件把齿轮箱与其他部件连接起来。

还有两种途径使齿轮箱的噪声传到水下。第一种途径是经由管道系统(噪声经由管壁或是管内的流体传递)。管道中的挠性段可使经由管壁传递的噪声衰减。重要的是要细心地保证接到齿轮箱的所有管道都是经过降噪处理的,因为只要一条管道短路,噪声就可以到达水下。

噪声传播的第二种途径是沿着输入轴和输出轴传递的。由于降低噪声或者冲击的原因,各原动机可能安装在弹性支座上。支承系统是一种折中方案,因此某些频率的噪声衰减要比另外一些频率更有效一些。这与齿轮箱的噪声特性有关,因为原动机的支承系统总是能传递齿轮箱中的一部分噪声。如果齿轮箱是刚性安装在船体结构上,这个问题就更加突出。由齿轮箱及原动机产生的噪声可能会经箱体传到船体上。在齿轮箱输入系统中安装一个联轴器来隔离原动机的噪声,根据噪声分析这种措施是有益的。在任何情况下,如果原动机安装在弹性支座上,齿轮箱刚性安装在船体上,则在齿轮箱的输入轴上总是需要某种形式的弹性部件,其具体形式常常是采用一个万向轴。原动机高速运行时,无支承的长轴是不允许工作的。如果一台齿轮箱需要弹性支座,则将该齿轮箱刚性固定在浮筏上更好。原动机可以刚性或弹性固定在同一个浮筏上,浮筏本身又弹性安装在船体上。

噪声还可能经由螺旋桨轴传到水下。在许多场合下可使用能够承受螺旋桨轴的高扭矩及低转速的各种联轴节,但是通常研制这类联轴节旨在允许几何对中不良而不是用于衰减噪声。尽管是为其他用途设计的,但这类联轴节还是能对沿螺旋桨轴传递的噪声有一定程度的衰减作用。如果齿轮箱是弹性安装的,那么通常在螺旋桨轴上都必须装一个弹性联轴节。

如果要求振动级能达到允许程度,那么平衡(尤其是在高速传动链上的平衡)必须达到较高标准。在舰船上进行平衡也是常见的。

(3) 高效率

螺旋齿轮箱传动的最高效率大约可达到98%(图5.5)。在部分负荷下,效率确实下降了一些,但仍然高于95%。各类液力偶合器比直接齿轮传动的效率要低些(最高效率范围是85%~90%),因此如果效率更重要,通常不需要液力偶合器。

(4) 可靠性高、维修简单、寿命长

因为齿轮箱是舰船整体的一个部分,不易从船体上拆下来,因此高可靠性、低维护负担及长寿命等要求对于设计来说是十分重要的。如果齿轮箱频繁出现

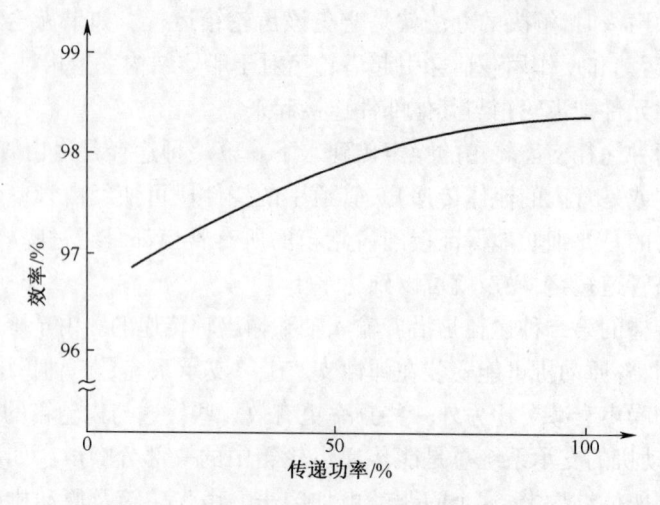

图 5.5 典型的双级减速齿轮箱效率曲线

故障,那么舰船的可靠性和可用性就会受到严重影响。如果确实出现了故障,因碎片会通过齿轮啮合或者在润滑油中循环而引起严重的二次破坏。修理工作将需要很长的时间,这是因为在接近故障零件之前有许多工作要做,而且需要彻底检查其他零件以确定是否有二次破坏。因为面对啮合接触要非常仔细,如果齿轮的一个齿损坏了或者失效,就有必要更换该齿轮以及同它配对的齿轮,从而使新的啮合接触面达到可接受的程度。齿轮箱的设计和布置、输入和输出数量以及可能的推进模式,所有这些因素对于该齿轮箱内部零件的可接近性均有重要影响。可在空间尺寸要求和可维修性之间做折中。修理好有故障的零件之后,齿轮箱要重新装配,并要冲洗滑油系统以保证污染物的数量不超限。因此,即使是一个很小的故障,该齿轮箱的停机时间也会相当长。

因为齿轮箱是不宜从舰船上拆除的,所以通常将齿轮箱的寿命设计成与舰船的寿命相同。在舰船寿命期之内,齿轮箱确实有些零件是需要大修的。因此必须做好准备以便拆除这些零件。然而只要不发生故障,齿轮装置的寿命将会比舰船的寿命长些。

5.1.9 齿轮箱的布置

通常总是为特定级别的舰船专门设计齿轮箱,因此有多种不同种类的齿轮箱。特定设计的各种要求会导致齿轮箱要兼顾到许多方面,于是在主机相同且推进器的扭矩和转速要求相同的两艘舰上,也可能出现不同的齿轮箱设计。在这两艘舰的设计中,齿轮箱的高度、长度和宽度或者形状都可能不同:一艘舰设计可能使用较大的大齿轮而采用两级减速布置,于是较窄而较高的齿轮箱可能是最合适的；另一艘舰的设计使用三级减速布置,则较低和较宽的齿轮箱更适合于该舰的需要。

即使两个齿轮箱所用的转动元件是相同的,一艘舰的设计可能得益于部件间的相互转动,从而使得原动机输入轴的布置距离分开大些,同时相对于推进轴的位置会低一些(图 5.6)。在设计上采取多大的灵活性,需要综合各方面的要求。通常不希望将小齿轮的啮合点布置在大齿轮的下半部,以免增加小齿轮拆卸时的困难。这样的情况不可避免,为了接近某些部件,另外一些转动部件必须拆除；但目标应是对于那些已知需要维护的部件很容易接近的,而对另外一些出现故障时仅需要注意的部件的接近性可稍差一些。

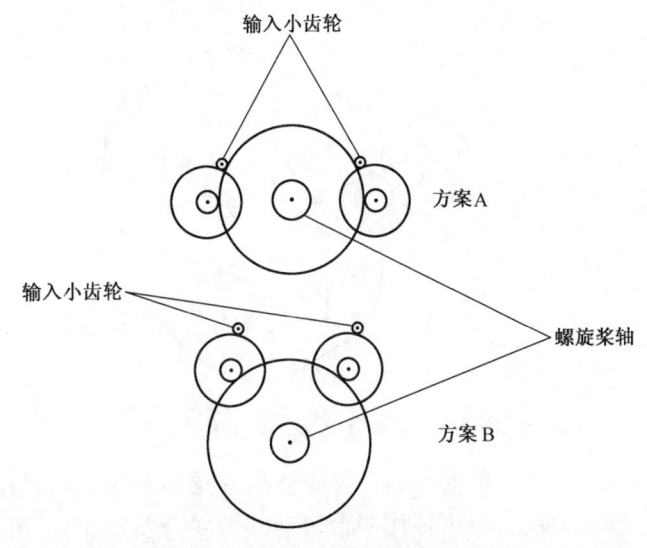

图 5.6 发动机相对于推进轴的布置
(各部件彼此会相对转动使发动机布置有灵活性)

舰船用齿轮箱具有多种形式:一个输入轴和一个输出轴的;两个输入轴和一个输出轴的;两个输入轴和两个输出轴的;三个输入轴和两个输出轴的;四个输入轴和一个输出轴的。某些装置在齿轮箱内具有可逆转的能力。近年来,英国海军最复杂的齿轮箱是用于"郡"级驱逐舰上的那种齿轮箱。这类舰船是在 20 世纪 50 年代后期设计的,而且标志着由蒸汽轮机动力向燃气轮机动力舰船的转变。这些舰船使用蒸汽轮机巡航,而使用燃气轮机加速。两个轴系中每个轴系都有两台蒸汽轮机和两台燃气轮机输入一个齿轮箱。该齿轮箱的输出轴连接在定距螺旋桨上。依靠蒸汽传动的倒车功能是传统方式,即用一台倒车蒸汽轮机以相反的方向带动发动机和传动系统。在燃气轮机传动链上,倒车是在齿轮箱内部实现的。事实上,依靠燃气轮机的机动动作可能是很迅速的,有一套专用的操纵系统,该系统中有正车和倒车液力偶合器。在用燃气轮机正常正车驱动时,机动液力偶合器是排空的,这种驱动是由无滑差离合器完成的。从上述简要的说明是可想象出在齿轮箱内部有多少个零部件。事实上,如文献[10]所报道的那样,在每个齿轮箱中,有56个主轴承,28个推力轴承,8个离合器和4个液力偶合器。详细说明或者是二维平面图或图表不容易表达出这种复杂性。

齿轮箱的设计者采取很多办法来满足各种各样的要求。功率分支齿轮偶尔可能是有益的。输入小齿轮驱动两个大齿轮,从而将功率在这两个齿轮间进行分配(图5.7)。然后两个中间轮再驱动一个大齿轮。这种布置将使中间齿轮尺寸小一些,不过有两个中间齿轮则转动零件较多些。

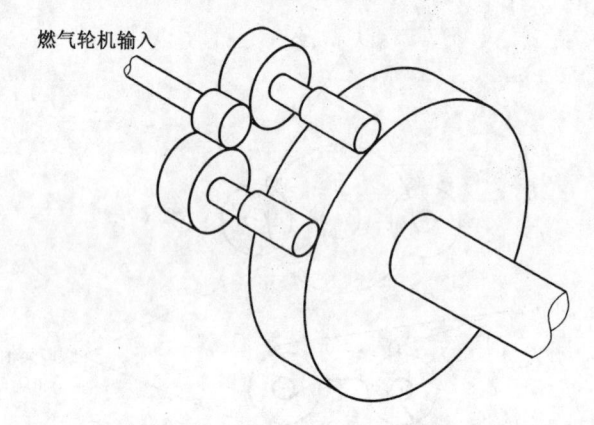

图 5.7　功率分支双级减速齿轮箱

前面说明过的可逆转的液力偶合器能够减少"郡"级舰上齿轮箱的复杂性,因为一台可逆转液力偶合器可替代两台机动液力偶合器。而且,可逆转偶合器系统需要齿轮传动的零件较少,也就节省了空间和重量。

行星齿轮传动装置可使单输入和单输出装置的布置紧凑些,无论是主传动装置还是主齿轮箱,这种装置很有吸引力。对于原动机来说,允许主齿轮箱的输出轴和某特定轴之间在主齿轮箱中可以匹配良好。行星齿轮箱的紧凑性在需要检查或大修时会出现困难。行星齿轮箱能用于倒车。这种齿轮箱的三个部件(中心太阳轴、行星架和内齿圈)都能转动。如果安装了制动器,即可通过保持一个部件静止,那么输入和输出转向可相同也可相反。

因为齿轮传动装置、离合器、联轴器等部件的多样性,齿轮箱在将来会有许多不同的形式。即使技术上不再进步,在护卫舰/驱逐舰大小的舰船的CODAG应用中,巡航柴油机使用双速齿轮箱也是很现实的。在这种数千瓦中档功率的应用场合,在图5.8所示的装置中会考虑使用若干离合器。实现双速齿轮箱还有多种替代办法,而且各具特性。图5.8所示的装置有一个缺点是可能存在无负荷齿轮接触。

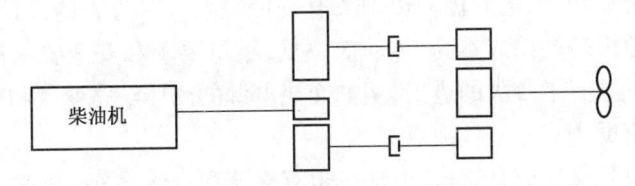

图 5.8 一种可能实现的柴油机双速齿轮箱

将来可能找到齿轮箱设计应用的另一个方面是有可逆转装置,在装有多台原动机时这些装置只是用于选定的原动机。这清楚表明舰船操作使用的本质意义,但是如果这些装置是可接受的,在许多可逆转齿轮箱中这种齿轮箱设计将会大大简化。

5.2 电力传动

5.2.1 概述

除了齿轮传动之外,最常见的减速传动系统是电力传动。电力传动具有许多优点:

(1) 使用电力传动可使原动机布置在舰船的任何位置。这就能使原动机易于接近,而且可能通常由推进机械占据的机舱下部空间让出来一部分用作其他用途。让动力设备远离机舱下部对于军舰来说具有优越性,水下爆炸传到舰船上部位置时衰减程度较大。同理,位于舰上较高部位的机械设备产生的噪声传到海里时也有较大程度的衰减。上述优点也会被一些不利方面所平衡,例如,将较重的机械设备布置在船舶上层,会影响舰船的稳性。有些主机需要供给冷却水,若冷却水系统中涉及到海水,布置起来就会更加困难;但是事实上处于舱底的空气吸入设备必须有管道通到上甲板,这就抵消了上述缺点。

(2) 控制电动机转速并改变电动机转向的技术已经成熟。

(3) 有可能将舰船电力负荷和推进负荷综合起来考虑,这样可以最有效地利用设备,而且使原动机低负荷运行的问题减少到最低程度。

(4) 多台原动机与推进系统的连接几乎没有什么困难。

(5) 直流电动机的特性是低转速下具有高的扭矩,这在某些舰船设计中会是一种优点。电力传动可以使原动机在非设计状态(例如拖曳状态)下,发出全功率。

(6) 省略了齿轮传动,考虑把水下噪声源减到最小程度时这种方式很有吸引力。

与齿轮传动相比,电力传动也确实有一些缺点。在过去的设计中没有被采用的最普通原因是初始成本高,传动效率低,重量要求和安全要求都有所增加。近年来这些领域有了较大的进展,例如交流电源的固体电路变频和冷却技术,这些技术已经有助于克服某些缺点。

电流可以是交流或是直流,电动机也有交流和直流之分。在护卫舰/驱逐舰级大小以及更大的舰船所使用功率范围内,从重量和效率方面看,交流发电比直流发电的优越性更大。此外,如果直流发电机的换向器避免发生危险的火花,换向器内的电压差必须保持在允许的量级。实际上,直流发电机输出功率越高,发电机的转速就越低。这就会造成原动机和直流发电机之间匹配不良而需要齿轮传动装置。

5.2.2　交流发电机-交流电动机系统

最有效的交流电传动就是以固定的速比把电动机转速和发电机转速有效地联系起来。如果发电机是船舶电气系统的一部分,所要求的交流电频率是恒定的,那么交流发电机和交流电动机都必须以恒定的转速工作。在这类装置中常见的传动损失是5%~10%(齿轮传动的损失约为2%)。可利用电气方法来控制转速,例如在电动机接通电源前改变交流波形的频率。发电机产生的恒定频率是变频器的输入,此变频器的输出频率有一个连续变化范围。电动机的频率输入控制了该电动机的转速。这种装置造成了额外的传动损失,增加了空间和重量的要求,增加了相当的电压波形和谐波畸变,对于共同使用同一电网的其他电气设备的选用增加了限制条件,或者必须采取一些措施来隔离那些敏感的电气元件,因而在空间、重量等方面都会付出代价。一台交流电动机可同一套调距螺旋桨相连接,改变螺距就调整了航速,但是这将导致推进效率比较低。

5.2.3　交流发电机-直流电动机系统

这种系统一般使用由高转速和紧凑式发电机产生的交流电。有各种技术可用于把交流电转换成直流电供电动机使用,例如电动机-发电机(通常用于小功率场合)和可控硅-整流器。引入这些转换设备的船舶设计要付出空间和重量方面的代价,从而更进一步降低了系统的效率(这种效率损失将取决于设计的细节,但是可低到1%,也会高达10%)。在使用可控硅控制器的场合,可能有相当程度的电压波形和谐波畸变会严重影响连接在该电网上的其他设备。如前述可变频率交流电动机的情况一样,畸变会限制共用一个电网的设备的选择,或者必须隔离波形的变化。当功率增加时,在直流电动机中换向器问题也增加了,这就导致常规直流电动机功率输出的一种实际极限值。使用多台电动机或许会克服这一问题，只要电动机的空间和重量要求在允许范围之内。

在电动机低转速情况下，交流/直流系统可提供高扭矩和很好的转速控制。

直接安装在螺旋桨轴上的电动机，如果要使螺旋桨有效运行，最大功率下的转速不能超过每分钟数百转。然而这种低速电动机的尺寸要比同功率的高速电动机的尺寸大得多。在某些应用情况下，通过齿轮传动和高速电动机与螺旋桨连接可减少重量和空间方面的优点超过了在该系统中引入齿轮传动付出的代价（在舰船中这些齿轮传动产生的噪声是一个严重的缺点）。

无论是交流/交流系统或是交流/直流系统，舰船的电气系统都必须设计成为能够接受经过该系统的瞬变过程。这些瞬变过程可能会由船舶的机动动作引起，特别是在螺旋桨改变转向时以及整流器产生任何畸变时易于引起瞬变过程。如果船舶系统和推进系统共用发电机或发动机时，重要的是配备控制系统将不稳定过程减到最小程度，并且使用船舶电气系统的调制（依据电压和频率）。另一个重要的方面是该控制系统包括保护装置和联锁装置，以确实保证故障不会引起严重的二次破坏，包括对电气系统部件和机械设备的二次破坏。

舰船航行期间，可能需要改变给推进系统供电的发电机的数量。设计控制系统，使得发电机自动地起动，使得接入的发电机和带负荷的发电机同步，分配负荷或是转换负荷，在转换负荷的情况下，要关停一台发电机。开关机构、控制系统等等必须专门设计，使得舰船达到可接受的机动能力。

借助于转子和静子的内部冷却技术，可减小电动机和发电机的重量和尺寸。冷却系统能将因电阻损失、磁滞损失、涡流、鼓风损失等产生的热量带走。在海洋环境下，空气和水是排除热量最常用的工质。就比热和传热特性来说水比空气好，从而使电动机和发电机的功率密度较高，冷却系统所占据的内部容积较小。水必须具有较高的纯度和较低的导电性。如果船舶总体设计中增加功率密度十分重要，那么才会判断在转子中加入冷却水措施的复杂性。工质，不管是空气或者是水，获取的热量必须排出去，通常是将热量传给海水系统来实现的。于是电动机和发电机的空间和重量减少部分中有一部分被热交换器及其他相关系统所需的空间和重量所抵消。即使是在水冷却的电动机和发电机内部通常也有空气冷却作用存在，这是因为水冷不可能达到所有的部分。使冷却空气在内部循环，将热量传给海水而且尽可能使外壳绝热，那么逸散到机舱的杂散热量很少（输出功率的1%~2%），不过这些措施明显地要付出增加重量和空间的某些设计代价。如果不采取这些措施，通风系统的容量就必须增大。

交流/直流混合系统的传动损失通常为10%~15%，所以这类系统比齿轮传

81

动差得多。

一直在持续不断努力减少电力传动的不利方面,而有发展前景的一个方面是利用超导特性。实际上超导体材料温度很低(比绝对零度略高几度),电阻值在一个定值以下。由于没有电阻存在,使超导体中就可以产生非常高的电流密度。在直流电动机的磁场绕组中若使用超导材料,其尺寸就会比相当功率的交流电动机小。难题是在电动机部件内要维持这样低的温度以及既要绝缘又要真空密封。能够做成单级式电动机,以便把热量传到低温区域的通道,将传热减到最少。这种电动机比常规交流电动机的尺寸要小,由于需要冷却装置和真空装置就增加了空间和重量的要求等,因此对于低功率系统来说,使用超导电动机是没有吸引力的。如前所述,大功率直流电动机的电流汇集可能存在问题。已经试验过各种办法来克服由集流环传导电流这个问题。研究过电刷和集流环的各种材料。这些材料的范围包括使用各种传统的材料以及使用液态金属集电器。在这个范围内一些电流汇集装置允许在创新性的风险费用和适当的性能之间权衡。现在可考虑特大功率的直流超导电动机了,尽管各种功率的超导电动机在海上的运行经验非常有限,但为了发展必须给予足够的时间和资金。

5.2.4 电压和电流的量级

随着功率需要的增加(包括达到更高的航速以及仅仅是因为舰船吨位增大两种原因),必须认真考虑系统中的电压和电流。如果电压保持不变,电流则必须增大;由于许多部件的尺寸大小均与电流值有关,这就导致系统付出很大的代价。为了减少电流的增加,可使用较高的电压。如果推进系统和电气系统是一体的,那么整个系统可在较高电压值下工作,也可分成为两个电压值。由于英国海军广泛使用的装备都是按标准电压设计的,所以有一种情况是把船舶电气系统维持在标准电压值,也可在一体化系统内部设定两个电压值。电压值较高时必须使用按需求状态专门设计的设备,而且需要适当的安全标准。

对于设计者来说,还有一种可供选择的方案,就是保持电流和电压在中档量级,并使用多台发电机和电动机(但以增加空间和重量为代价)。具有上述任何一种装置,都需要保护系统,以确保在任何工作模式下系统的任何部件都不可能超载,而且在故障模式期间能保证安全。

5.2.5 应用

如果使用电力传动的部分目标定在降低水下噪声,那么就希望在传动系统中取消齿轮的接触。既然如此,电动机可以直接驱动螺旋桨轴(电动机作为螺旋桨轴系的一部分是可行的),不过,如果采用螺旋桨正常转速会使得电动机尺寸较大,或是高速电动机利用某种形式的皮带驱动螺旋桨轴。中等功率时用皮带驱动是允许的,但随着功率的增加这种办法就不太满足要求了。正如第9章将会讨论的那样,水下主导噪声源随着舰船航速的改变而改变,在中/低航速时,机械设备是主导噪声源,因此电力传动就在这种航速范围内使用,而在更高的航速时,则采用另一种形式推进。如在图4.6中已经看到过的那样,舰船航速和功率的关系是,在低速到中速范围内的功率需求与最高航速下的功率需求相比是适中的。因此,对于低速到中速电力传动的动力同样是适中的,这就使电力传动在重量、空间等方面付出的代价是有限的。

　　同齿轮传动系统相比,电力传动装置的效率比较低,但是在整个推进系统总效率方面不一定会造成很大差别。在某些情况下(见第8章),当经齿轮箱与螺旋桨轴相联接时,原动机的运行效率远离最高效率。而电力传动能提供灵活的系统,在舰船运行包络线的大部分范围内,原动机在其高效区运行。在选择推进系统时,还必须考虑许多因素,在规定的舰船航速时究竟是齿轮传动装置还是电力传动装置能提供最有效的系统,实质上取决于设计的细节。

　　根据燃料消耗量的多少,最经济的一种推进模式就是在满足功率需求条件下,开动的原动机数量为最少。在有多轴系的舰船上,如果各轴之间无任何方式连接,那么在这种模式上,有些轴处于无功率的状态。如果将这些无功率的轴锁住,就会在水中形成很大的附加阻力;但是如允许处在拖曳状态,那么阻力会下降许多。然而如果各推进器均在转动而且各桨轴之间功率相同,则阻力还可进一步下降。一套电力系统能把所有的桨轴连在一起(图5.9)。如果电动机同各相应的轴连在一起,就可把系统做成为这样,即某原动机带动一根轴上的电动机作为发电机,此发电机发出的电力可供给其他桨轴上的电动机使用。这种电动机的尺寸和功率将与多种因素有关,但是用这种办法可将原动机的功率在各桨轴上交叉分配,从而把流体阻力减少到最低程度。

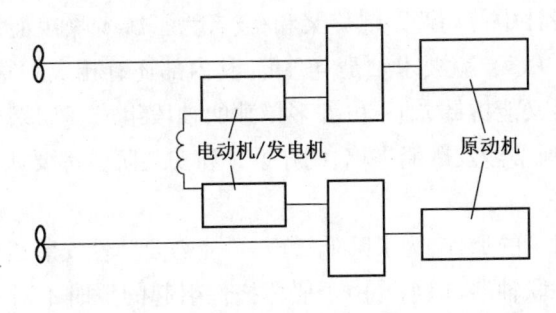

图5.9　电力交叉连接

在一个集成电气网络中,其他用电设备与推进电力系统相互作用的不利影响,前面已提到过。为了避免出现这种情况,又能体现电网的某些优点,每台原动机能带动两台发电机,其中一台供推进使用,而另一台供船舶使用。一套控制系统保证每台单独的原动机不超载。推进发电机和船舶保障系统的发电机都产生恒定的频率,这种办法提供一个范围,使得各原动机能在各种特性的高效区域工作,但是要在重量和空间需求付出较大的代价。

5.3 轴 系

在设计轴系时必须要考虑许多因素。在每一个平面上轴系都要承受静力和动力,经受所传递功率产生的扭矩、螺旋桨作用的推力、弯曲负荷、回转及扭转振动、轴向振动以及潜在的冲击负荷。

然而,正是在施工设计和安装阶段采取了大量措施,才保证这些作用力不存在不可接受的问题,例如适当地选择轴的尺寸和材料、轴承的设计和定位、尾部船体的强度和刚度等等。

在选择推进系统的过程中,可根据历史的资料或是初始的计算来进行轴系的各种特性的估算。在设计初期阶段,就必须考虑轴系安装的某些问题:

(1) 螺旋桨轴的数量受到技术因素和运行因素的影响。关于确定轴的数量的一些可能重要的因素将在第 11 章中予以讨论。

(2) 在考虑了许多设计方面的问题(这些问题贯穿本书的始终)后,原动机和传动系统的位置就基本确定了。其中的一个因素就是必须要有轴系来连接传动系统和螺旋桨。船体内的轴系要穿过几个舱室,如机舱、储藏舱或油舱等。轴系所占据的空间将影响舱室的布置和使用。

(3) 如果设计中使用调距螺旋桨和/或者为了减少噪声而沿轴系将空气送到桨叶上(见第 9 章),就要求轴是空心的,其内部还有相应的管路。必须记住,轴系应既能安装又能拆卸,轴系由许多单独的轴段组成。如果要想避免频繁地保养和修理,这通常涉及舰船进坞,则在设计和安装阶段都要认真地把轴系及内部的管系连接好。

如第 9 章讨论的那样,为了降低噪声,可能需要弹性安装齿轮箱。这就要求在轴系内有弹性联轴器,以承受由于船体挠性引起的瞬时不对中。设计各类联轴器只是用来克服轻微不对中造成的问题,因此不能认为它们是校正轴系是否对中的替代装置。

5.4 推 进 器

5.4.1 概述

推进器的设计取决于许多机械力学和流体力学方面的因素。本章这一部分涉及到轮机工程师选择推进器类型方面的内容。

5.4.2 推进器的类型

在舰船领域最常用的推进器主要分为两类:一类是通过改变推进器转速才能改变推力的推进器;另一类是以恒定转速运行就可改变推力的推进器。

定距螺旋桨属于第一类,调距螺旋桨属于第二类,直翼推进器(Voith Sehneider)属于第二类。下面就各类推进器做些详细讨论。

5.4.3 定距螺旋桨

机械式推进系统提供的优越性实现之时就是轮机工程开始之日。早期占主导地位的推进器是桨轮。到了19世纪中叶,螺旋桨在新型军舰上取代了桨轮作为推进器。这种转变的出现主要基于作战使用的原因,由于机械系统和推进器位于舰船不易受攻击的底层区域,而且舰船的两舷无任何障碍,从而可更好地布置使用武器。

这个阶段关于螺旋桨自身没有什么可说的,但是选择螺旋桨作为推进器之后,却实实在在地给机械设计的诸多方面带来了影响。蒸汽动力舰船可能具有倒车涡轮,且某些柴油机也能提供倒车动力,但是燃气轮机和大多数柴油机动力舰船选择定距螺旋桨后,就必须找到一种替代的倒车形式。使用倒车齿轮箱和/或者电力传动的内容已经说明过了。只要电力系统对于船舶设计的其他特性影响是可以接受的,则推进系统的电力传动就为倒车方式提供了另一种备选方案。

舰船的操作方式和机动性对于推进系统的特性有重要影响。原动机有特性包络线,它们必须在其中运行,而燃气轮机和柴油机都有能够运行的最低转速。其中一种原动机可经由无滑差的传动系统直接连到定距螺旋桨上,这就限定了舰船在该功率下工作的最低航速。最低航速可能高达10节。如果要求航速还低一些,为了允许脱开,可在传动系统中引入各种各样的设备,但是它们会带来各自的问题,如增加了成本和复杂性等。舰船机动动作的快慢受到所选推进系统设备的影响。如果在机动动作中要使原动机能够处在其运行包络线之内,同时又要使舰船有满意的性能,那么在各原动机与推进器之间要有滑差。

除了广泛使用的敞水式螺旋桨之外,还有多种形式的定距螺旋桨。常规螺旋桨使水流在其后发生紊流。轴上总功率与产生紊流部分的功率比例不高(大约5%)。对转螺旋桨能够克服部分紊流,它是一种能提供推进功率密度非常高的推进器组件(图 5.10)。对于轮机工程师来说,对转螺旋桨需要解决下列难题:

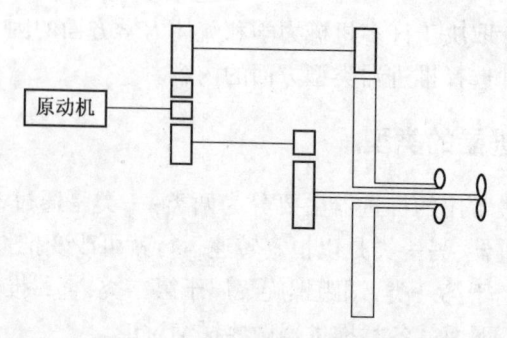

图 5.10　一种可能的对转螺旋桨布置

(1) 制造出两个同心的、高扭矩、转速适中的轴系有实际困难。

(2) 适用于两个同心轴的驱动系统。

还有其他各种各样的装置,但是由于这些设计存在难题以及采用对转螺旋桨所实现的增益不大,这类推进器没有得到广泛的应用。

其他形式的定距桨包括有各类导管螺旋桨和喷水推进器。选用这类设备的原因是多种多样的。与敞水式螺旋桨相比,由于增大了尾流和推力,导管螺旋桨的正车性能得到了增强。这些改进补偿了外壳管引起的附加阻力。螺旋桨周围的导管确实起到了保护桨的作用,通常能用于在浅水域和有冰区域定期航行的船上。喷水推进器对于海军小型舰船推进使用很有利,可降低水下噪声特征信号。根据详细准确的设计,这些推进器会对舰船设计的下列方面有重大影响:

(1) 总的机动能力较差。主要是因为倒车的推进效率比敞水式螺旋桨差。若想恢复倒车性能,就会对推进系统的其他部分带来不利影响。

(2) 同常规敞水式螺旋桨装置相比,这类装置通常是更重且更贵。

5.4.4　可调螺距螺旋桨

1. 概述

从 19 世纪末 20 世纪初开始,可调螺距螺旋桨(以下简称调距桨)已经问世了(即使是相当原始的形式)。在第二次世界大战之后,由于商业应用的推动,对调距桨感兴趣的程度提高。各类调距桨多用于小型舰船。在专用船只上(如拖船和拖网渔船上),对低速下高推力的要求和合理的自由航行性能要求之间的相互兼顾,使得调距桨很有吸引力。自燃气轮机船出现之后,调距桨在舰船上的应用大大扩展。在燃气轮机舰船中,需要找到一种倒车方法。某些燃气轮机舰船使用可倒转齿轮箱,而另外一些舰船则使用能提供倒车推力的调距桨。燃气轮机舰船的每一种新设计方案都考虑这两种途径,进行综合平衡。对于小型舰船来说,巨大的可倒转齿轮箱是不利的,倾向于使用调距桨。在使用功率更高的大型舰船上,使用调距桨比安装一台可倒转齿轮箱的风险更大;而且在大型舰船上,一台大齿轮箱不会付出很大的代价。

调距桨可应用于下列任何一种模式上:

(1) 除了倒车期间提供推力外,在各种场合下都适合用于设计螺距。

(2) 在任何给定的航速下使用一种螺距能使推进效率最佳。

(3) 在大多数情况下处于设计螺距,但是在一些特定的情况(例如在机动动作或在低速航行)下要改变螺距。

为了从正车螺距变为倒车螺距,各叶片必须通过零螺距,因此调距桨与定距桨的情况不同,叶片间是没有重叠的。调距桨的桨毂比定距桨的桨毂要大些,而且调距桨的叶根比同功率的定距桨的叶根要厚些,从而使得桨叶能够承受附加的负荷。由于上述所有因素的作用,处于设计螺距的调距桨的效率比相应尺寸的定距桨的效率略低一些(在非设计螺距下,调距桨的效率下降迅速,见第8章),而且在低航速下容易出现空泡现象。

由于空泡现象同舰船有密切关系,因此值得简要讨论一下。当螺旋桨高转速运转时,出现的一个问题是形成一些低压区。当压力低于水的蒸发压力时,气泡就出现了。根据螺旋桨的设计,这些气泡可能出现在叶梢、叶面或是叶背。当气泡运动进入到高压区时,气泡就破裂了。这会引起水下噪声和桨叶表面的损坏以及引起振动。然而,可采取如下措施:

(1) 减少桨叶的负荷以推迟空泡的发生,但这会影响螺旋桨的转速。

(2) 用船上提供的空气充填低压区域,从而把水下噪声降到最低(空气源常常是沿螺旋桨轴供给)。这部分空气可从齿轮箱周围,也可从齿轮箱下游区域引入到螺旋桨轴。后种方案更容易发生密封问题,其实际应用较少。

必须施加驱动力来改变螺旋桨的螺距。桨毂内安装某种形式的原动机,是既不理想又不现实的办法,因此必须以某种方式把船上的能量传递给桨毂。所用的两类主要方法是液压式和机械式的,不过机械式方法也可能是由舱内一个系统依靠液压式方式来执行的。

在舱内除液压系统之外,必须有一套控制系统,这套控制系统能够设定和保持需要的桨叶位置,而且能够保证推进器以这样的方式工作,既要与推进系统的其他需求相兼容。

2. 桨叶的安装方式

调距桨的桨毂不仅用作桨叶安装的基础,而且还包容着影响桨叶运动的各个部件。结果是调距桨的桨毂/直径比通常为 30%~35%,而定距桨一般为接近 20%。

桨叶有两种安装方式:一种为销轴式,即有一个销轴状的桨叶支承盘支承在销轴轴承上;另一种为支承环式,即在桨叶支承盘上有一个法兰,法兰支承在桨毂壳体的轴承环上。这两种安装方式中的作用力相差很大。在销轴式系统中两半桨毂内几乎没有空间将两个销轴轴承分开,这就在桨毂中造成了很大的力。在支承环式系统中,恢复力矩有许多分量,因而单个作用力不是很大。因此支承环系统具有以下优点:

(1) 支承件上的负荷较小。
(2) 桨叶支承盘较大,提供了较高的强度。
(3) 叶根部允许尺寸大些,便于叶根形状的优化(也可减少空泡)。
(4) 桨毂内所需的空间较小。

因此,绝大多数调距桨是使用支承环式安装系统。

3. 桨毂机构

桨毂机构可能有许多种类,但是它们都会面对同样问题,就是要将沿着桨轴的直线运动变换为各桨叶的旋转运动。由于涉及的负荷较大,桨轴内是无法使用伞齿轮传动和旋转轴的。

在桨叶根部加一个简单的曲柄,用杆将曲柄连在桨毂内推/拉装置上,如图 5.11 所示。这种机构使得桨毂较长,而且还有一个缺点,在桨叶角度较大和较小的情况下,促使桨叶运动所施加的力必须补偿有效力臂的减小。

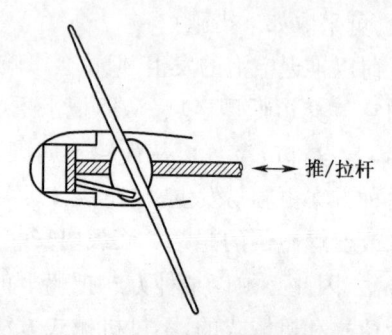

图 5.11 调距桨使用的曲柄转动机构

在某些情况下,使用滑槽原理优点突出。获得广泛应用的有两种形式:曲柄滑块机构和销槽机构。两种结构各有特点(图 5.12 和图 5.13)。在曲柄滑块机构中,当桨叶角度增大时,动作曲柄的位置向活塞中心线靠近。当桨叶角度较大时,摩擦力的影响迅速增大,当角度达到 60°时,摩擦力就使得这种机构无法工作了。只有在顺桨螺旋桨中才要求有这么大的桨叶角度,所以这种机构不能用在顺桨螺旋桨中。

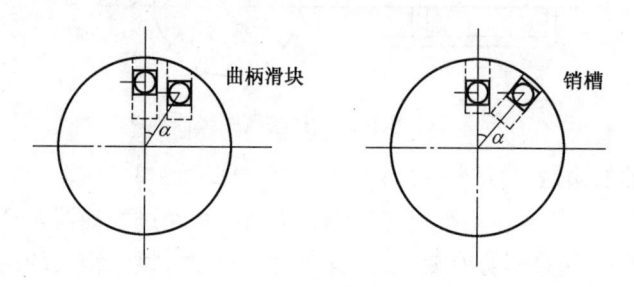

图 5.12 调距桨桨叶作动装置

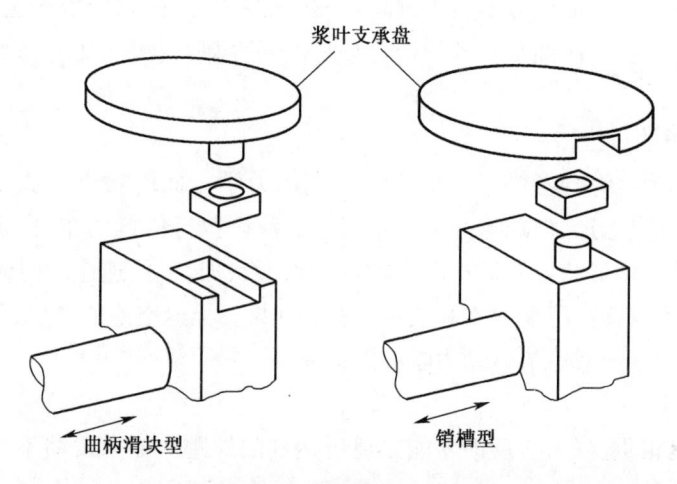

图 5.13 调距桨桨叶作动方式

销槽机构的优点在于,当桨叶螺距角较大时,可获得更长的力臂。事实上,在这种机构中,桨叶角增大时摩擦力减小,因此这种机构既适用于常规螺旋桨,又适用于顺桨螺旋桨。就顺桨螺旋桨而言,必须考虑到较大的滑槽运动,要确保轭销保留在滑槽内。

4. 双作用式机构

在桨毂内装有液压执行机构的系统中,可以使用双作用式机构(图 5.14)。这种机构既可使用两个作动油缸,又可使用反作用式活塞和油缸。其目的在于增大有效力矩且将其作为纯扭矩。如果工作力矩较低,由于在桨毂内有很多的运动部件,运动部件加上成本和复杂性等原因,所以并不总是使用双作用式机构。

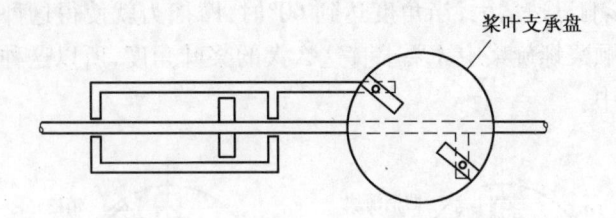

图 5.14　双作用式销槽调距桨原理

5. 液压油的输送

液压油从静止的液压系统输送到螺旋桨轴内是经过配油器实现的。在设计细节方面,这些输送过程会有变化,而且要对密封装置投入很大的注意力。当高压液压油通过配油器时会形成一种微面元密封的情况(即高压仅作用在小部分背面上以保证密封面压力不至于过高)。在某些情况下,以低压输送液压油,并在轴内安装一台高压油泵。各种密封常常需要冷却,而液压油本身可起到这种作用。

6. 桨毂的形状

桨毂的形状综合考虑了机械力学和流体力学方面的要求。从强度观点来看,桨毂应该是球形,但球形并不利于桨叶的液压执行机构的布置,也不是有吸引力的流体力学形状。后面这两个特点要求形状加长,低速应用时倾向于球形的桨毂,因为这样可降低成本和减少重量。如果要推迟空泡的产生,随着速度的增加,就要更多地考虑流体动力学的因素。

7. 反馈

反馈是很重要的,有反馈才能知道所达到的螺距。如果反馈不当就会出现下列问题:

(1) 如果无法建立零推力,在规定的水域内完成机动动作就会很困难。

(2) 在双轴设计方案中,两轴螺距间的微小差别可能造成一根轴上的负荷比另一根轴上的负荷高得多的情况。根据差值的大小和所使用的原动机的不同,还会引起下列问题:柴油机低负荷运行;机动动作时超载(发动机可能运行在其性能包络线之外,或者超过了扭矩限制);发动机运行在远离设计点区域,对燃油消耗量和维修工作量有影响。

8. 英国海军的各类调距桨

在燃气轮机时代之前,英国海军使用调距桨仅只限于两型以柴油机作动力的护卫舰上。当时决定使用桨毂内有一个液压活塞的系统,这就不需要穿过螺旋桨轴的杆件,使得桨毂尺寸减小而且结构也不太复杂。

"埃克斯默恩"(Exmouth)号护卫舰是一艘航空改型燃气轮机动力的验证

舰。在从蒸汽动力向燃气轮机动力转换的过程中安装了一套调距桨,随后该舰用于燃气轮机和调距桨的机组人员培训。该调距桨是商用的单作用式活塞型。已经提出过双作用式活塞的方案,但是在改装规定的期限之内没有研制成功。液压回路是开式的。关于液压回路的选择,后面将详细讨论。液压回路的工作压力是接近 $34\times10^5 Pa$ 的恒压。

"埃克斯默恩"号护卫舰在海上运行期间,取得了以下经验:

(1)起初控制系统是按螺距和发动机功率随功率需求下降而同时减小来设定的。在试验过程中,发现作用在螺旋桨上的流体动力造成螺距角减小的速率比需求的速率快,这样导致发动机转速升高达到超速自动停车的量级。于是要改变该控制系统,以保证在螺距减小之前降低发动机功率。

(2)因为反馈系统不恰当,机动运行后油温的变化可能使螺距角的指示误差达到 $1.5°$。

由于这个特点使"埃克斯默恩"号护卫舰经历了巨大的困难,随后对各项要求必须达到的精度以及如何预测温度的影响有了更好的理解。

9. 42 型驱逐舰

42 型驱逐舰是英国海军第一艘全部以燃气轮机作为动力的舰船。考虑过定距桨和调距桨的方案,但因为机舱的空间非常宝贵,还是采用了调距桨。

与"埃克斯默恩"号舰的螺旋桨不同,42 型驱逐舰选定了双作用式调距桨,这样可使桨毂尺寸较小,并可施加较高的纯扭矩。因为预报的扭矩值很高,所以用这种方法是有吸引力的。此双作用式作动器加上应用闭环液压系统恰好形成了英国海军独一无二的设计。

该系统有一个靠液压驱动的活塞。内有液压油的管子处于螺旋桨轴内,管子的进口穿过位于大齿轮轴前端的配油器。利用机舱内的高置油箱来保持桨毂内的压力,以防止水的浸入。在回路中没有设计循环流动,于是在桨毂内出现任何杂质可能未引起注意,但是有能力使该系统超压,然后打开安全阀,回流到舱内。螺距的锁定是手动的,有一根管子在螺旋桨轴内安全移动,移动一个螺母即可将液压活塞锁定在全正车位置。

采用带有变排量泵驱动作动器的闭环液压系统具有下列优点(图 5.15):

(1)系统的压力仅在一定时刻是必需的。稳定桨叶所需要的压力远远低于机动期间所需要的压力,由于稳态是绝大多数时间的状态,所以较低的压力可提高系统的可靠性是人们所期望的。

(2)机动期间会产生很高的流体作用力。在开环系统中这些力会引起螺距变化而同需求螺距不一致。在闭环系统中(只要安全阀设定正确),泵的转速和冲程规定了液压油的流动速率,从而螺距的变化率与桨叶上的流体动力无关。

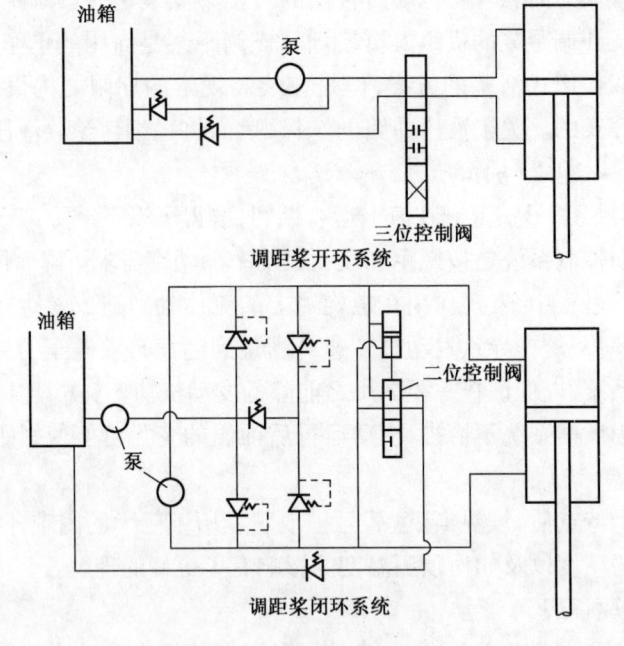

图 5.15 调距桨控制系统

闭环液压系统的使用以及预报的扭矩大大超过随后经历过的扭矩,给这一类调距桨带来了一些问题(这种桨不仅用在42型驱动舰上,而且用在21型和22型驱逐舰上):

(1)预报的高扭矩形成较高的($83×10^5$Pa)油压似乎是必要的。在如此高的压力下,各处间隙就很小,于是微小的杂质也会引起严重问题。起初,液压油的过滤不能令人满意,但是进行了修改,增加了经过滤器的流量。

(2)闭环系统允许螺距变化响应比开环系统更快些,但在42型舰上响应不必太快。全速紧急停车期间,如果向后的推力施加得过早,螺旋桨会在水中剧烈搅拌,不会使船马上停下来。有鉴于此并考虑到若螺距变化太快,就会在推进系统内产生应力问题,开环系统的响应速度是足够快的。

21型舰及早期42型舰和22型舰中闭环液压系统管路总长568m、阀门166只。冲洗过程不仅费时且难以奏效。后期42型舰和22型舰上就装有开环系统。这就使得管路长度和阀门的数量减少了1/2,因为更容易保持清洁并使用较低的压力,所以液压油的保洁就容易多了。

已经谈到了"埃克斯默恩"号舰在建立零推力时遇到的困难。在现役各级别的燃气轮机舰船上,为了减少噪声,在螺旋桨叶梢处需要释放压缩空气。在设计中要十分注意,保证穿过螺旋桨轴的压缩空气的温度,不会加剧确定螺距的问题。用过的办法是使用低变形钢制成的三套同心管。两个内管用于桨毂内动作活塞引进和引出液压油。这两个管子贴得很近，就保证了它们之间没有温差。外面管子用于桨毂低压油的回油（防止海水渗入）。由此可以想象得出，在桨轴内安装这些同心管很困难，而且要让空气通到螺旋桨就更加复杂了。开始时桨轴的装配是非常困难的，但多年来已获得了一些经验，现在已制定了适用的操作规程。

10. 其他国家海军的设计方案

已使用了多种设计方案，每种方案各有优点和缺点。使用推/拉杆系统的设计方案值得简要说明一下。

螺旋桨的工作原理并无什么特殊性。除了低速航行时和倒车期间外，螺旋桨都处于设计螺距。系统设计都带有液压装置，以推动轴系内的活塞。液压系统以两种压力工作，在调距的起始阶段，较高的压力可使螺距改变的速率快些，在接近要求的螺距时接入低压，从而就可避免发生过调。

这类系统的优点在于，液压部件均在舱内，而且当液压系统出现故障时可用机械方式简单地把螺距锁定。从总体来看，其缺点是推/拉系统比桨毂内的液压系统重些，而且仅有单作用式系统。

11. 机动工况

第8章中将讨论推进系统的性能，但是现在应说明推进器的下列几个问题，因为它们确实影响着推进系统设计的其他特性：

（1）齿轮箱的滑油由若干台泵提供，泵各有独立的原动机，即电动机，或空气涡轮。泵也可从齿轮箱自身得到动力。后一种办法的优点在于稳定状态时滑油供应常常和需求配合得较好。然而，如果泵的输入转速下降过多，在低航速或机动时期齿轮箱驱动泵的流量可能不合适。在使用调距桨的舰船上，控制系统可这样设计，使得轴转速不要低于齿轮箱驱动泵所能容许的转速，甚至要求在机动工况时也是如此。

（2）双轴舰船如果只用一个轴推动时，有可能获得更好的燃油经济性。无功率的轴会产生附加阻力。通过调距桨顺桨可降低这种阻力（如果设计允许），或者有一个不同于设计螺距的螺距，可使自转螺旋桨的附加阻力减到最小值。原动机系统和螺旋桨的性能特点必须作为一个系统来进行评价，以确定有功率的轴是否在调距桨的非设计螺距下工作，因为在有些情况下，这有可能改善总效率。

（3）如前所述，各类燃气轮机和柴油机有一个能够工作的最低稳定转速。如果这些原动机是通过一个固定的齿轮传动比和一个设计螺距的调距桨工作，这可能使舰船的最低航速较高（与用定距桨时完全一样）。若要求较低的航速，调距桨在非设计螺距下运行也是一种可行的方法。螺旋桨的效率在非设计螺距时下降很多,因此对于长时间低速运行的情况来说,这种办法并没有吸引力。

非设计螺距调距桨在舰船机动期间是有利的,因为它能提供快速机动,从而使原动机和传动装置在允许的限值范围内工作。图 5.16 所示为一个例子,一艘燃气轮机/调距桨船是按最大加速能力设计的。在加速的初始阶段出现了较大扭矩和推力。如果扭矩或推力过高,可通过降低速率来减少。在此速率下原动机的功率增加。如果螺距的速率没有下降,那么在加速的初始阶段轴转速会降低到很低。这种情况对于动力涡轮的润滑或是齿轮箱驱动滑油泵(如果安装了)来说都是不能接受的。

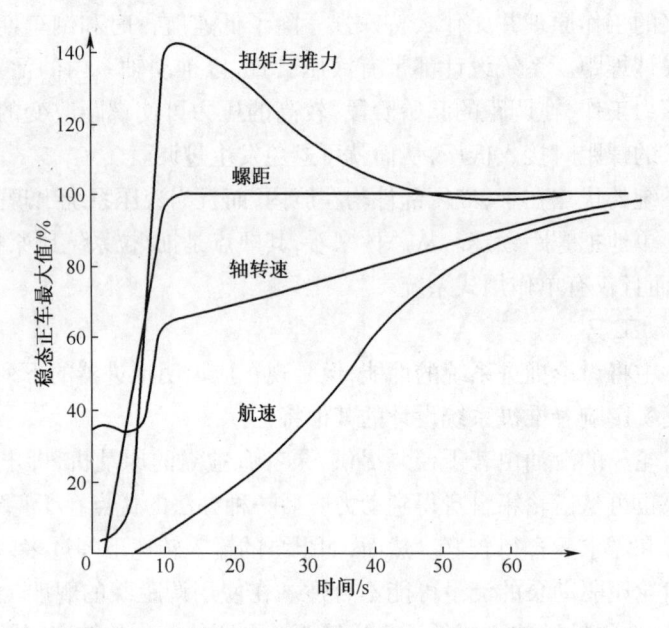

图 5.16 从静止突加到全正车——可能的机动性能

12. 直翼推进器

直翼推进器提供了一种使推进器推力转向 360°的工具。但是在其他设计方面要付出代价,不仅仅是与常规螺旋桨比较起来推进效率有所下降的问题。

直翼推进器所应用的原理是水动力学振动升力原理。以适当的角度在水中拖动的水翼叶片将会在垂直于拖动方向上产生一个力(图 5.17)。

直翼推进器有一个转子。几只水翼叶片安装在转子的下面且垂向伸到水中。该转子决定了水翼叶片运动的方向和叶片角度的大小。当需要推力的时候,随着转子转动,转子组件内的机械联动装置持续地改变叶片的角度,以这种方式就产生了一个合成推力。图 5.17 表明转子的旋转中心在 O 点,操舵中心

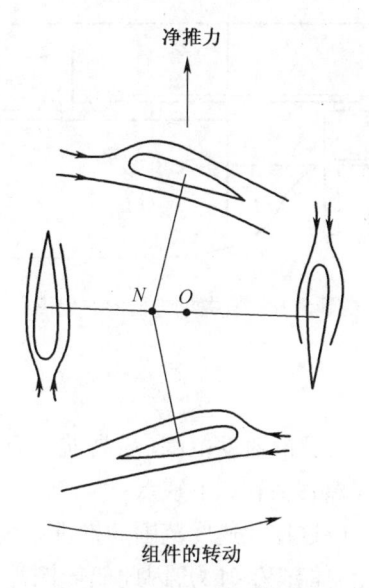

图 5.17　直翼推进器的原理图

(是叶片角度调整机械联动装置的一部分)在 N 点。当 $\overline{ON}$ 距离增加时,叶片角度也增加。当转速一定时,操舵中心 N 可以沿任何方向偏离 O。所产生的总推力垂直于 $\overline{ON}$ 连线。使 N 点移动的机构由两个互相垂直的液压臂或伺服马达构成,而且在转速为常数时能够无级改变推力的大小和方向。如果需要,推力的改变还可通过改变转速来实现。由"极端"位置到"极端"位置所需的时间约为6s。

转子的输入轴是垂直的且位于转子的上方。锥齿轮传动或是蜗轮蜗杆传动可使得输入轴相对于直翼推进器来说是水平的,叶片圆周速度范围常常是 10~15m/s,因此,在大多数原动机和直翼推进器之间必须有减速装置。在许多情况下,在直翼推进器内部可实现这种减速过程,在组件内水平输入轴和垂向转子轴是相交的(图5.18),如果必须有大型减速装置,那么可在原动机和直翼推进器之间的传动系统中安装附加的齿轮减速装置。该传动系统还应该包括有其他部件,如防止扭振的液力偶合器、离合器以及弹性联轴器或万向节轴等等,以用来调整对中不良或船舶结构挠度。可用直接安装在转子顶部的电动机或是液压马达为转子提供动力。

与敞水式调距桨相类似,直翼推进器在给定转速下有一个最佳设定值,可产生最大的推力。在设计推进系统时,需要确定该特定设计中最重要的准则。可期望直翼推进器在定转速下工作,容许其不在最佳设定值下或是在变转速下工作时推进效率较低些;设定直翼推进器最佳值,目的在于使得推进系统总效率达到最高。与调距桨的情况一样,直翼推进器使得设计者有一定的灵活性,能够兼

95

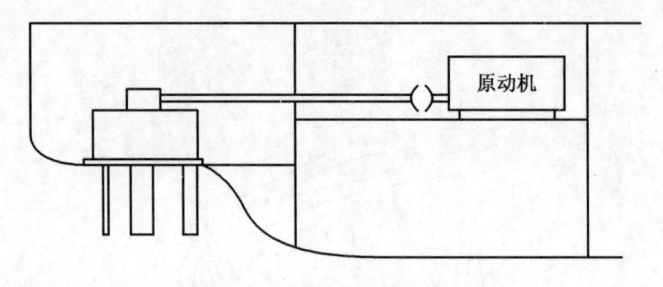

图 5.18　直翼推进器的布置图

顾到各方面的要求。

13. 非常规快艇

水翼艇和气垫船具有较宽的速度范围(最高航速 60kn 并不少见)。在这些船艇上使用的常规全浸式螺旋桨有如下缺点:

(1) 要设计出能够适应这样大速度范围的推进系统。

(2) 在一定条件下船艇能产生升力,因此船艇漂浮时螺旋桨就一定是浸入水中。

(3) 这类螺旋桨可能明显产生空泡,这样会引起较高的水下噪声级,这对于海军船艇来说是致命的。

(4) 气垫船可能成为完全两栖式船艇,而浸入水中的螺旋桨则会使这种潜力很难实现。

这两类船艇对于重量很敏感。诸如通气调距桨、导管桨以及喷水推进等各种方案都使用过。这些方案的某些内容说明如下:

(1) 气垫船需要在船体下面供给空气。为了使成本、重量等降至最小,常希望用一台通用原动机同时带动升力系统和推进系统。实现这种方案的方法是在原动机输出端上加装分传动齿轮箱,同时驱动两个系统。升力系统的功率需求不会随着航速改变而有较大变化,但是推进系统的功率大致遵循立方定律。于是在升力和推进之间功率的分配必须是可控的。如果通气调距桨用于推进,调距桨可在非设计螺距下工作以调整推力的大小。

(2) 喷水推进是把大量的水汲取上来,使其加速以后喷射到船后的空气中去。这种推进系统在那些推进系统位于水线的非常规船艇中优势明显。低速下控制不良且无效,因此,如果设计需要以很低的航速运行,则备选的低速推进系统会有优势。水翼艇可使用浸入式定距桨用作低速驱动,因为在低速下这种船艇与常规排水型船艇的运行是相同的。由于用喷水推进不易获得向后推力,而低速驱动可提供一种倒车方法,这就更增加了低速驱动的优点。对于低速驱动不利的方面,需要付出重量和成本的代价。

第6章 监测与控制

6.1 概　　述

　　推进系统总是要进行控制的,1950年以前的蒸汽动力时代,当时舰上轮机人员编制相对较大,而且惯例必须是有人机舱,主要靠人来完成控制。负责监视装置的舰员靠仪表来了解各种设备的状态。有时所需的信息是由机舱另一位置的监视员传递过来的。然后当班的监视员研究这些信息后决定是否要调整系统的状态。如果情况是这样,在大多数情况下,他会通知相应舱室的监视员,要求改变某台设备的状态。随着更加成熟装置的发展,装置运行的设计裕度更小了,于是由人组成环节的响应时间太慢而不能接受了。人为错误会导致灾难性的后果,风险很大。为了克服这些缺点,在系统中出现了一定程度的自动控制。像锅炉汽包中水位这样关键区域的控制,已经自动化了,以致在稳定状态和过渡状态期间都能维持在允许的水平。

　　到了20世纪50年代,人们开始关注核武器、生物武器和化学武器对舰船攻击的各方面影响。在攻击中,进入舱内的空气对于无防护的人员会造成严重杀伤。对于单个舰员的保护可使用专门布料的防护服装,但是这种服装使工作变得很困难;于是将舰员集中在尽可能小的区域,然后控制该舱室的环境空气。推进系统的控制就集中在机械控制室。如前所述,装置的控制基本上是对设备的远距离操作。由于延伸至阀门的传动轴以及用于远距离阀门致动的气动管路,使得这样的布置相当拥挤。为尽量减少拥挤,需努力提高设备自动控制的程度。

　　采用集中控制室还有第二方面的好处。在机舱内做监视工作是艰苦的,这是由于机舱内存在不可避免的噪声、热量和湿度。集中控制室是为防核、防生物和防化学而专门设计的。因此,环境条件的改善减轻了操作者的疲劳。

　　进展是迅速的。在20世纪60年代服役的蒸汽动力舰船已具有能够在集中控制室进行控制和监测的系统。后来引入了航空改型燃气轮机,这种原动机从一开始就是为远距离控制而设计的。然而,使用燃气轮机的推进系统具有调距桨或是可倒车齿轮箱以便舰船能产生反向推力。于是必须研制各类控制系统来管理这类系统的相互作用的各种部件,以保证在所有的运行条件下控制适宜。

在此期间,电子学领域已取得巨大的进步。此前,空气既可用来作为控制工质,又可用来驱动阀门等,因而控制系统较多采用气动方式。然而由于系统中的间隙极小,用作控制工质的空气必须是清洁而干燥的。控制系统过去不是很牢靠,而且蒸汽动力舰船机舱的环境也很不理想,这是由于舱内温度高、湿度大而且振动量级过高。尽管有这些不利条件,还是制造出了若干种成功的系统。随着电子学的进展,出现了几乎能一下子解决全部问题的一种系统。然而,就是到了现在,还有许多应用场合是采用电气、液压或是气动系统执行的电子控制系统。如果电源有故障,储存的高压空气能够连续地驱动阀门。电能和液压能量是能够储存的,但不方便。20世纪60年代中期的一份评述报告推断说,各类电子系统将是实施机械控制的实际前提,它们有较大的灵活性,英国海军舰船未来的控制系统看好电子系统。

在这种思想指导下,设计的第一艘舰船就是42型驱逐舰,这将在后面详细讨论。它使用的一套模拟系统在英国海军后期的燃气轮机舰船上得到广泛采用。后来主要变化是数字系统的采用,而且在未来级别舰船上拟用数字系统取代模拟装置。

6.2 对推进控制系统的要求

训练良好的轮机人员用最少的自动控制装置就能控制一套现代化舰船推进系统,这是因为与其他系统(如武器系统)相比较而言,所需的响应时间相对长一些。但是,轮机人员之间的工作能力总有差别。因此,人们一直关注的问题是,即使最优秀的机组人员也会发生人为的错误。自动化程度越高,只要它更完善和更可靠,就更能给出预知性能。

现在,机械动力控制系统可包含多种设备,问题在于哪些设备更应该包括进来。如果在一个系统装上所有可能使用的设备,那么就会造成该系统太庞大,太复杂,从而使监视人员得到过量的信息,导致不能正确记录关键的信息,还需要技能更高的维护人员和更高的成本。如果某些装置仅能在某些方面得益有限,那就必须考虑这种得益是否频繁以及是否重要。有一种论点认为,不希望系统的自动化达到过高的程度,以致造成监视人员无事可做而使他们感到厌烦和疲劳。如果监视人员的工作负荷达到保持其适度的活力。事实上他因更熟悉该系统而得以进步,在紧急情况下这是十分重要的。使最繁重的工作自动化就可以减少厌烦,提高工作的总体满意度。然而不能忽视复杂工作的自动化,使得复杂工作简化到一定的程度,就能使操作人员的资格能力比要求的低些,从而可节省成本。

对控制系统的基本要求是,在各种运行条件下,对螺旋桨轴的转速和转向提供准确的、可重复的以及安全的控制。在基本要求内,对于控制系统来说,可假设需要实现发动机的切换,即在加速机组和巡航机组之间平稳转换。由于舰船航速改变时要求发动机起动和停车,这些工作可由控制系统自动完成,这本身又导致对控制系统有进一步的要求。然而,并非所有的控制系统都要求改进,因为也可选择人工干涉的方案。在确定控制系统的大小和复杂程度时,应考虑可用的监视人员和舰员数量的因素。

无论选择什么样的控制系统,都必须完成下列工作:

(1) 满足与环境有关的一般要求。如必须能经受住暴露环境下的温度,必须坚实可靠,而且维护工作量要小,还应具有防冲击载荷能力,或有防止某种形式武器攻击效应的能力。

(2) 具有良好的适应性。电子学领域的迅速发展意味着该系统在舰船寿命期内必须能够加装可用的新零部件。因为零部件是否可用,细节尚未可知,这表明需要判断,在设计上应尽量保持外装灵活性。

(3) 允许从几个部位对推进系统进行控制。在各个位置之间控制的等级是不同的。控制指令可能来自:①舰桥,舰桥部位仅承担有限的监视功能,并不要求舰桥的监视者接受过多的信息;②集中控制室,现代的说法是船舶控制中心,这里可对推进系统进行全面的监测和控制,如果在舰桥控制期间,船舶控制中心人员根据得到的大量信息判断一种故障即将来临,那么可经由船舶控制中心迅速进行控制;③机舱内控制,有一块控制板,可对轴系进行全面控制和监测;④单个设备的机旁控制,由一个操作者执行控制,此操作者要与系统中其他设备的操作者保持联系。①和②方案是正常的运行模型,③和④方案仅仅在某种紧急情况下使用,例如舰船一部分区域失火,或在战舰损伤无法工作的情况下使用。

(4) 将用处最大的关键信息提供给监视者。控制系统能从各种传感器收集原始数据并进行处理后提供给监视者,否则,监视者还得自己进行计算处理。借助于这些技术以及其他技术,如先进显示技术等,可向监视者以可接受的速率提供相关的信息。

(5) 设备的监测。在过去监测与控制是分开的,但由于采用了更加复杂的控制以及控制与监测所处理的数据之间存在大量的相互影响,现在将它们作为一体来考虑。如果一台设备对于推进系统的工作是至关重要的,或者从安全观点看其故障会引起严重的问题,那么监视者注意力迅速转到此设备上来显得十分重要。有的设备不属此列,因此,当其出现故障或者超限运行时,虽然需要检查,但并不那么紧迫。为减少监视者面前所显示的信息,当一台设备属于第二种等级时，就不设专门的报警显示，而是采取组合报警，即系统内任何部分故障都用同一个报警灯显示。但是对于第一类等级的设备来说，在它处于严重的错误报警显示之前，有一个预警显示它已经略微超过限值了，这样监视者则有一定时间安排纠正的动作程序。遗憾的是，并不是总能安排这种预警，这是由于大量的各类传感器和工艺技术，尚不能完全应付舰船的使用环境。

监视参数虽能产生有用的信息，但并不是所有的参数都需要一直监视着。特别是对属于第二类等级的设备，定期检查状态并记下变化趋势就够了。如果某个趋势预示着状态严重，就可给监视者一个报警。但是如果超过某个极限值时，应能对其进行越控。这些储存的趋势可由维护人员调出并据此决定是否需要维护保养。鉴于限制持续显示的参数，在所有监视系统中许多参数是不显示的。如果有证据表明一个设备功能有误，会提醒监视系统显示可疑的系统或设备的更详细信息，这就可以帮助维修人员确认是否有故障和故障的性质。

6.3 模拟系统与数字系统

如前所述，目前以航空改型燃气轮机为动力的各型舰船均使用模拟控制系统。42型驱逐舰是首先使用航空改型燃气轮机的舰船。

42型驱逐舰使用模块式控制系统，每个模块执行一种基本的功能，例如提供具有一定特性的电源，进行频率比较等等。为何要采用这种方法，因为它能使各标准模块得到最大范围的应用，还能增加互换性。但是以这种方式构成的系统发现故障比较困难，而且一个模块有了故障会影响许多其他模块的工作。事实上，各系统还可以模块方式构成，但每个模块具有系统的功能，以执行如发动机起动/停车的功能。以这种方式就能在拆除及试验一个模块时对系统的剩余部分干扰最小，而且这将致使该系统更简单，对系统的理解也更容易。

数字系统具有如下优点：

（1）有更大的潜力使用标准硬件，不过，尽管这是开发方向，但有时或许要求完全专门的接口。

（2）数字系统比模拟系统使用的元件要少些，因为数字系统的核心是软件。元件数量越少能使可靠性更高，因为可能发生错误的元件数量较少。

（3）在以软件为基础的系统中，有一种更大的固有潜力。

（4）对一套数字系统进行改造是较容易完成的。在像电子学这样迅速发展的行业中，逐渐过时是一个问题。一种级别的舰船可服役30年甚至40年时间，在服役期间，其控制系统面临报废的问题可能不止一次。目标是必须以某种方式设计一套控制系统，当该系统的一部分陈旧过时后，只要最小的投资即可完成替代。在这一方面模块化结构硬件系统是有利的。然而利用以适当方式编成的软件可使设计达到更大的灵活性。可通过修改软件来克服变化带来的一些问题,这些变化或是由于过时所强迫执行的,或是多次试验表明在设计阶段所确定的一些限值是错误的。改变硬件以克服陈旧过时问题一般是相当昂贵的,但是改变软件成本是适中的,只要该软件在编制时已经注意到便于修改这个问题。数字系统的一个重要特点是软件编制的方式,同等重要的特点是该软件是如何被检验过的。控制系统的软件在舰船寿命期内将与许多人员有关系,因此如果某些改变能够获得成功,所有这些人都必须理解这些软件。有一种强硬的观点是必须有岸基系统来检验软件,岸基系统可包括有各原动机和传动系统的计算机模型。可运算这些模型以得到稳态和过渡状态下的实际响应。在岸基模型中所产生的状态能够试验控制系统,这种方法可避免用实际系统来试验控制系统所承担的严重损坏的风险。只要有适当的整体控制,就能知道怎么比较岸基和船上的硬件系统,就可在岸上修改并检验软件,从而在首次出海试验时把问题减到最少。

如果硬件和软件平行地进行研制,那么还可能有一些问题。直到某些研究完成之后,才能够明确地知道研发软件最适宜的途径是什么。同样地,像所必需的存储器的大小等因素也是不明确的。所以,理想的情况应当是首先研发软件。然而,实际上由于时间的要求很少允许按这种顺序发展,而且其他因素(像能够使用的和经过检验的控制硬件)终归是倾向于正在编制的软件要照顾到现行装备,或者至少是要照顾到心目中的部分硬件。到海上使用之前,必须把软件和硬件集成为一体,而且这会造成两方面更进一步的修改。

6.4 控制方式的选择

系统可构成集中式控制和分布式控制。集中式控制将全部有关的信息都传送到中心单元(通常是集控室),全部的控制功能均在控制中心单元建立并传回到各机舱的设备上。一般说来,集中式控制较为廉价也较为简单;但是当考虑到武器攻击和失火这样的灾害时,集中式控制系统不可避免地更易于损坏。

将控制功能分布开来,以便装置的控制靠近该装置本身,这样一来,当考虑反向模式时系统就具有更大的灵活性。一台设备的数据必须从不同来源获得。某些数据对于控制是必要的,而某些数据则用于监测,以确保该设备运行在设计的规范之内。从机器收集到的信息传送到机旁组件,此组件从几个来源收集数据,并与其设定值进行比较检查。如果数据超过了限制值,数据收集组件就与其他数据进行核查,以确定到底是设备的运行超出了其设定极限值,还是新传感器有了故障。就控制和安全理由而言,对于重要的系统要采用冗余技术,即用双重或是最好用三重传感器系统,那么辨别传感器的故障就容易多了。这些数据可用于机旁控制功能或传送到集控室。可用专门导线把数据传送到集控室,但要付出额外的成本、重量和空间的代价,因此仅传送一些就控制和安全而言是重要的数据。另一种替代办法是将不太重要的数据送到一个分时串行数据链上,以减少对电缆的需求。

6.5 仿　　真

前面已经介绍了使用各类计算机模型进行软件试验,实际上计算机仿真工作是各类控制系统设计早期阶段不可缺少的一部分。

同电子技术领域变化的速度相比,设计和建造一艘军舰的时间是很长的。理想地看,对于任何一种电子技术来说,研制时间应该较短且在研制和生产之间没有重叠时间。为试图遵循这个规律,在舰船设计早期阶段就要认真规定对控制系统的要求。在控制系统设计工作开始之前,应当具有部分推进系统的确实可靠的信息资料。必须已知设备类型以及对系统各零部件之间性能相互作用的关系作出评估。使用计算机模型预测各类舰船和机械设备方案的稳态和动态响应能够得出有关控制参数及限制值。随着设计工作的进展,舰船和机械设备的细节已经明确,计算机模型得到修正,控制系统的容差也可以调整。仿真模型还可用于检验机械设备和控制系统的故障模式,以确定在所有可能的故障状态下所能达到的安全性和可控制的模式。如果无法找到这种模式,那就可能需要改变机械设备或控制系统。

6.6 推进系统的控制

当必须从整体角度来设计推进系统时,一定要考虑组成系统各设备的有关需求。下面以带有齿轮箱和调距桨的CODAG装置为例来说明设计控制系统时应考虑的特点。

6.6.1 燃气轮机

有几种参数是必须控制的,如轴转速(燃气发生器轴和动力涡轮轴)、燃油流量以及各种部件的温度等。控制燃油流量及其与发动机功率需求的关系,一般说来对于轴转速和温度值有直接的影响。例外的情况是在燃气轮机中具有可变几何喷嘴,如果控制不当,即使不改变燃油流量或是功率需求,也可能引起超限。通常的惯例是,每台燃气轮机旁都有一个控制板,监测各种参数,并保证发动机在允许的极限值内运行。该控制板和集控室保持连续通信联系,并相互传递有关的信息。在过渡状态(即发动机的起动/停车以及舰船机动动作时的状态)期间特别重要的是功率需求与燃油流量变化间的关系是受控制的,否则就会出现下列问题:

(1) 轴转速或临界温度超调。

(2) 油/气比例达到极限,如功率需求下降的情况,燃烧室中的火焰可能会被吹熄。

(3) 超扭。燃气轮机的特性是当轴转速下降时扭矩值升高。对过渡期间的控制必须保证该系统的任何设备都不会超扭。

6.6.2 柴油机

如同燃气轮机的情况一样,要想不超过极限值,就要在需求功率和喷油量之间达到平衡。柴油机运行包络线的限制值已经在第 2 章中讨论过了。在各种过渡状态中,当需要增加功率时,主要限制就是由涡轮增压器设定的喘振限制,于是控制系统必须防止在任何转速下因喷油量过大而将涡轮增压器推入喘振区域。

6.6.3 传动系统

必须保护齿轮箱和推进器不过载,并能够监测有关参数。当螺旋桨是调距桨时,对于推进系统而言还有另一个度量,即通过螺距的变化来改变舰船的航速。这一方面给了设计者灵活性,同时也意味着由于误动作或是某些设计(或制造)缺陷造成螺距的任何改变,都不会引起推进系统的运行超过系统极限值。

6.6.4 控制系统

控制系统必须能使舰船的操作者容易改变机械设备的状态及其运行模式。在大多数情况下,舰桥和集控室内的控制手柄必须能控制轴系的转速。当从零位移动这个手柄时就使一台发动机接入了,通常总是柴油机。柴油机有一个最低转速极限,因此在开始时调距桨必须处于小螺距下运行或者是如第 8 章所述要考虑一个替代办法。当舰船航速增加时,柴油机会达到一个状态,即柴油机不能使航速继续增加的状态。继续移动该手柄就会使燃气轮机接入,并且可使柴油机负荷降低(或者可能是柴油机停车),或者使柴油机和燃气轮机同时运行,而以某种预定的方式分配负荷。在燃气轮机能单独满足需要的情况下,使燃气轮机和柴油机共同工作是不可取的,无论是从燃油消耗,还是从额外发动机时数积累方面看都是如此。但是对于联合动力装置而言可能会由于技术上或舰船运行准则方面的原因,认为多台发动机运行比一台发动机运行更有利。随着船速的增加,就会出现一个点,从此点开始燃气轮机和柴油机都必须运行。在中速航行时,如果柴油机没有给舰船提供功率,在这种情况下就必须使柴油机加速并分担负荷。柴燃联合动力装置(CODAG)的特性将在第8章中讨论,但是柴油机要承担负荷可能需改变齿轮传动速比,这就要求齿轮箱中有离合器。将控制手柄从全正车推到全倒车,要求发动机的喷油量必须以一个可接受的速率减少。或许某些发动机要从传动系统中脱开,而另外一些发动机保留啮合,螺旋桨螺距改变,然后某些发动机转速升高,整个过程中不能超出推进系统的极限值。

6.6.5 运行图谱

以上对控制顺序的简要说明省略了需执行的多种功能,即对发动机状态必须做的检查、轴系制动器是否啮合、根据环境状况确定燃油喷射速率是快速或是缓慢等。所有这些功能全部包括在运行图谱之中,以移动舰桥或集控室的单手柄作为结果来制定该图谱。该图谱规定哪些动作是必需的以及这些动作的先后顺序以及动作的速度。因此,舰船对一种变化响应的速率是由运行图谱的极限值决定的,而与舰桥或集控室手柄移动的快慢无关。

构造运行图谱时,可以强调一个方面或另一个方面的性能。如果燃油经济性是主要的,就可以这样来设定螺距和发动机性能之间的关系,使得在任意给定的舰船航速下,都能达到推进系统的最高效率。某些舰船有时会有很大的拖曳负荷,因而可编制不同的运行图谱,而且图谱之间可以人工切换,以达到适宜的拖曳性能和自由运行性能。

事实上舰船运动会改变螺旋桨浸入的深度,这可能会引起问题。如果控制桨轴的转速,当螺旋桨上的负荷(转速)改变时,可能会引起燃油系统设备的疲劳。舰船航速越高,就越容易出现这种情况。将发动机的功率控制在稳定水平并允许螺旋桨轴转速有轻微波动或许会更有利。在较低的舰船航速下,准确地控制轴的转速,即舰船的航速则更为重要,这时可采用轴转速控制。设计的控制系统能完成这种功能切换。

6.7 控制系统与舰员素质

因为某些决策更依赖人的作用,所以在控制环节中包括舰员总是有益处的。举一个例子,如果舰船被迫处于一种灾难性的状态之中,那么此时使一台有故障的发动机继续运行或许更好些,这是因为有希望坚持足够远的距离以避免舰船遭到更大的灾难。在各种正常的环境下,电子器件和软件的性能是可预测的,但是人员的素质却难于预测。已经谈到过厌烦对于监视者来说是一个潜在的问题,但是还有噪声、紧张状态、振动、高温及许多其他因素,能够造成舰员对于特定环境响应能力的改变。已经进行了许多研究来试验和确定一些能够影响舰员的重要因素,并尽一切努力为舰员创造一种舒适的环境(如集控室位于舰船的振动较小和通风良好的部位),仅显示那些相对重要的信息,而且控制及显示设备的布置均符合人机工程学原则。

  机组人员培训有助于保证在控制链中人的环节尽可能得到加强。现代控制系统配有一台附加的培训计算机,使得机组人员能在岸上进行训练。推进系统可停机而用培训计算机来模拟推进系统的响应过程。然而,由于这种布置表明了该舰是在停泊之中,有一种主张认为,除非培训计算机很便宜而对舰船设计的影响不大,否则制造一套岸基训练模拟器,在舰船停泊时,所有机组人员都可使用,这或许是经济上更有效的办法。当舰船在海上用发动机运行时,一种替代的办法是将一套舰载训练器集成在集控室的控制系统之中。但是这必然造成控制系统更庞大、更复杂,于是要付出成本、可靠性等方面的代价。这样一个系统只允许对正常工作的机械设备进行训练,而不能包括各种应急状态。

第7章 燃 料

7.1 概 述

第4章已讨论过船用核动力装置。本章将讨论那些用于和可能考虑用于舰船的其他各类燃料。

20世纪70年代曾有两个时期油价猛涨。这两次涨价在当时引起了巨大的关注及担心,担心将来会进一步迅速上涨。排除以任何不可预料的方式影响油价上升的世界性重大事件,在可预见的将来,油价仍可能会呈上升的趋势;当然上升的速率以及上升总速率的波动程度是未知的。

石油开发可分为两种情况:一种情况是容易开发(便宜);另一种情况是较难开发(还需技术进步才能开发)。由于更多勘探工作还在进行,还存在希望,有时会找到容易开发的油田。然而资源处理更加困难的时期将会到来,但到了这个时期,新装备和新技术将会帮助解决困难。在这个时期内还会有某些燃料生产(煤生成液体燃料)的替代方法出现,会比今天的方法更具有竞争力。这些因素加上事实上许多用户会转而使用当时最便宜的燃料,就使得预测多年的供求关系成为极不确定的事件。目前确实可以这样考虑,可用的蒸馏型燃料的未来是可预见的,但是并不知道这些燃料的来源及成本。

如同在第10章所讨论的那样,确定一艘军舰全寿命周期成本有许多困难,而且解释所引用的任何数字都必须谨慎。不管什么样的情况,燃料的费用仅仅占护卫舰/驱逐舰型军舰的平均全寿命周期成本的10%左右,似乎是合理、可信的(而商船的燃料费用则占全寿命周期成本的50%左右)。对燃料大幅度涨价后的各个时期进行了研究,已有预测说,将来全寿命周期成本中燃料的成分会猛增。但事实上似乎不会出现这种情况,这是因为舰船全寿命周期成本中其他部分也会提高,这就抵消了燃料成本的增加。随着通常的演变,人们对燃料经济性的认识更加深入,已经逐步地创造出了经济性更好的原动机的方案,最终会导致更有效地使用燃料。

舰用燃料最好应具有下列性质:

(1)燃料的处理系统应对舰船设计、舰船保障设计和岸基设施的影响要小。

(2) 可安全地进行处理。

(3) 价格要便宜。

(4) 容易获取。

(5) 能够长期在海上或是在岸上保存,燃料品质不会变坏。

(6) 不同批次燃料的混合不会引起什么问题。

(7) 在战斗中,燃料不会对舰船造成危害。

完全满足上述要求的燃料是没有的,但是某些液态碳氢化合物燃料提供了满足这些要求的良好前景,而且在系统设计方面要当心,不要因碳氢燃料的缺陷而付出过大的代价。

7.2 精　　炼

在军舰和商船界所使用的碳氢燃料都是从原油中得到的。原油中含有各种碳氢化合物(其中一些很轻且易挥发,而另一些黏稠得像沥青一样),以及在燃烧过程中不希望有的各种其他物质和化学物。

可从原油得到不同等级的有用燃料,而提取有用燃料的过程叫作精炼。精炼基本上是由一系列步骤组成,即把有用成分从原油中分离出来,并尽可能把不需要的成分排除掉。原油中的许多成分具有不同的沸点,因此如果原油被加热到一定的温度,就会产生蒸汽,然后冷凝,只有有限的几个等级的燃料中才含有蒸馏物。原油被转换成为蒸馏部分和残余部分。实际上精炼过程是较复杂的,这是因为要努力把各种等级的燃料相互分开。原油被加热到适当的温度后,将蒸汽引到一个分馏塔,在塔内有垂直的温度梯度。低沸点的成分将倾向于升高到塔的顶部,而高沸点的成分将倾向于集中在底部。通过调整温度,逐步冷凝可排出液体或气体。如果温度过高,就可能使某些碳氢化合物分解(裂化),会得到一些无用的产物。当需要原油的高沸点成分时,可在真空中进行加工处理,以及在较低的温度下达到沸点。

还有另外一些精炼过程与上述说明的大致相同,但是目的在于裂化并重新组合碳氢化合物,使它们变成有用的产品。渣油可在高压下加热到更高的温度。较重的碳氢化合物的分子发生裂化,形成一些较轻的成分散发出来。通过优化生产过程可以调整生产各种等级的燃料,以减少生产某些特定等级的燃料为代价。因为馏分越轻(像汽油),价格越高,因此一般倾向于使其产量为最大,而消耗的是较重的馏分。较重的馏分可裂化、改造而产出较轻的馏分和沥青状物质。

催化裂化现在已是一种普遍加工过程,可使精炼过程中压力和温度下降很多。在研发催化剂方面已投入了相当大的努力,目的在于得到长寿命的催化剂,产生对馏分有选择性的催化剂,保证理想燃料的高产量。

7.3 柴 油

英国海军以及北约各成员国海军用于推进和发电的燃料是中等馏分的燃油,这种燃油与公路运输使用的柴油很相似,叫作柴油。

任何燃料的分类在一定程度上都要受其用途的影响。燃料的性质取决于原油的来源,且多年来是有变化的(将继续变化)。如果设计者设计的发动机不能使用现有的燃料和将来可能使用的燃料,就会使其发动机处于极为不利的地位。尽管如此,已为柴油设定了分类规范,以确保性质变动的界限值是已知的,文献[11]对目前和将来使用的柴油给予了详细说明。令人关注的是,必须更好地理解现用限值对海军机械设备造成问题之前还需多久才能废除它。在战争期间,如果得不到正常的供应来源,则只能使用劣质燃料。未来燃料的性质将与现用各种燃料的性质不同,它们一般比现用燃料的规范级别要低一些。由于这些原因提出了未来的燃料规范将设定限值,其方式比过去更加绝对。人们希望这些限值不会把普通燃料排除在外,事实上,如果将限值扩展到足够大的程度,来自不同来源的燃料可被接受。这就会因成本优势形成一种有竞争力的形势。

有一套完整的准则来评价柴油的等级。其中有些等级如果确定有大的改变,则会对推进系统(舰船)的设计带来巨大的冲击,所以值得对它们进行讨论。

7.3.1 十六烷值

十六烷值是对燃料发火品质的度量。十六烷值越高,燃料发火延迟就越短。在有些发动机中,如高速柴油机,发火延迟短就是重要的品质。目前十六烷值的限值已降到40左右。这种降低对柴油机性能的影响是不确定的,在过去柴油机使用较低的十六烷值燃料运行时,燃料的其他性质与规范是不同的;所受到的影响不单纯是十六烷值下降所造成的。于是人们就会关注到冷态起动、噪声增加、积炭增多及废气成分改变等问题。除非更多了解十六烷值的作用,否则就不能确定其对未来推进系统设计的影响。已知某些发动机比另一类的发动机能够更好地使用低十六烷值燃料。这种差别的原因目前还不清楚,但是一旦确认,就可在任何柴油机的实际设计中(如果希望的话)将这种特点包括进去。因此将来舰船设计可能考虑选择有限的几种柴油机,或认为是任何可替代的柴油机,只要这些柴油机能被修改后还能用这种燃料。

由于燃气轮机采用的是持续燃烧过程,因此十六烷值的改变不影响燃气轮机。然而低十六烷值的燃料常常是芳香烃含量及碳氢比高。这两种特点会造成燃气轮机排气中含烟量增高,但是与柴油机能燃烧低十六烷值燃料情况相同,在降低产烟量方面设计细节起重要作用,至今尚未完全理解。一旦确定了主要因素,使排气达到可接受的含烟量级的代价就可量化了。

7.3.2 闪点

在空气中散布的可燃油汽能被点燃的最低温度称为闪点。为安全起见,舰船所用燃油的闪点应高于60℃。英国海军燃油的规范闪点高于60℃,但是将来可能改变使用60℃的标准。如果闪点规定在60℃以下,那就必须在燃油系统设计中采用专门的措施,保证散布在空气中的油汽不存在被点燃的可能性。

7.3.3 在储存期间和温度升高时的稳定性

尽管英国是一个产油国,但仍然要依靠外国供应多种型号的燃料。由于战争会突然爆发,敌人可能是在过去认为是朋友的国家,如果外国燃料来源突然中断(或暂时中断,直到可得到另一种来源),武装部队是不能借口缺乏合适的燃料而限制其战斗行动的。因此要储存相当数量的燃料来应付意外事件。在过去当柴油生产出来后,作为一种纯净蒸馏物,长期储存的稳定性相当好。然而利用原油裂化过程生产出的蒸馏物中包含着不稳定的成分,经过一段时间之后,这些不稳定的化合物会变成细小的有机杂质。

这些杂质的密度与柴油的密度相近,利用沉淀或离心力分离的方法都不易去除。各种合适的滤器提供了去掉这些杂质的最有效的方法,否则这些杂质会堵塞聚水型滤器或是发动机的零部件。由于更多的蒸馏产品是利用裂化加工办法生产的,这个问题就会变得更加普遍。已有多种消除不稳定化合物的办法,但是它们仅用于异常情况,以免付出成本的代价。在商业运输界对燃料储存的稳定性不太感兴趣,这是因为通常在精炼后几个月之内燃油就被用完了,而在海军应用中需储存十年之久。

温度的稳定性也会成为问题。在高温下固体物质可能从燃油中沉淀下来。在发动机某些零件内,燃油可能有一段时间处在较高的温度下。迄今为止,热稳定性还不成问题,但是可能要求注意长期储存后燃油性质的改变。

7.3.4 低温性能

在低温下石蜡会从燃料中沉淀出来。凝点是沉淀开始发生的温度,而倾点则是燃料停止流动的温度。极细的燃油流动通道,特别是在燃气轮机燃油系统中的各种滤器和聚水型滤器内,凝点成为表示寒冷气候特性一个重要的标准,因为所形成的石蜡足以妨碍燃油的流动。有多种迹象表明未来的燃油会具有较高

的凝点。如果情况是这样,就有以下几种选择:

(1) 加热燃油。如果要避免只能用特定的燃油供给特定舰船的情况,那么在新造的和现役的舰船上都应该安装加热系统。在新造的和现役的舰船上安装加热系统要付出成本、重量和空间的代价,而且在现役的舰船上安装有效的系统是极其困难的,而且还有运行成本的代价。

(2) 使用低凝点的燃料,可一直使用,也可仅在寒冷气候下使用,这种低凝点燃料有几种形式。柴油和像航空燃料(实际上每一艘舰船均载有)等另类燃油的混合物就是一种选择。凝点特别低的柴油是另一种选择,这种燃油目前是存在的,但是规定的凝点比正常需要的低得多。因此满足英国海军要求的凝点的柴油可能是一种比较廉价的方案。

使用改善流动性的各种添加剂,对在寒冷气候条件下使用的公路运输车辆是有好处的。但是这些添加剂并不能防止石蜡的形成,只能改变石蜡的性质,减少各种滤器的堵塞。公路运输车辆上的滤器不像海军舰船上所用的滤器那么微小,因此使用这些添加剂在防止军舰上的滤器堵塞并非那么有效。当更好地认识此问题时,就会进一步找到更有效、更简单的解决途径。

7.4 使用蒸馏油舰船的燃油系统

燃油到达舰船时带有某些污染。燃油在舰船上储存时,还会有污染发生,原因有以下几方面:

(1) 系统内一般的腐蚀会产生特定的污染物(生锈等)。定期保养及使用合适的油漆和防护剂可将腐蚀问题减到最小程度。

(2) 油舱中的水。水可能是在油舱中凝结成的淡水,也可能是海水,而海水是在运输中或是在舰上储存过程中进入燃油的。特别是海水中的钠对于燃气轮机关系很大,因为钠与硫并存时(燃油常常包含一定量的硫,硫是原油中的一种元素,从蒸馏产品中去除硫花费巨大)会引起腐蚀。钠还能溶解在几种燃料中,但大多数是存在于游离的水中。因此如果从燃油中去除水,那么进入发动机的钠的数量就可控制了。

(3) 微生物污染。在燃油和水的界面上,生长了一些微生物。这些微生物主要有各类真菌酵母和各种细菌。它们在水/燃油的界面上大群地生长,某些微生物的生长速率较快并离开生长速率慢的类型而生存。它发现的主要有机物是一种芽枝霉属树脂,可直接以燃油作为食物源,而且生长速率较快。

在舰船上还可能出现芽枝霉属树脂的组合生物,可能是由于有机物随燃油输送而带入的,还有极小且极轻孢子,可被空气或水带到油箱。一旦这些孢子位于一个有利的地方,就开始形成一块生长区。到一定阶段此生长区会由于舰船的运动干扰而破裂。此生长区的各碎片会被吸入到燃油系统中,并引起滤器和聚水型滤器的堵塞。此外,有机物内含的某些物质,具有降低聚水型滤器除水功能的有效性的特点,这一点后面还要讨论。

控制微生物的生长有三种办法:

(1) 根除有机物。这不是一艘舰船上所能有效进行的事情,事实上也不是整个石油工业的事情。这些有机物有另外的自然生长的基础(如森林中某种树木),因此即使全世界的燃油来源中都没有这种有机物,但是燃料最后还是会被再次感染上。

(2) 燃油系统的卫生。岸上和舰船上都可成为对微生物污染不利的环境。对燃油系统应定期地清洁,不要让燃油在系统中存放时间太长,并使系统自由水量为最少,这是主要的措施。燃油系统的设计十分重要。油舱的形状要使自由水集中在一个区域且便于清除。采样点的布置要合理,能够早期检测到自由水的形成(或者确实是微生物污染),以免造成严重污染。无论什么原因,只要出现了重大污染,就没有什么别的办法,只能将系统内被感染部分抽空后,再用人力清洁。燃油系统设计要使人员容易进行清洁处理,而且能够接近系统的所有部分,同时要使能够形成燃油/水界面的区域最少。

(3) 生物杀灭剂。可使用各类生物杀灭剂,将它们加在燃油中,杀灭各种微生物。然而,为使杀灭剂起作用,它们必须接触到燃油中的微生物。如何分布这些杀灭剂,即多大量能够基本上杀灭这些微生物也是一个问题。数量过少,杀灭剂只能杀除一部分微生物,即只能降低生长的速率。这种生物杀灭剂的性质必须是这样的,即不能:①对燃料的主要功能有重大影响;②对燃油系统和发动机中与燃油接触的零部件的材料有不利的作用;③对聚水型滤器性能有严重损坏;④对人员造成不能允许的危害;⑤经燃烧过程后造成严重的有害作用。

使用各类生物杀灭剂只能看作是不得已的办法。生物杀灭剂的成本很高,使用生物杀灭剂后,系统仍然需要进行认真的清洁,第一要限制需要使用的生物杀灭剂的数量,第二在生物杀灭剂杀死了微生物后,这些死去的微生物仍会像活着的微生物一样造成各处堵塞。还有一个值得关注的问题是,如果广泛使用杀灭剂,那么将会出现有抵抗力的菌种。

抗菌素类(这些可防止微生物生长)也很少使用,原因主要是成本太高,以及害怕出现有抵抗力的菌种。

燃油系统的设计既要保证供给发动机所要求的燃油量,又要保证污染物的含量是可控制的。燃油的清洁工艺分为若干阶段进行。如果企图要求在一个阶段内去除所有不可接受的大颗粒,那么很快会出现堵塞。使用多种技术措施逐步地清洁,某些技术重点在清除固体颗粒,某些技术可去除水分,而某些技术是将固体杂物和水分同时去除,于是燃油的质量就逐步地得到改善。当燃油到达舰船时,清洁工作就开始了。燃油先泵送到各储油舱,通常在储油舱内要放置一段时间。舰船的运动会减弱沉淀作用,但是无论如何沉淀作用总会发生。油舱的形状十分重要。较高的箱体比低矮的箱体可使沉淀作用更有效,这是由于舰船的运动使得重新掺混作用较弱。在清洁过程中燃油舱底部的形状和结构起着重要作用。水分和碎片在底部聚集而能够排泄出去。平底以及底部有些内加强肋就会使排泄过程变得困难,通常效果较差。燃油舱舷侧的状态是另一个重要因素,这是因为如果污染物含量很高或是燃油舱各侧面状态极差,那么除了将燃料舱放空,清洁后重新油漆之外就没有什么别的办法了。

根据所要求的最终清洁程度不同,各燃油系统也互有差异。在燃气轮机燃油供给系统中(图7.1),燃油从储存油舱经过一个离心分油机送到日用燃油舱中。离心分油机的作用是去除与燃料密度不同的固体污染物和水分。为了达到最高的清洁标准,可将燃料在储油舱和日用燃油舱之间的回路中连续地循环流动。从日用燃油舱供到燃气轮机日用油箱以前,通常要经过一个粗滤器和一个聚水型滤器。这种聚水型滤器的功能是去除水分。

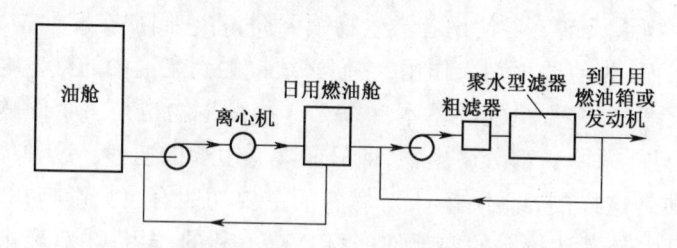

图7.1 典型的用于航空改型舰用燃气轮机燃油系统,
在某些系统中离心分油机和聚水型滤器之前装有加热器

聚水型滤器元件是用在燃油中预先被水浸湿的材料制成的。当水与燃油的混合物穿过该元件时,水滴会附着在元件上,并与附着在元件上的其他水滴融合。当这些水滴聚结并且足够大时,燃油流动拖着水滴穿过该元件。在重力作用下,大水滴从燃油的主流中分离下来。为了使这个过程成功地进行,穿过这些元件时单个的流路必须是很小的,以致水滴有很多机会附着在元件上。表面活性剂(这个词来自于表面作用溶剂)降低了柴油和水之间界面的张力。这种作用的结果是水滴流过聚集元件时不会经历附着和聚集阶段,于是在聚水型滤器下游的水滴不够大,难以分离出来。表面活性剂存在于各种各样的普通物质中,如滑油,而且某些微生物污染物还能产生类似于表面活性剂作用的物质。微生物污染物还可能产生一些物质,使得水滴过早地从聚集元件上离去,从而使得聚水型滤器下游的水滴变小。

穿过聚水型滤器的流动必须由多个细小的流路组成。任何清洁过程中剩下的颗粒状污染物都会积聚在这种滤器中,这就具有堵塞滤器的效应,而且污染物或许是一种降低聚集作用有效性的表面活性剂。于是建议加装一只前置滤器,要求此滤器足够细,以防止可能堵塞聚水型滤器的杂质流过。设计上要使得前置滤器的元件容易更换,因为这样设计可能比将聚水型滤器用作一个普通滤器更简单、更便宜。

各类柴油机对燃油等级没有过高的要求,燃油经过离心作用和沉淀作用是常见的处理办法,没有必要使用聚水型滤器。燃油蒸汽系统要求更低一些,通常可使用充分的措施来防止燃油泵和燃油系统部件的损坏,甚至没有必要使用离心分油机。但是大量的水分或固体污染物会使锅炉中的火焰熄灭,因此必须采用一些措施来避免这种潜在危险的出现。一种办法是每一台锅炉由两套独立的燃油系统供油,每个系统从不同的燃油舱中抽取燃油。

日用燃油箱的尺寸要这样来确定,如果供电有故障,则可用燃油箱给船上原动机供油一段时间。时间的长短取决于怎样考虑这个问题,原则是要有足够的时间脱离直接损坏发动机的危险或是足够的时间重新恢复电源。如果各种电源都不可使用了,燃油则无法通过常规措施泵入发动机。此时可把油箱放到发动机上方,依靠重力给发动机供油,但是这种方法在战斗中是不可取的,因为这样布置增加了油箱被击中(取决于攻击的方式)的可能性。如果燃油箱破损,就会有燃油喷淋到机舱内部。燃油箱可放置在较少受到攻击的位置,亦可利用增压方式或是某些泵装置来泵送燃油,此装置与舰上主电源系统无关。

在某些系统中,会将燃油加热,这有助于在各个阶段把污染物分离出去。

从舰船稳性的角度考虑,可能需要用水去补偿各燃油舱。当燃油从燃油舱中输出后,就要使海水进入,以致油舱的重量及其重心近似地保持不变,而与燃料状态无关。在这样的布置下,燃油和海水之间的接触显然较多,于是海水会给燃油带来额外的污染物,因此要考虑到燃油系统必须设计成可用海水来补偿。平衡水舱通常只是用在各个燃油舱,因为这些燃油舱储存了大量的燃油(对稳性的影响亦最大),并且正是舰上燃料清洁过程的起始点。另外,还必须考虑以下几个方面:

(1)定期地用海水充填燃油舱,可能加快燃油舱内部腐蚀的速率,因而防腐和保养工作量更大了。

（2）在重新添加燃油时，排出的海水会带走相当数量的燃油。如果将油水混合物直接排到海中，就会使环境污染的程度太大而不能接受。被污染的海水可进行清洁处理并将燃油分离出来，这样会以增加系统的重量、空间、复杂性和成本为代价。

7.5 馏分混合物

在世界某些地区，寻找当地的能源可能是经济的，如从某些植物中提取某些类型植物油或酒精等，至少可用它们提供部分能源。实际上当地的能源为何未得到广泛的应用，原因是多方面的：

（1）迄今为止，因为生产规模很小，所以生产效率很低。

（2）可用燃油的数量取决于收成的大小。

（3）某些作物的季节很短而且必须在收获后很短时间内加工成为燃料。这种情形造成植物加工厂要具有在短期内处理全年收获植物的很高的加工能力，但是在两季收获之间要有很长时间不工作。鉴于此，如果某些作物季节比较长，或者是在加工处理前能储存起来，即使合成的燃料品质差些，也是有优势的。

所用的各类酒精、乙醇和甲醇的十六烷值比较低，可加入点火改进剂，但是柴油机燃烧所必需的改进剂数量很大，使这种办法的经济性不好，酒精同目前发动机使用的许多材料是不兼容的，而且依靠蒸馏燃油的润滑质量的许多部件当使用酒精时就无法运行了。酒精的储存也有两大问题：一是由于酒精和水有亲和力（在燃料中有水会引起发动机运行问题）；二是高挥发性酒精的安全储存的问题。

植物油的十六烷值很高，而且一些柴油机使用植物油已经运行成功了。然而植物油具有在燃料喷嘴处结焦的倾向，而且燃料同滑油的混合是不可避免的，植物油同滑油混合会使润滑油的品质变坏，不过目前正在开展期望克服这一缺点的研究。

这些植物基燃料最常见的用途是掺和在柴油中作为"补充剂"，各种植物油同柴油能形成稳定的混合物，可是酒精和柴油都很难形成稳定的混合物。如果用酒精作为补充剂（通常以体积计算，酒精占 20%），则在喷入发动机之前形成混合物，或者将柴油机燃料和酒精分别喷入到燃烧室。后一种方法的难处在于要准确地计量两个独立系统的流量。

海军舰船只使用柴油而几乎不用其他类型的燃料，但是其他类型的船舶，可使用或是考虑使用其他类型燃料。

7.6 渣 油

蒸馏燃油从原油中分离出来时,剩余的物质称作渣油,仍然具有可用的燃烧特性。蒸馏产物是由从原油中分离出来的特定化合物组成的(原油自身是由许多种化合物组成,而且成分是不同的),与蒸馏物不同的是,渣油是没有去除什么东西的混合物,这是与蒸馏物大不一样的。渣油性质取决于原油的来源、已取出的蒸馏产物和去除这些蒸馏产物的加工方法。能够使用最重渣油来燃烧的各类原动机具有一个优点:可从更多的来源买到燃油,而且最重渣油的用户少,价格便宜。

渣油可能是纯渣油或是与另外燃油掺混的渣油。如即将讨论的那样,某些纯渣油的性质严重地限制了它们的应用。掺混可改变各方面的性质,且扩大了该燃料的应用,不过要付出代价,最常见的方法就是提高成本。除非特别注明,本书从头到尾介绍渣油这个术语都是指纯渣油和掺混渣油。

由于燃料的成本在商船全寿命周期成本中占有相当大的比例,因此总是努力使用效率较高的原动机及燃烧价格最便宜的燃料。多年来各种渣油已得到了广泛的应用,目前渣油的价格大约在柴油的 2/3,但是直到最近,渣油才在燃油蒸汽系统或各种低速柴油机中应用。降低商船燃料费用的压力导致在以下方面做出相当大的努力:

(1)扩大能够燃烧渣油的原动机的种类,其他类型船用柴油机燃烧渣油的例子已有报道。某些岸基燃气轮机已经燃烧渣油,但是在舰船应用中,尚未见报道。

(2)扩大能燃烧渣油的范围。

燃油的定价不仅与炼制和生产燃油的各项成本有关,而且还与市场将会支付多少钱有关。这就增加了将来燃油价格的不确定性。如果燃料公司为获取最大利润而使其蒸馏产物最大化,那么渣油特性可能大幅度下降。如果这种情况引起可能的渣油用户减少,那么从燃料公司总的利益方面考虑,在一定程度上改进渣油的性质,使得渣油在相当大的市场中成为一种有吸引力的燃料,即使会因此减少(可能或多或少)蒸馏产物的产量。已经预报了未来渣油的性质,期望某些性质改变不大。下面将讨论渣油对未来船舶有影响的主要特性。

过去渣油只是一次提炼的产物。然而现在常常将这种渣油用作像加热或催化裂化过程第二次提炼的原料。二次提炼后剩下的渣油,如果未与轻质燃油混合是不能在舰船上使用的。

7.6.1 黏性

渣油的黏性曲线与渣油的特性及形成掺混物的轻质燃油有关。直到最近,黏性已成为燃油质量的一项标志(黏性越高,质量越低),但是对于掺混渣油来说,这不再是正确的了。黏性高给输送带来不便,并且妨碍沉淀和离心作用的效果,必须采用下列措施之一,才能达到可接受的黏度。

(1) 对掺混渣油加入较大比例的轻质燃油(轻质燃油是蒸馏产物,价格比渣油要贵,将使掺混渣油的价格更贵一些)。掺混过程可由燃油公司完成,或者在船上完成。必须仔细做好掺混工作,因为各种燃料间的不兼容性会引起沉淀,而且掺混不彻底,各种燃料会在燃烧前发生分离。

(2) 对渣油加热(这将给船主带来了成本问题)。无论燃油的黏性怎样,加热某些燃油是很常见的,因为加热有助于清除污染物,又便于在燃烧器中达到最佳雾化。十分黏稠的燃油要加热到很高的温度后才能满足黏性要求。在这样高的温度下,在燃油中的那些轻质成分可能发生沸腾,加上一些其他原因会形成蒸汽栓塞。为防止出现这种情况,必须在压力下加热渣油。

7.6.2 密度

在一定的温度下,渣油的密度通常比蒸馏产物的密度稍高。因为燃油密度和污染物的密度相接近,所以沉淀和离心作用都比较差。在低温下,渣油的密度非常接近水的密度,掺混轻质燃油(密度较小)或是加热渣油可使渣油的密度减小。为达到可接受的黏性,需要添加一些轻质燃油,但是要达到可接受的密度则需要再添加更多的轻质燃油(因而成本增加)。预测表明,将来渣油的密度还会进一步增大。

一些人主张将来的离心机将能在燃油和水的密度接近的情况下工作,并能达到目前可接受的水平,因而使得燃油处理的问题得到简化。

各类渣油单位质量包含的能量比蒸馏产物要低些,这是因为氢与碳比值较低。对于所要求的船舶航程而言,渣油的重量将超过蒸馏产物重量的2%。

7.6.3 倾点

当温度降低时,燃油中各种石蜡最终将固化,于是燃油就停止流动。由于精炼时,各种石蜡倾向于留在残留的产物中,因此渣油的倾点要比蒸馏产物的流动点要高些。倾点与燃油中石蜡的类型和数量有关,因此不同燃油的倾点变化范围较大。倾点可能超过环境温度。要保证燃油一直都维持在倾点以上,加热是必需的。一旦石蜡大量沉淀,再加热就不大容易使这个沉淀过程逆转,这是因为沉淀固态物的传热系数很低。所供的热量可能只会使局部发生溶化甚至过热。由于石蜡沉淀作用会极其严重,要求加热系统的可靠性必须很高,这就使系统的成本、重量等加倍地增加。

7.6.4　闪点

对于各类掺混渣油来说,闪点常常为轻质燃料的性质所支配。

7.6.5　十六烷值

渣油的十六烷值比蒸馏产物的十六烷值低。许多柴油机在稳定负荷下可使用渣油,而在起动和低负荷运行时,不得不使用蒸馏产物。这是因为十六烷值过低可能造成严重问题。

7.6.6　稳定性

作为二次精炼产物的渣油,在储存期间容易发生沉淀。加热过程加快了沉淀速率,温度的迅速增加会造成最快的沉淀速率。因此,由于其他原因而必须加热燃油(必须高于流动点,以有助于清除污染物)时,加热器尺寸必须适中,以便传热达到适宜的速率。

7.6.7　兼容性

当两种不兼容的燃油混合时,就会形成沉淀(常常是十分迅速的)。为了保证不发生不兼容性的问题,在任何时候,不同批次的燃油都必须分开放置。这就要求有许多燃油箱,以保证满足分开放置的要求。

7.6.8　污染物

由于蒸馏过程中许多污染物不能带出,所以渣油污染物含量要比蒸馏产物高得多。除了已经讨论过的各类污染物之外,还有另外一些影响渣油使用的污染物。一些污染物是原油中固有的(例如硫和钒),其数量与原油的产地有关;另一些污染物是在提炼过程中加入的(如铝和硅,它们在原油中存量很少,但是在催化裂化加工过程中由催化剂带进去的数量相当大),还有一些污染物是船舶在海上航行时期会出现的(主要是钠)。各种污染物的有害影响是不同的,但是一般说来会形成腐蚀并加速磨损。

许多污染物含量都可采用成熟的技术来控制,但是像钒这样的污染物,无论在岸上或在船上还没有令人满意的方法来去除。由于钒能引起高温腐蚀,含钒量高的燃油就只能用在运行温度低的发动机中,或是用在专门设计抗钒腐蚀的发动机中(渣油中一般含钒量较高,这是目前在航空改型舰用燃气轮机上不能使用渣油的一个主要原因)。

在商业运输船舶领域,对试图评价利用未来渣油推动船舶运行的积极意义予以很大关注。燃油性质的改变对不同原动机影响程度是不一样的,且能够预料到,使用黏性来评价燃油质量的传统方法将不再使用,而用另外一些关键的参数取代之。在燃油等级改变的情况下,供求关系导致了燃油特性的改变;燃油特性的改变又导致了原动机性能的改变,原动机性能的改变又使其主要性能特点得到改善,以达到可接受的等级。这些相互作用的复杂情况,使得人们很难预料20世纪末和21世纪初什么燃料和哪些原动机将处于统治地位。然而可以预计,各个柴油机生产厂家已经在商船主机方面战胜了其他形式的原动机,他们会经过努力奋斗来争取柴油机的主导地位会尽一切努力生产出能够燃烧当时最便宜的燃料的各种柴油机。

7.7 煤

煤和液态燃料价格差异是波动的,价格取决于所考虑的具体等级。然而近年来1t煤的价格约为柴油价格的10%~20%。各种预测是不同的,但一般的观点是煤储藏量比液体碳氢燃料的储藏量要大得多,而且能持续数百年。考虑煤用作船舶燃料有两种方法:一种方法是以固态形式燃烧煤(这种方法包括煤被粉碎成为细小颗粒,并利用空气流动输送或用液体悬浮输送);另一种方法是把煤转化成为一种液体燃料。

7.7.1 固态形式

煤的热值比目前船舶液态燃料的热值要低一些(约为柴油热值的75%)。因此,为满足定量的能量要求,煤的质量大于液态燃料的质量,于是所占据的空间更大了。处理煤比处理液体要更加困难些。为保证将煤从储存舱室取出来,同液态燃料舱的设计相比较,在设计煤舱的形状和位置过程中要更加小心谨慎。这样会造成在一艘以煤为能源的船上会有更多的无用空间(煤不能储藏在双层底舱内,这会进一步引起麻烦,这是因为煤储存位置比燃油船上的位置更高,这会引起稳性问题)。煤可能会堵塞储存装置的出料口,设计时必须倍加小心。此外还要有机械装置引导煤颗粒连续地流动。总的来看,与燃油的储存和供应系统相比较后知,煤的储存和供应系统所占据的空间约为燃油的2倍(同等航程条件下)。在船上把煤从一个储存装置输送到另一个储存装置是不容易的,为了输送燃料来调整船的纵倾也不是可取的。增加备用平衡系统对于船舶设计以进一步增加重量、空间等为代价。此外,由于燃料内部输送的困难,在上甲板上必须设置几个料舱出入口。把煤从储存舱运送到炉膛可用以下几种方法。

(1) 机械传输

把煤从储存舱室送到一个传输带上,并转到一只日用容器(一个料斗)内,再由料斗送到炉膛内。料斗的位置十分重要,必须能将煤送到炉膛内。料斗必须靠近锅炉,处于船上较高的位置。类似的传输带可用于把煤装到船上(如果广泛应用燃煤船,将要建立一套世界范围的新运煤设施)。一些适合于船舶从岸上接收煤的方法,在研制船对船之间煤的有效输送系统时,都会面临极端难题。

(2) 悬浮运送

煤的颗粒能悬浮在一种液体或空气中,于是该流体可以泵送了。选择的液体限于那些自身对燃烧过程无严重影响的液体,因此液体燃料是一种可能的液体。如果煤颗粒足够小,且液体的黏性足够大,那么煤能在浮悬状态保持相当长的时间。然而,必须有一套能处理各种成分分离的系统,保证储存舱内不会逐渐地被固体煤所充满。所用液体的特性必须能满足要求,无须在船上进行处理。一旦煤的悬浮物形成,就有限制范围的传统清洗办法,如离心或采用过滤来使燃料清洁而又不破坏煤/液体悬浮状态。

空气中悬浮的煤粉末需要一种在船上掺和的办法,而且还需要输送大粒粉末,由于混合物具有很高的爆炸性,所以在装卸时必须十分小心。

较大的煤团也可利用空气流动输送。作为煤在空气中悬浮运输的一种替代办法,煤可利用空气压力经过管道输送。同悬浮传输方法相比,这种方法只需适当的管路。

以固态形式燃烧的燃料会产生灰渣,这些灰渣可能会沉积在炉膛内,或被废气带出。已经提出了多种系统,有些系统经过了试验,能够自动地清除并处理灰渣,但是这些系统都会增加空间、重量和复杂性。在港口也需建立处理灰渣的设施。

为有效地燃烧固态煤,燃煤锅炉的尺寸要比蒸汽产量相同的燃油锅炉尺寸大得多。

使固态煤在锅炉内燃烧有两种方法。第一种"传统"的方法是将煤放在炉箅上,炉箅的设计能使灰渣逐渐地从炉膛内除去。第二种方法是在一个流态化床内燃烧,这种流态化床是由悬浮在均匀分布的上升气流中的惰性颗粒所组成。在这种情况下,作为燃料的固态煤颗粒的直径为 25mm(不过也可使用各类液体燃料和气体),喷射到流态化床内。一旦流态化床被燃烧系统加热到高温后,喷入的燃料在床内热量的作用下被点燃。这种流态化床所产生的热量是均布的,因此平均温度可高于常规锅炉内的温度,在常规锅炉中,峰值温度的作用可能是限制的因素。陆基装置的使用经验使人们能有信心来设计和建造一套船用装置,但是必须要相当细心地处理好像船舶运动这样一些轮机领域内独一无二的问题,这些问题会影响到装置的性能和寿命。

7.7.2 液态燃料

利用煤来生产液态燃料的技术早已问世(60年前已经存在了)。到现在为止,限制这种技术开发利用的原因是合成燃料比其他来源获得的碳氢燃料的价格昂贵得多。

煤转化加工能生产各种合成燃料,包括目前在空中、陆上和海上运输中使用的燃料的替代产品。煤的构成和液态燃料之间的基本差别在于煤的含氢量较低。液化过程包括增加含氢量,并能生产多种碳氢化合物。由于大多数国家目前没有使合成燃料推广到海上应用,因此已经生产出的这些燃料在船用方面还存在一些缺点。对最主要的缺点已经找到了解决办法,或者说已经找到了将来把不利特性降低到可接受的量级的办法。采取克服各种缺点的措施要付出提高成本的代价,同时要在燃料制造过程或是目前原动机类型方面开展研究工作(某些类型的原动机比另一些类型更适合于燃烧合成燃料)。

合成液态燃料比相应的固态煤有一个重要的优势,即较少要求舰船设计方面做出重大改变。在许多情况下,或许有一套设计方案既能燃烧从原油获得的液态燃料,又能燃烧合成燃料。液态燃料空间和重量方面的要求比固态煤燃烧器的要求低得多(要记住的是以增加额外的储存要求和处理系统的重量和空间为代价)。考虑到所有这些因素和液态燃料在海上补给的优越性,在大多数应用场合,宁愿使用液态合成燃料而不愿使用燃烧固态煤的系统。

7.7.3 应用

虽然有几种低速柴油机已能利用煤作燃料来运转,但是还须进一步研究以解决磨损率过高的问题。

已对燃煤蒸汽船舶做了某些研究开发,例如,澳大利亚国家航运公司曾营运过一艘燃煤商船。文献[12]报道了那套设计方案,给出了判断使用一套燃煤系统的细节。其推进系统由两台锅炉组成,锅炉将过热蒸汽供给涡轮并经由齿轮传动装置带动一只定距桨。在决定采用这套装置之前考虑过多种方案,包括有部分燃煤及部分燃油的系统。两台锅炉用的是一套加煤抛煤机和活动炉箅,因为同样功能的燃料粉碎系统要以增加空间、复杂性、维修工作量和成本为代价,所以这是无法接受的。

煤处理系统用空气流动方式将煤从储存舱推送到日用料斗。同样也考虑过多种替代方案,而且在文献[12]中进行了讨论。煤是利用重力进料从料斗进入炉膛的。

从排气中分离出的灰渣和炉膛底部收集的灰渣被送到一台粉碎机粉碎后再排到船外;输送工作可使用另一套气动系统,或是靠重力进料。

固态形式的煤有一个优点,就是当舰船受到攻击时它不像液态燃料那样容易发生爆炸。但是要以增加处理装置、空间和重量为代价,而且相关的岸上保障系统的要求使得煤不如液态燃料有竞争力。一旦合成燃料的生产价格能与其他方法生产的液态燃料相竞争,合成燃料就会成为一种标准的海军燃料。

将来可考虑作为船用燃料的有多种类型,其中一些已在船舶中应用了。可替代的一些办法常常是与所讨论过的各种燃料相竞争而得出的,在文献[13,14]中可找到其优点的细节。不能不考虑得如此简单的类型燃料是液化气。与使用固态煤相似,引入液化气会使船舶布置、燃料储存装置和燃料供应系统、补给船和岸上设施发生重大改变,而且上述三个方面之间的输送系统也会同时改变。结果是虽然几种原动机适当修改之后能够燃烧几种气体,但是对使用液化气系统来替代现有使用蒸馏产物的舰船的设计仍没有什么吸引力。当决定在新设计的军舰中使用什么燃料时,所考虑的主要因素是燃料的可用性和成本(包括价格和为海军建立能提供和燃烧该种燃料的设置成本两个方面)。主要是因为在世界范围内的有限分布、对舰船设计和海军后勤保障网络等有重大影响,所以液化气的使用不像其他燃料那样最终可作为柴油的代用品。

7.8 舰船用燃料的变化

20世纪初期,英国海军舰船是用煤作为燃料。但是,转而使用液态燃料的理由是多方面的:

(1) 这样能减少机舱的定员(液态燃料不需要人来装卸)。
(2) 在推进系统控制方面具有更大灵活性。
(3) 由于液态燃料比烧煤锅炉对人的耐力要求少一些,所以能够在大功率条件下持续更长的时间。
(4) 对于给定航程所需燃料的重量较少。
(5) 中途加油牵涉人员较少且比较容易进行。
(6) 船上储存空间较小。

但是缺点是油料只能从其他国家进口,而煤的资源在英国就有。在一些岸基试验工作完成后,决定海军"部落"级驱逐舰应建成为只烧油料的军舰。后续的设计具有既能燃烧煤又能燃烧油料的炉膛(油料喷洒在煤上)。单只依靠煤就可发出全功率,但是维持全功率时燃油系统减少了对机组人员的要求。但是1911年做出了一项决定,新型战列舰应该只燃烧油料。此后曾有几套设计方案具有煤加油的混合系统,至此,由燃烧煤转变为燃烧油料的工作完成了。

英国海军有关燃料类型方面第二次重大变化,出现在20世纪60年代后期。那时舰船推进系统占主导地位的是燃烧重油的燃油蒸汽系统。重油是由渣油与蒸馏产物掺混而成的,而且燃油中的沉淀物带来了锅炉维护保养方面较大的工作量。已知的有:

(1) 对燃油系统进行很小的修改,燃烧重油的锅炉就可改造为燃烧柴油。
(2) 柴油虽然购买价格较昂贵,但是大大减少了维修工作量。
(3) 当蒸汽装置不运行时,发电所用柴油机只能燃烧柴油。

大约是同时做出决定,未来军舰将用航空改型燃气轮机作为动力,必要时利用柴油发动机作为辅助,这两种发动机都不能燃烧重油。在这种环境下,决定取消重油(许多军舰从燃烧重油转而燃烧柴油)。有几种军舰设计方案中,燃烧柴油的改装工作代价很大,导致一些老式军舰不能被改造,因此就延长了退役的时间。现在英国海军舰船只燃烧柴油。总的来看,上述两次改变使燃料对舰船设计的冲击不算太大。由煤改成燃油后,燃油舰船配备的机组人员较少,装载量较少而且中途加油比较容易。由重油改成为柴油意味着减少了维修保养工作量,而且不必对油舱加热了。

将来燃料类型还会进一步变化。就竞争者而言,最有可能与柴油竞争的是由煤和渣油制成的两种液态燃料。如果合成液态燃料的价格能够与由原油制成的燃油相竞争,那么引入这种燃料优越性在于它对舰船设计的冲击不大。购买渣油要比购买柴油便宜得多。然而引入渣油取代柴油会对英国海军造成重大影响,不仅影响军舰自身的设计,而且还影响补给船和岸上储存设施。如果要保持燃料长期战略储存,就要求生产出具有适当储存稳定性品质的渣油(这是特殊产品,无疑会贵一些),或者生产出具有适宜储存稳定性品质的另一种燃料用于战略储存。后一种方法就形成了两种燃料,按照能燃烧两种燃料的船舶系统的需求同时购买并保持两种燃料。假设渣油可在海军舰船上携带,那么陆上储油库、供油船以及军舰自身都必须配备加热系统,以便仔细控制所有油箱中的温度不致于温度下降过低(防止达到流动点的危险),或是升得过高(加速成渣)。现役军舰的原动机是不能燃烧渣油的,因此现役军舰的改装将是一件不大容易进行的艰巨任务。装备有能燃烧渣油的新型原动机的新型军舰必须准备好新的培训课程,并建成新的保障网络。因此将会有那么一个时期,某些军舰只能燃烧柴油而某些军舰可燃烧渣油(燃烧渣油的军舰几乎无需做大的改装就能燃烧柴油,在从柴油转向渣油过渡期间,尽管忽略改变的理由,在后勤保障方面是有优越性的)。甚至在燃烧渣油的军舰中,如果安装有使用柴油的发电机组,在一定的环境下使用它,仍将需要柴油。因此供给网络,将会很长时期,或许是无限期,向军舰同时供给渣油和柴油。如果渣油有不兼容的问题,那么军舰、补给船和岸上设施就必须分别存放各种燃料,造成需要更多的油库和更大的补给船。

第8章 推进系统集成

8.1 概　　述

推进系统遵循能量守恒定律。因此,推进系统原动机输出轴发出的功率减去传动系统(如齿轮箱或轴承)的功率损失,应该等于传递到螺旋桨上的功率。由于传动系统中的功率损失通常很小(如齿轮箱中的损失为2%~3%),所以在发动机与螺旋桨匹配设计的最初阶段,可将这部分功率损失忽略不计。因此,发动机输出扭矩与转速的乘积要等于螺旋桨的扭矩与转速的乘积。设计者的目标旨在使扭矩与转速的匹配处在推进系统的最佳工作点上。但这又立即引出一个问题,最佳工作点在什么位置？设备在工作过程中条件会恶化,如污底、舰船在航行中运动状态变化、负载或燃油装载量变化引起排水量的变化以及异常工况(如以轴带发电机的方式拖动辅助负载)等,都会使得负荷特性曲线偏离发动机特性曲线。

鉴于第5章和第9章所讨论的一系列原因,军舰发动机的数量比商船发动机的数量要多些。在一艘军舰中,还可能有不同类型的原动机(分别用于巡航和加速的不同尺度的燃气轮机或同时装有燃气轮机和柴油机)。但如果将扭矩与转速结合起来考虑,则认为原动机的特性仍然遵守能量守恒定律。

8.2 推进系统模型

图8.1所示为某一特定发动机和螺旋桨的扭矩与转速关系曲线,未考虑滑差或损失。为使推进系统平衡,发动机发出的功率必须等于螺旋桨吸收的功率。由于两者是直接连接的,因此转速应相同,在平衡点上扭矩也一定相等。

如果用齿轮箱来改变发动机与螺旋桨之间的转速,要建立一个包括发动机和齿轮箱的模型。在所建模型中,发动机的转速要除以齿轮箱的减速比,发动机的扭矩要乘以齿轮箱的减速比,得到的结果作为模型的输出。要从发动机的输出扭矩中减去齿轮箱的扭矩损失。对螺旋桨建模时,一般的做法是将轴承中间轴承的扭矩损失加到螺旋桨的功率需求上。做完上述处理后,较实际较复杂的情况就简化成一个非常简单的模型。

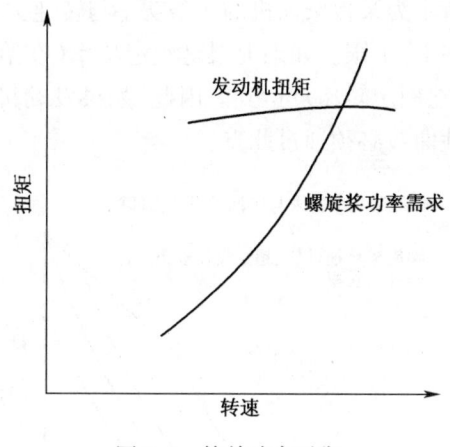

图 8.1　简单功率平衡

8.3　系统设计

在研究推进系统之前,有必要先来看一下船舶阻力随航速的变化关系,从而给出螺旋桨的功率需求曲线。舰船阻力与航速之间的关系曲线通常表达成三次方曲线关系,但实际情况要远比这复杂。有很多因素会影响船舶阻力,而每个影响因素都有其特定的阻力与航速之间的关系。因此,两艘船在某一特定航速下其阻力相等,而在另一航速下其阻力则可能不同。所以,船舶阻力与航速之间的关系曲线要用很复杂的数学方程式来表达。螺旋桨功率需求曲线能呈现各种形式和形状,在推进系统选型阶段,作为一个示意图,只要看一下螺旋桨功率需求曲线的样子即可说明一个概念:螺旋桨功率需求随航速的增加而增加,而且航速越高,曲线则越陡。实际上,这种关系的一个重要结论是 50%最大航速下螺旋桨功率需求只占最大航速功率需求的一小部分(护卫舰的巡航速度大致为全航速的 50%)。

一套推进系统具有几种能够变化的特性,每一种特性都会导致性能或其他舰船设计参数的改变。例如,柴油机可在整个平均有效制动压力(BMEP)范围内工作(BMEP 正比于柴油机发出的扭矩,因此可转换成给定发动机转速下的额定功率)。依据螺旋桨的直径、叶片数,考虑可接受的螺旋桨效率等因素,可选择不同方案的螺旋桨。柴油机制造厂是按额定平均有效制动压力(BMEP)或者额定功率标明所生产的柴油机。推进系统设计师按柴油机的额定功率设计推进系统。但实际上并非总是这么做。降功率使用有时会有其好处,只要它导致维修费用降低,或只要采用用户已经熟悉的发动机来匹配螺旋桨,从而减少后勤和训练费用。图8.2所示为某台柴油机的3条功率与转速关系特性曲线。发动机转速和功率分别存在上、下限。如果上限是额定功率(在给定转速下)和额定转速,则最大额定功率在额定转速点达到。因此,如果发动机发出最大额定功率,螺旋桨功率需求特性曲线必须通过此点。

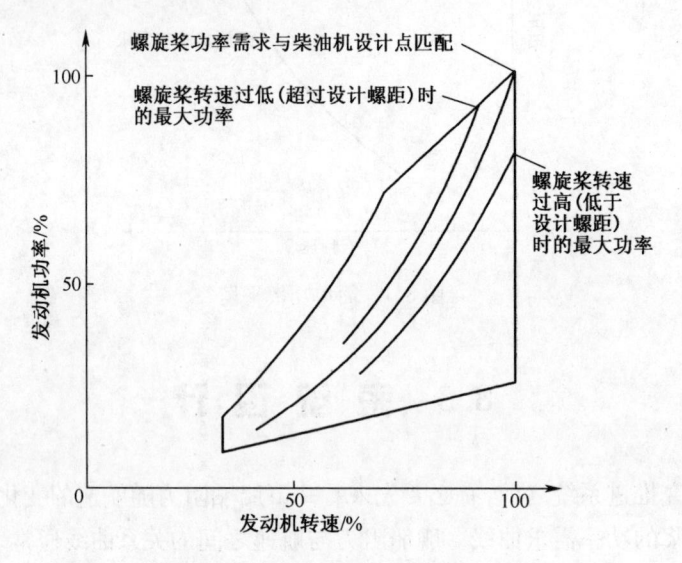

图8.2 螺旋桨功率需求与柴油机设计点不匹配的效应

可接受的螺旋桨效率与最大额定功率点可匹配或不可匹配,但是,如果不可匹配,则设计师可做如下选择:

(1) 另选一种螺旋桨。
(2) 接受发动机有些超负荷或功率不足的方案。
(3) 选择不同的发动机。

上述选择哪一个更好尚不能给出结论,因为特定情况的环境因素更为重要。例如,若舰船大部分时间都是在海上以巡航航速航行,则巡航航速下螺旋桨效率的降低可能影响很大;但是,若舰船大部分时间都停泊在码头,或其燃料主要不是用于推进,则螺旋桨效率的降低并不重要。

8.4 舰船实用效果

实际上,螺旋桨和发动机将不会有预测的功率/转速特性。推进系统设备会有某些制造误差,且发动机由于磨损或操作不当也达不到设计特性。然而,设计过程应当考虑这些因素。设计的出发点就是发动机在额定转速下发出额定功率,所选择的螺旋桨能够吸引最大额定功率。考虑到上述限制因素,柴油机功率/转速关系包络线的此部分就是平均有效制动压力(BMEP)。

海况、风、污底和船表面粗糙度及排水量都会影响功率/转速的关系。一般说来,都是负面影响,即在给定转速下需要更大的功率。图8.3表示了因舰船阻力增加,而螺旋桨的功率特性曲线向左偏移的情况。此图还给出了对发动机的影响结果。如果发动机仍在额定平均有效制动压力下工作,则发动机转速就会下降,而输出功率降低;或者,若仍然维持航速不变,则必须提高平均有效制动压力,这样柴油机就在超过原来定义的最大额定状态对应的平均有效制动压力下工作。

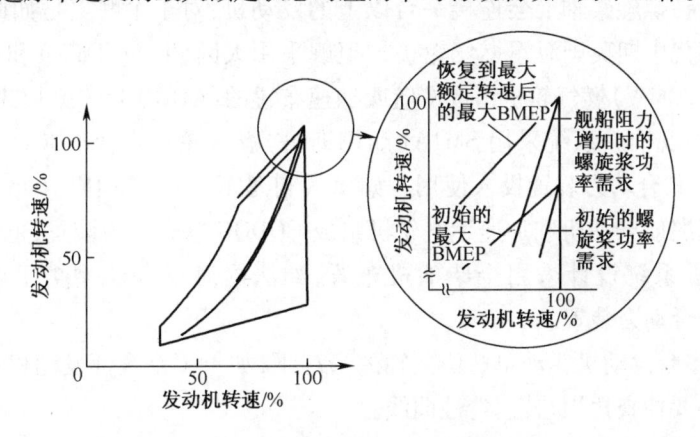

图8.3 舰船阻力增加对发动机特性的影响

为解决这个问题,通过选择发动机和螺旋桨,使其在最理想的环境条件(如排水量最小,洁底等等)下,发动机在小于最大额定平均有效制动压力的某个平均有效制动压力下工作时,即可达到设计航速。发动机既不会发出其全功率,舰船也不会达到其最大可能航速,因为发动机在达到其额定平均有效制动压力(BMEP)之前就已经达到额定转速(图8.4)。这时如果要想使舰船达到其最大

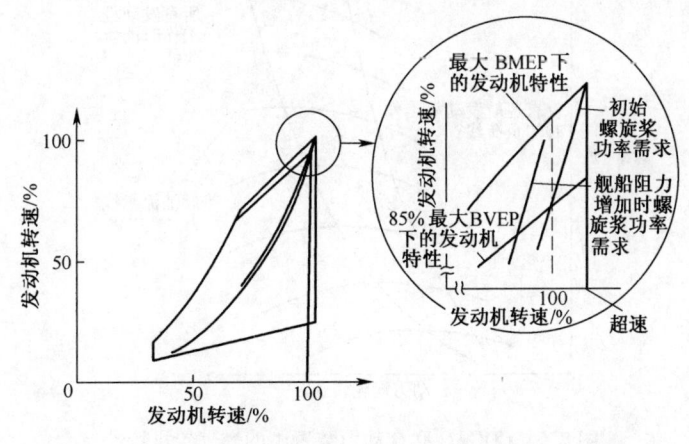

图8.4 考虑了螺旋桨负荷需求增加后发动机的工作裕度

127

可能航速,发动机略微超过其额定转速短时运行是可以接受的。对于商船,发动机通常在最大额定平均有效制动压力的85%状态下工作,不过对于舰船设计特定的要求,这一数字可能有变化。

8.5 联合动力装置

通常,在螺旋桨轴上会连接一台以上的发动机,对于军舰更是如此。自20世纪70年代中期英国海军燃气轮机护卫舰采用太因(Tyne,4MW)和奥林普斯(Olympus,20MW)燃气轮机组成巡航或加速布置的(COGOG)方案以来,又有一系列的护卫舰推进系统采用 SM1A(船用斯贝)燃气轮机组成 COGOG、COGAG 和 CODAG 联合动力装置投入使用。如意大利海军在其"鲁珀"(Lupo)级护卫舰上,采用巡航柴油机和加速燃气轮机组成 CODOG 联合动力装置;也有一些国家海军推进系统设计采用全柴油机布置,如法国海军 A69 型护卫舰即采用 CODAD 联合动力装置。

在用多台发动机驱动单螺旋桨轴的情况下,如果不是全部发动机都同时运行,就有必要检查扭矩/转速特性曲线。

8.6 燃气轮机

不同的燃气轮机其特性曲线也不同。图8.5示出了一种典型的燃气轮机特

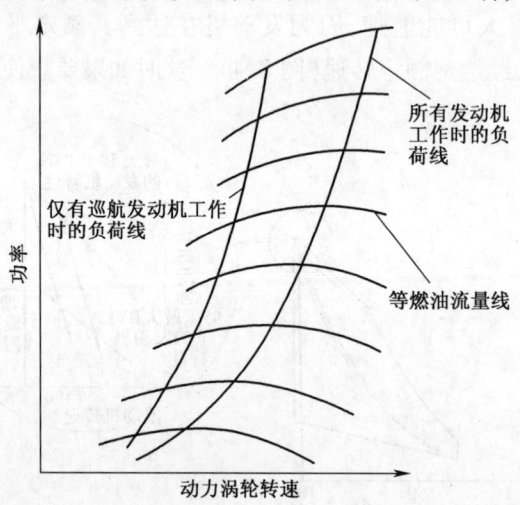

图 8.5 COGAG 联合动力装置中的燃气轮机特性

性曲线。在COGOG动力装置中,巡航和加速燃气轮机基本都是沿着接近燃气轮机峰值效率线的负荷线工作。然而在COGAG动力装置中,有一台独立运行的燃气轮机在负荷线上运行,此负荷线位于峰值效率线的左侧。就巡航发动机来说,本身存在一些缺点,但更重要的是意味着发动机最大功率明显受到限制。根据燃气轮机精确的特性曲线,其等耗油率曲线的斜率可能会很陡。在这种情况下,单台发动机运行模式所能发出的功率可能是最大功率的15%以下。采用调距桨或者在可能的条件下采用双速齿轮箱就可能解决上述问题,至少可解决部分问题。对此,后面还会讨论。

8.7 柴 油 机

图8.6示出了一台柴油机的功率/转速关系曲线,这台柴油机是两台功率相同的柴油机组成的CODAD联合动力装置中的一部分,两台柴油机驱动一固定减速比的齿轮箱。将螺旋桨的特性也叠加到这张图上,两台柴油机同时运行发出推进全功率,但是仅有一台柴油机运行时功率就会受到限制,因为在大约50%最大功率时会达到喘振边界线。因此,在这种特定情况下,仅用一台柴油机工作,可得到的推进功率仅为安装轴功率的25%。

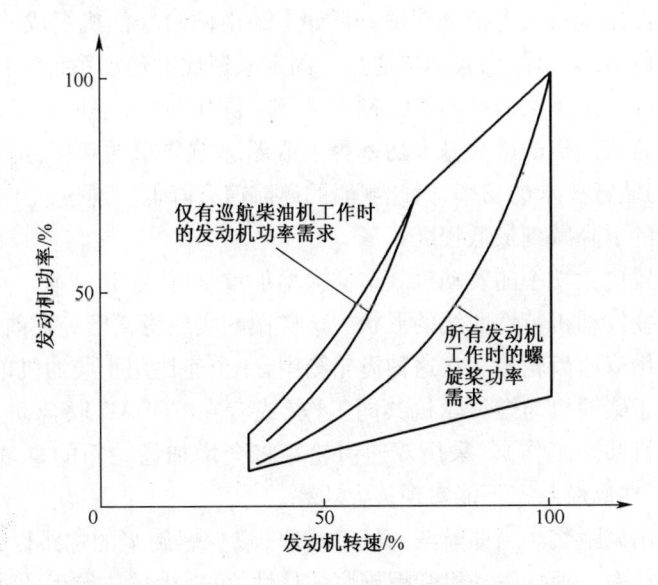

图8.6 CODAD联合动力装置中柴油机的特性

柴油机特性曲线是多种因素综合平衡的结果,因此,这种结果能以一种略微不同的方式偏离设计点。对特定类型的柴油机可做一些改变,使其可能具有几种不同的特性。举例来说，可以更改涡轮增压柴油机中压气机的匹配。任何使柴油机能适应低转速下的较大扭矩的改动，伴随而来的是其性能或物理损失。上述损失有多种表现形式，例如，在正常运行条件下其效率会降低。由于可实现低转速下的高扭矩，在CODAD（或CODAG）联合动力装置中，巡航时使用柴油机的方案更具有吸引力。

柴油机特性曲线上最高效率区在喘振边界线附近，CODAD或CODAG联合动力装置中的巡航柴油机将在正好这个区域附近工作。但是，在机动运行期间柴油机靠近喘振边界线工作可能会带来一些问题，这将在后续内容中讨论。

8.8　CODAG/CODOG

CODAG和CODOG联合动力装置的优越性值得讨论一下。将一台高效率的巡航机（如柴油机）与一台高功率密度的加速机（如燃气轮机）结合一起组成联合动力装置的方法将在第11章中讨论。假如能接受柴油机与不同速比的传动系统连接，则可从功率可用性的角度来考虑CODAG和CODOG联合动力装置。

以CODAG动力装置为例，当柴油机和燃气轮机都发出最大额定功率时，联合动力装置可以获得最大推进功率。正如上述由两台柴油机组成的CODAG联合动力装置的情形一样，当柴油机通过一固定减速比的传动系统运行时，所能获得的功率实际上小于柴油机的最大额定功率。除个别情况外，都是以柴油机作为巡航机。若柴油机的最大输出功率等于舰船巡航要求的功率，则达不到前述CODAG动力装置要求的功率，因此舰船的巡航速会降低。通过以下措施可将舰船巡航速率的下降减到最低程度：

（1）配置更大功率的发动机。这样会增加重量、体积和成本。

（2）改变发动机特性曲线的形状。这样做的实质意义已经在前面讨论了。

（3）采用双速齿轮箱。在这种齿轮箱中，一个速比用于柴油机单独工作；另一个速比用于柴油机与燃气轮机共同工作（或者在CODAD联合动力装置中与另一台柴油机共同工作）。采用双速齿轮箱将会增加齿轮箱的重量、成本及复杂性，但是可在巡航状态下能实现最大功率。

（4）采用调距桨。当巡航柴油机工作时，减少螺旋桨的螺距以使柴油机发出最大额定功率。根据发动机和螺旋桨的特性，可减少单位航程的油耗，尽管螺旋桨在低效率状态下工作。

CODAG联合动力装置与CODOG联合动力装置相比，其优越性在于对给定的柴油机和燃气轮机，CODAG装置可获得较高的推进功率。CODOG动力装置的优点在于,两台发动机可以各自独立地与螺旋桨匹配,因此不需要采取特殊措施即可使每台发动机发出其最大额定功率。

8.9 调 距 桨

若采用定距桨,则唯一可控参数为发动机的燃油流量。在很大程度上由于很难制造出能在很宽的流量范围内工作的燃油喷嘴,所以柴油机都存在一个最低转速,低于此转速时柴油机是不会令人满意的工作的。对于高速柴油机,其最低稳定转速通常限制在最高转速的 25%~35%。

若采用调距桨,则增加了一个调节自由度,即可通过调节桨的螺距来改变推力。调距桨系统的优点在于能够调节发动机的转速,使发动机总是在特性曲线的特定区域内工作。然而,在舰船推进系统设计时,给操作者两个以上的参数任其自由控制是不常见的。控制系统的设计必须保证螺旋桨负荷需求与发动机特性相匹配,以防止失速或超速。如果要求扭矩、推力等不超限,在机动期间,燃油流量控制与螺距控制之间的关系就更为重要。

调距桨系统将影响到螺旋桨与发动机匹配的各方面,这将在下面进行讨论。

8.9.1 部分负荷效率

图 8.7 示出了柴油机的功率/转速关系曲线,图中叠加了设计螺距的调距桨特性(大体上与定距桨一样)。其部分负荷特性曲线并不通过柴油机的高效率区。通过改变调距桨的螺距,就能移动螺旋桨需求特性曲线,使其通过柴油机特性曲线的高效率区。但是在做这个改变时,可看到螺旋桨的特性曲线靠近喘振边界线。典型的调距桨效率曲线如图 8.8 所示。通过结合发动机的效率曲线和螺旋桨的特性曲线可获得最佳总效率。对于商船来说,油耗是最重要的,因此通常的做法是给出部分负荷运行时油耗与螺距关系的程序。

在英国海军的燃气轮机调距桨推进系统中,控制系统在发动机工作的主要功率范围内都要求调距桨保持最大螺距。若对照图 8.5 燃气轮机的特性曲线来看,可吸收发动机额定功率的螺旋桨负荷特性线,在发动机功率/转速关系曲线的主要范围内,将穿过或靠近发动机的最高效率区。因此,按程序减小螺旋桨的螺距几乎不会带来好处,特别是在螺旋桨效率受到不利影响时。在低航速航行时,可以减小调距桨的螺距,使得螺旋桨轴的转速不至于降得太低。

8.9.2 船体阻力的变化

如果选择定距桨,就必须使发动机最初工作在其额定功率之下,以保证舰船

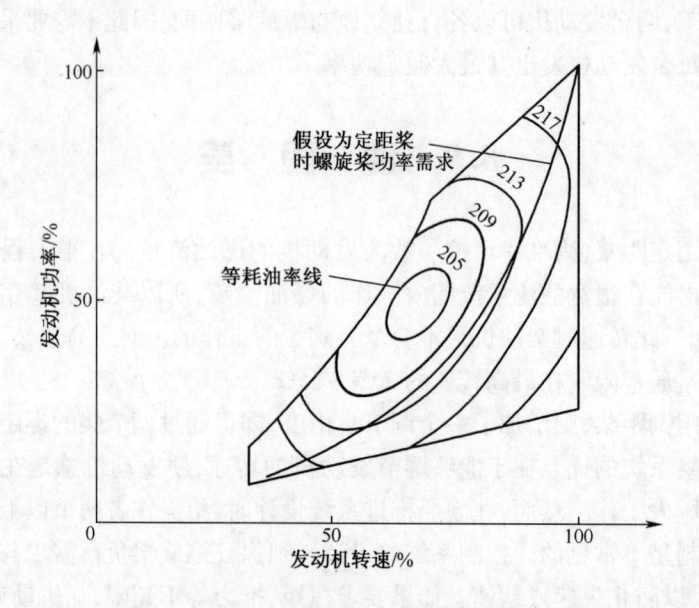

图 8.7 柴油机性能包络线

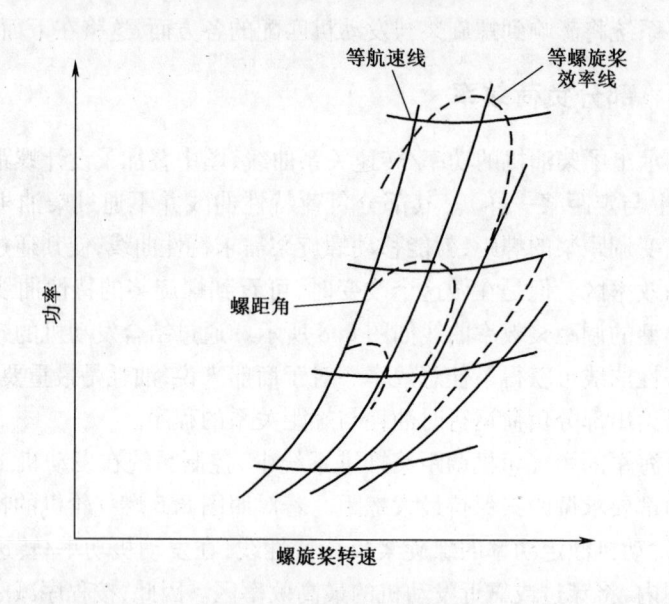

图 8.8 调距桨特性曲线

在海上运行一段时期后螺旋桨能获得额定输出功率。关于发动机与螺旋桨的匹配过程，调距桨与定距桨是相同的，只是发动机不必运行在最初的额定功率以下。图 8.8 示出了调距桨特性曲线，调距桨能改变螺距，即螺旋桨改变特性，从而使发动机无论舰船在洁底或污底的情况下都能发出额定功率。随着螺距的改变,螺旋桨的效率将会发生变化,这一点必须检查以保证螺距调整后总体效率有改善。在商船上,根据阻力随时间的变化规律而调节螺距设定值的响应装置已经嵌在控制系统中,因此能使发动机总是可达到额定转速和额定功率。调距桨装置最好由自动控制装置来操作。如果由操作人员或维护人员定期来监测桨轴的扭矩与转速特性,然后根据阻力增加的情况来调节螺距,就很有可能导致人为的误差,从而使选择的螺距与发动机不匹配。在系统中,最大功率点的螺距选择不当,就会影响到其他功率点的螺距值,这样会导致预定舰船航速范围内推进效率降低,其直接后果是耗油量增加。

8.9.3 单轴运行

如前所述,在 COGAG 联合动力装置中,若仅有一台燃气轮机工作,则不能发出最大额定功率。但使用调距桨就具有这样的优点,它可将螺旋桨的螺距降至设计螺距以下。这样做的结果会对推进系统产生正反两种变化。螺旋桨功率需求特性线移向右侧,从而增加了可用的功率(提高了发动机的效率),而同时调距桨本身会移向低效率区域。两条特性曲线的斜率决定了这一过程对燃油消耗本身是否有益。

对于双轴驱动的舰船,当仅有一根轴驱动时也会产生类似的情况。使正在运转的调距桨偏离设计螺距,可能会提高推进系统的效率。调节拖动轴上调距桨的螺距也同样会带来好处,因为可使这根轴上的阻力降至最小。调距桨偏离设计螺距运行会增加水下噪声,对军舰来说,这一点会比提高效率更重要。

8.9.4 停车与倒车

若使用调距桨则不需要倒车齿轮箱或倒车发动机。停车机动期间的动态响应将在后续内容中讨论。

8.10 辅助功率输出

在商船上,推进系统使用高效率原动机,原动机燃烧的是廉价燃料,从推进系统引出辅助功率输出可能有益处,典型的例子是轴带发电机。由于电气系统要求稳定地供电,因此发电机要以近似恒速运转。有些机械和电气设备能接受可变的输入转速,产生稳定的电力输出,但是输入转速的变化范围必须适中。对于采用定距桨并以稳定航速运行的舰船可使用轴带发电机。调距桨可在各种航速范围内使此桨轴的转速保持恒定,因此,调距桨更具灵活性。

8.11 低速运行

当舰船要求低航速运行时,柴油机的有限转速调节就会成为制约因素。在要求低航速运行时,推进系统设计师可采取以下选择方案:

(1) 使用短时冲刺功率。
(2) 在推进系统上并入摩擦式离合器。
(3) 安装调距桨。
(4) 使用液力偶合器。
(5) 安装双速齿轮箱。
(6) 使用专用的低速推进系统。

其中,方案(2)~(4)通过引入滑动(摩擦)过程来吸收功率。方案(2)和(4)在舰船内部系统存在能量耗散的缺点。能量耗散的多少与具体设计有关,但其数量是可观的。然而,方案(2)~(4)也有潜在的优势,即如果原动机是柴油机,通过吸收功率使发动机避免在不可接受的负荷(轻负荷)下工作。如果要求延长在海上低速运行,方案(1)在操作上没有吸引力,方案(2)~(4)的效率很低,导致燃料消耗很高,而方案(5)会有轻负荷运行问题,或至少是效率不高。这样,方案(6)就是最具吸引力的了,但可能以增加成本、重量、空间和复杂性为代价。

8.12 拖曳负荷

拖曳负荷会明显增加阻力,尤其当舰船以较高航速运行时更为可观。其效果类似于前面提到的污底的情况。图 8.9 示出了一种可能的情形。如图所示,所能获得的拖曳功率远远低于发动机的额定功率。如果这种情形不可接受,则可采取下列任何一种解决方法:

(1) 双速齿轮箱。
(2) 调距桨。
(3) 电力传动系统。
(4) 专用的拖动推进系统。

方案(1)、(2)和(4)的理由类似于低速运行的情况,不过推进系统的负荷较高,很少出现原动机轻负荷运行。如第 5 章所述,电力传动系统在低转速下能提供高扭矩,但以其增加重量和体积且增大初始投资和全寿命周期成本为代价。

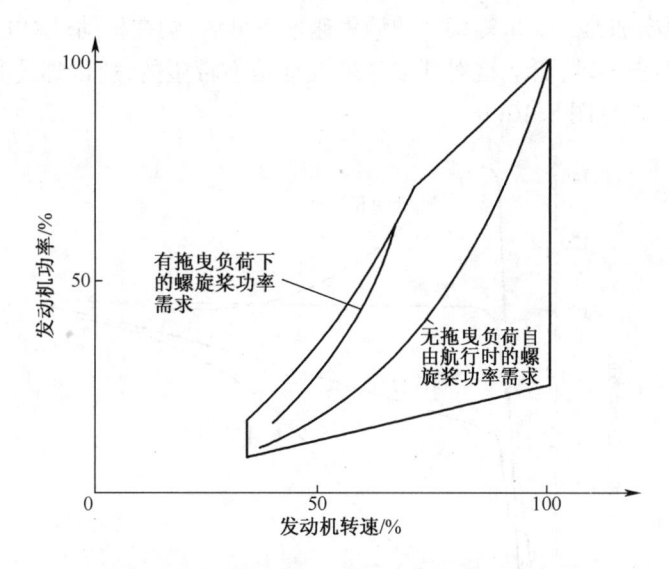

图 8.9 有拖曳负荷和无拖曳负荷时的柴油机特性

还有一种方案是为拖曳工况选择一个特定的螺旋桨。这种螺旋桨可使发动机在拖动期间按额定转速工作,但是当自由运行时有一点损失。发动机在达到最大额定功率之前就会达到最大额定转速,其直接结果是限制了舰船的最大航速。

8.13 舰船机动期间推进过渡过程

在舰船机动期间,发动机、传动系统和螺旋桨可能会明显偏离其稳态工作点。这种变化的结果对不同类型原动机的影响是不同的,下面以柴油机和燃气轮机为例来讨论。

8.13.1 燃气轮机

当要求提高燃气轮机输出功率时,就向燃烧室多喷入燃油。随着燃气流温度的提高,发动机涡轮将获得更多的能量,从而使发动机加速。对各种参数(如压气机转速、涡轮进口温度等)都要进行监测,以保证它们不超过重要限值,燃油与空气比也要维持在可接受范围内。燃气轮机可很快加速到最大功率(一般仅数秒量级)。而舰船的加速则要经过很长的时间。因此,若不加以注意,低航速下的大功率会在推进系统中造成很大的扭矩。

图 8.10(a)示明了装有燃气轮机和调距桨的某舰船可能的加速特性曲线(注意极大的扭矩和推力)。如果认为需要减小上述扭矩和推力变化,可使发动

135

机按较低速率加速。如果螺旋桨的调距速率不可调,则在机动过程的最初阶段,导致轴转速进一步降低。这对其本身来说也是不希望的,所以螺旋桨的调距速率也应降低,参见图 8.10(b)。

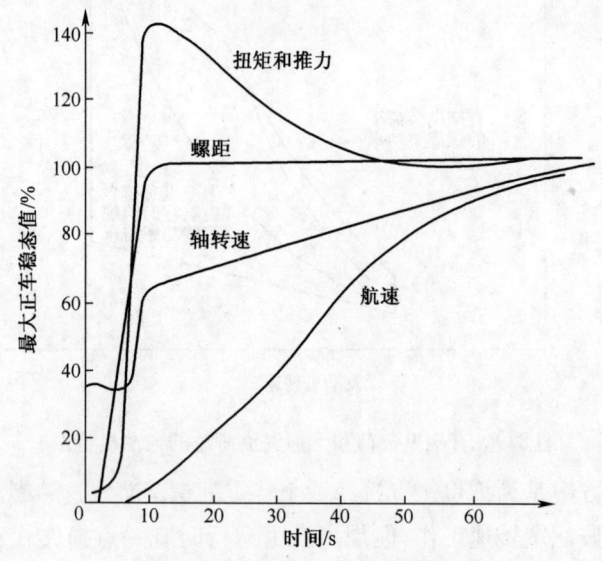

(a)从静止突加到全正车可能的机动特性曲线

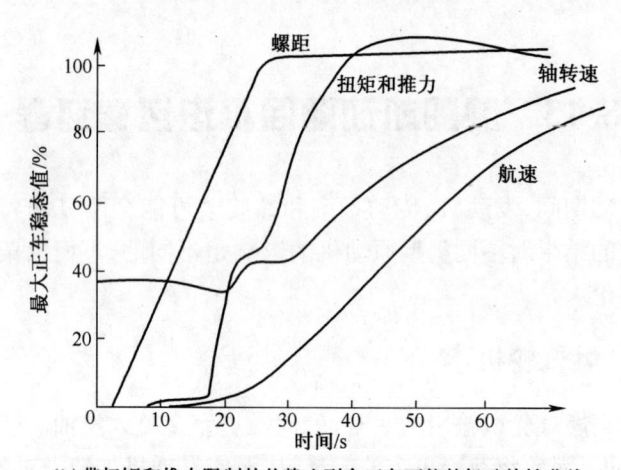

(b)带扭矩和推力限制的从静止到全正车可能的机动特性曲线

图 8.10　某舰船的机动特性曲线

图 8.11 示明了装有燃气轮机和定距桨的舰船加速特性。由于不具备调距桨所特有的改变螺距的灵活性,舰船加速期间的特性曲线只能通过调节发动机的加速速率来改变。

图 8.12 示明了全正车至全倒车的部分仿真结果。如果螺旋桨的螺距减小

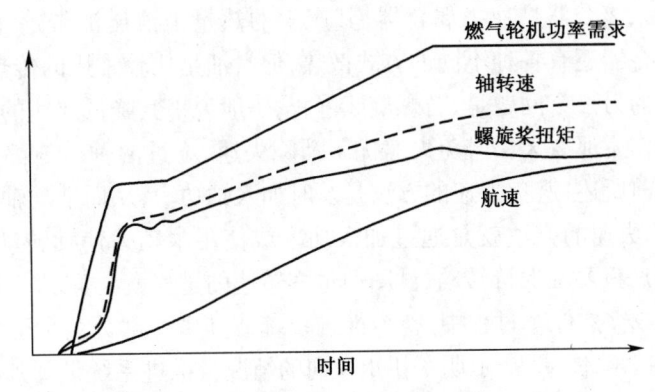

图 8.11 带扭矩限制的燃气轮机与定距桨配合特性
——从静止到全正车

得过快,或者说,发动机功率降低得不够快,则轴会超速。零螺距周围对应的是临界时间点。如果发动机功率加入的时间太早,则轴会超速;如果发动机功率加入的时间过迟,则当螺距进入倒车时,轴转速就会降到相当低的程度,甚至可能会逆转。

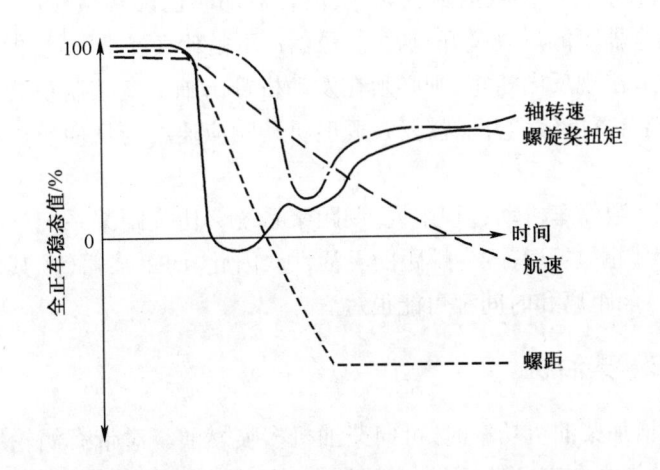

图 8.12 燃气轮机与调距桨配合特性——从全正车到全倒车

如果轴的减速速率低,当轴的转速接近零时,可能出现的摩擦问题将带来运行危险。原因是当轴和中间轴承等彼此相对静止时,它们之间的摩擦系数比轴正在旋转时要大得多。在机动期间螺旋桨轴处于静止时的状态称之为轴失速。使用定距桨时,螺旋桨轴要反转,必须对轴转速加以监测,而且离合器和其他部件的设计必须合适以保证轴快速通过零转速。保证离合器尺寸适当很重要,以便正车扭矩能够短时作用于倒转离合器上,允许发生滑动、散热以及转动方向快速改变。如果离合器是液力偶合器,其产生的热量由液压油带走,然后将油冷却。摩擦离合器还有各种不同的方式散热,但滑油是比较常用的传热介质。

轴失速的另一个问题是,若螺旋桨静止,一般说来其降低航速的作用不如桨轴转动时的作用那么大。避免失速优于消除失速,不过两种措施都可嵌入控制系统内。如前所述,避免失速的方法是及时加入轴功率,从而推动轴快速通过零转速点;消除失速的方法就是通过加入功率或使用水动力使轴转动(即使沿错误方向停车),只要轴保持转动,试图通过零转速的过程就会重复。

在减速或突然停车过程中,整个推进系统或其中一部分会承受与正常情况相反方向的扭矩,图 8.12 示明了扭矩反向的情况。推进系统设计师必须要了解这种扭矩反向的情况,并且要知道反向扭矩的幅值。必须对推进系统相关设备进行检查评估,看是否存在振动等问题。如果使用 SSS 离合器,就需确定是否采取特殊措施,如加上锁定功能等。对一根轴上布置多台发动机的情况,可仅用一台发动机工作就能满足最大倒车功率限制(因为要限制推力负荷)。如果有一台以上发动机工作,则控制系统设计要考虑能够选择一台优于其他发动机的发动机工作,那些不需要工作的发动机也许要设置为惰转状态。扭矩反向有助于 SSS 离合器自动脱开,但根据轴的转速,离合器那时也许必须锁定,否则在机动期间 SSS 离合器可能反复脱开/啮合。虽然这不是什么严重问题,但也不希望出现。如果没有出现反向扭矩,则必须在发动机输出轴上安装制动器来降低轴转速,使 SSS 离合器能够脱开。需要在舰船机动响应速度与反向扭矩幅值之间进行权衡。

对于大多数停车机动过程来说,调距桨系统会比定距桨系统产生更大的推力,这是因为调距桨具有改变螺距的灵活性。因此,调距桨船(尤其是装有燃气轮机时)的停船距离和时间都可能很短。

8.13.2 柴油机

当要求增加柴油机功率时,可向柴油机多喷燃油。对带有涡轮增压器的柴油机,功率的提高会有延迟,因为增压器的响应需要一段时间。这会使空气/燃油比暂时较低。为了避免出现超过发动机限制的严重问题,对负荷改变期间喷入燃油的数量必须严格加以控制。

图 8.6 示明了稳态限制。在舰舶机动期间,短时间内略微超出某些限制是可接受的。

对柴油机来说,如果螺旋桨需求特性曲线接近柴油机的喘振边界线,则柴油机的加速性能较差。但在这种情况下,所获得的使舰船加速的推力反而是适中的。在 CODOG 联合动力装置中,燃气轮机比柴油机的功率大,可吸收最大轴功率的螺旋桨,除了提供加速舰船所需的推力外,其本身明显就是一种需要加速的负荷。在CODAG联合动力装置中,柴油机能获得的功率可能要小于CODOG联合动力装置的情况(其原因如前所述,见图8.6),因此对于柴油机来说潜在的机动能力大大减小。在早期的CODOG和CODAG动力装置中,调距桨为螺旋桨负荷特性曲线相对发动机特性曲线的移动提供了可能性。通过减小螺距,螺旋桨负荷特性曲线向右移动,从而可得到更大的加速推力。

如燃气轮机与调距桨配合工作时一样,柴油机与调距桨配合工作时也必须避免紧急停车过程中的超速和轴系失速。与燃气轮机相比,柴油机的工作包络线有更多的限制因素,因此在设计过程中要加倍小心,以保证使柴油机转速所在的区间能够获得最高扭矩,并且能满足螺旋桨的功率需求。如果扭矩仍不足,则必须进一步降低调距速率。

对于柴油机通过可倒转齿轮箱驱动定距桨的情况,同样要考虑扭矩与发动机转速等类似因素,但是由于螺距不可调,所以灵活性减小了。在应急停车过程中,可能的操作顺序是首先使发动机停车,然后由发动机提供制动扭矩,当航速下降到足够慢时,正车离合器脱开。然后发动机必须加速使其运行在能够提供高扭矩的区域,最后倒车离合器啮合。如果对离合器或发动机来说,系统扭矩太大,则倒车离合器的啮合过程必须延迟直至舰船以很低的航速运行。在这种布置中,选用一个轴制动器来缩减短低轴转速的时间,是一种有吸引力的方案。

为了确定设计方案,必须取得螺旋桨动态过程的扭矩与转速的变化关系。图8.13示出了根据模型数据所作出的特定设计的特性曲线。可将发动机和离

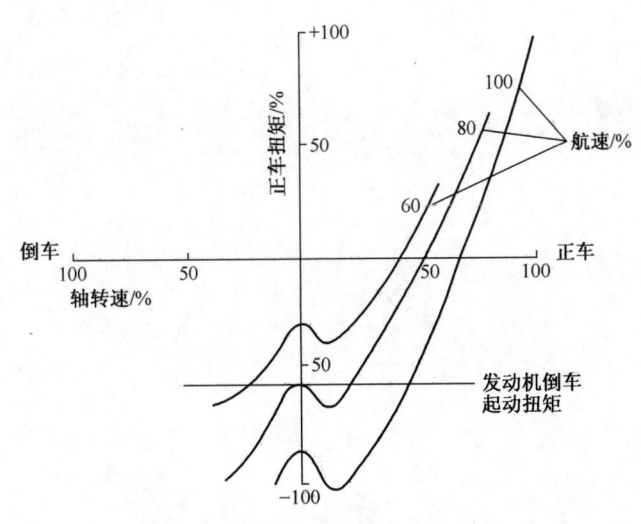

图8.13 倒车期间定距桨扭矩与转速的关系曲线

合器提供的扭矩叠加上去。在这种特定情况下,可考虑安装一台倒车发动机。发动机在倒车状态的起动扭矩也表示在图中。在发动机能使桨轴停转之前,航速一定要低于全航速的 80%。如果发动机的最低稳定转速为额定转速的 25%,在发动机按倒车方向起动之前,航速一定要低于全航速的 60%。

第9章 推进系统设计的约束条件

9.1 概　　述

因为推进系统具有多种多样的布置形式,所以舰船设计的主要性能要求通常都能够实现。但是约束条件限制了其选择的范围,有几种约束条件前面已经提到。本章专门讨论最普遍的约束条件(而不针对某种具体的推进系统)。这些约束条件为重量、空间、特征信号与冲击、工业基础、成本、变革的阻力、可用性、可靠性、可维性、易损性及人员配备。

9.2 重　　量

一般说来,选择最轻的设备终归是有利的(但要假设重量或重量的减少不至于对设备其他特性造成不良影响)。舰船总重量越轻,对给定的航速来说所需功率越少(假设与船型等设计要求一致),换一种说法即是成本降低。然而,正像任何一般规律一样,总会存在特定情况下的特殊要求。

在设计的最初阶段,各方面应留有较大的可改变的自由度。可以选择改变船体的形状和船型以获得足够的稳性而不必借助于压载或水补偿油舱。然而,在设计的初始阶段存在很多不确定因素,因为待安装设备的准确细节要随着设计过程的进展才能得到。为了确定设计方案,并使设计过程能够继续,可作出重量的估算,以便计算系统的垂向和纵向重心。如果预测是精确的,则系统的最终重量和重心与估算的结果一致。尽管在整个重量估算中有个别数据可能不准,但是全船的重量和重心仍然接近最初预测的结果。然而,情况也并非总是如此,舰船的重量可能比预测重量大或小,重心位置也可能会偏离预测点。重量的估算只有在舰船内各种设备确定的情况下才能作出准确预测,推进系统设计师在这一过程中起到了好的作用。在舰船全寿命周期内,最初从来没有计划安装的设备由于各种原因可能要安装。设备的重量和位置在设计完成之后可能会超出裕量的边界,导致舰船稳性不可接受。如果在舰船全寿命周期内要更换推进系统,而所更换的机械设备比原有设备重,若安装在舰船内较低的位置,则有助于恢复舰船稳性,对于这种情况,所引入的附加重量不会带来很大问题。

当计算推进系统的重量时,必须兼顾系统的各个方面,如进气、排气、降噪系统(这些系统也许要求加固船体结构或者增加某些附加设备)、红外抑制系统和保障系统等。要适当地考虑燃油的重量,但是,是否所有的推进用燃油都计算到推进系统的重量上取决于正在计算的是哪一类重量。推进用燃油的重量不仅与推进设备有关,而且与船型及其他因素有关,这些不是推进系统设计师所能控制的。在某些情况下,船型和水动力学因素在不同机械设备选择方案之间可能是不变的。因此,可方便地对推进系统总燃油消耗量进行合理比较。在另外一些情况下,推进系统可能是影响船型的主要因素,因此这种情况下的总燃油消耗量可能与比较的目的有关。但也有这种情形,船型和水动力学性能还受其他因素影响。这时推进系统的耗油总量应与船型因素平均分担。

不同方案的推进系统的重量差别很大(例如,"萨凡纳"油船的 18MW 核动力装置的重量是 3600t,而同样 18MW 的典型 CODOG 装置中机械设备重量则在 200t 以下),还有另外一些重量组成,包括机舱部位所需的船体结构的重量。

9.3 空　　间

机械设备所占的空间很难确定。若要考虑到推进装置的各个方面,如机械设备、保障设施、管道、维护和拆卸空间等,则所需空间可定义为总体积或者甲板面积(实际的或假想的)。假想甲板可安插在船舱内,若该船舱用作其他的用途,则允许其达到 1 个标准天花板高,标准天花板高度是适当的(图 9.1)。

无论是体积还是甲板面积也许都无法表达空间设计影响的全貌,这一问题值得进一步讨论。

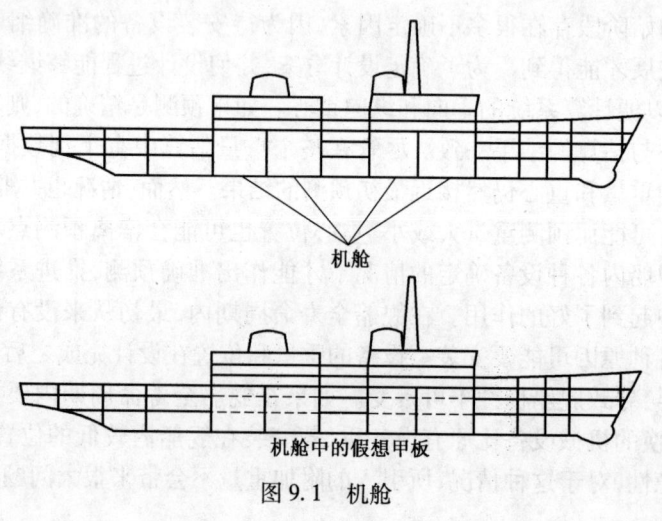

图 9.1　机舱

9.3.1 专用空间

如果要单独考虑推进系统所需空间会很困难,因为推进系统与辅助设备在机舱内紧密交叉结合在一起。如果进行严密的设计,推进系统与辅助设备所占的维护空间重合,从而减少了总的空间需求,所以认为全部空间是推进系统所占未免有些失当。然而,在设计的最初阶段,推进系统所占用的空间必须与其他设备的空间分开考虑,因为那些空间仅在设计阶段后期才选择。在这种情况下,推进系统维护空间应该计入到推进系统的空间需求之中。

机舱以外的空间也同样存在用途重叠的问题。通道可用于拆卸推进动力设备,但是通道的尺寸和布置并不能单独由这项要求来决定。

9.3.2 可用空间

一般说来,不同的舰船设计其空间的重要程度也不同。护卫舰和驱逐舰是空间要求严格的舰船。较高的最高航速以及稳性要求,会影响到机舱附近的梁和船体形状。这些因素不仅会影响到可安装什么设备(例如,42型舰设计时,采用调距桨而不用可倒转齿轮箱,很大程度上是因为空间的原因)和舰船的布置,而且会影响到舰船在那些区域的可用空间。有些空间只能由特定的设备占用,由于其所在的环境更具优先级(例如,底舱是油水汇积处)。

9.3.3 有效高度

有效高度是设备组件最高点与最低点之间的垂直高度。设备组件包括维护用外包装以及与该设备有关的必需附带的设备(如支座、机带泵等)。因此,有效高度与通常设备制造商为设备标明的高度不同,这一差别可能是由诸如支承的布置、轴倾斜和计划要在船上维护设备等这样一些因素造成的。如图9.2所示,齿轮箱刚性固定在浮筏上,燃气轮机是单独固定的。整个浮筏放置在橡胶底座上。图9.2(a)所示的高度 h 通常是燃气轮机制造商标明的高度,图9.2(b)所示为包括燃气轮机在内的特定机械装置的有效高度。鉴于各种原因,船舱内标准天花板高度比最高天花板高度要小。这样,如果机械设备的有效高度比标准天花板的高度大,即使是略高一点,通常的做法是将天花板升高到最高天花板高度。这样会造成机械设备上方有一块区域很难被有效利用(图9.3)。舰船之所以常常使用燃气轮机,是因为燃气轮机有相对低平的优点,做维护工作时通常模件上方的空间不要很大,其有效高度适中。这就使舰船设计师能充分利用机舱之上的甲板,并易于解决上述甲板的布置问题。

图 9.2 有效高度

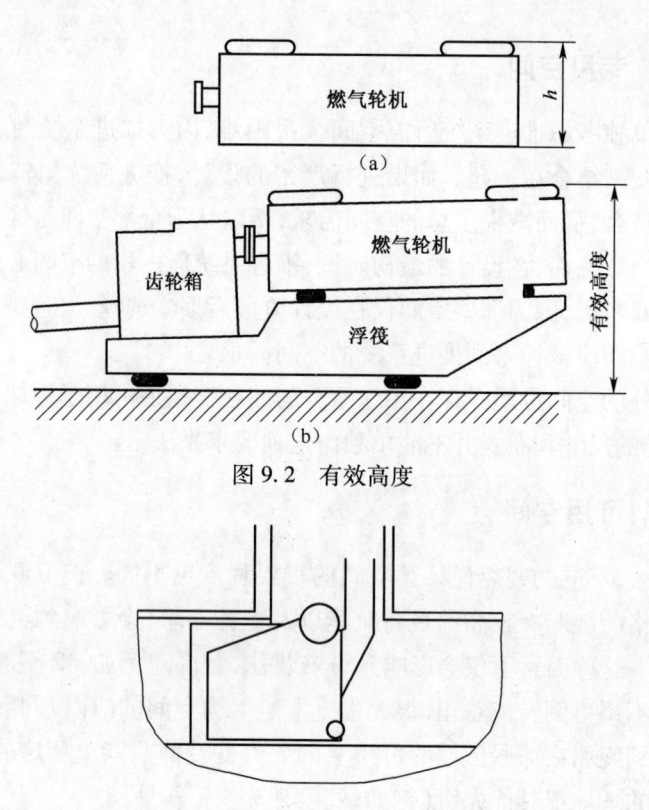

图 9.3 设备的高度即使超出甲板很小也会严重影响机舱的布置

9.3.4 船舱长度

由于对某些型号的原动机输出轴支撑的需要,所以将原动机与齿轮箱分舱布置是不可行的。当考虑舰船的破损稳性时,机舱不宜太大。会出现这种情况,推进系统一部分安装到另一个舱内,这可能要影响主机舱的长度。图 9.4 说明了上述观点,在这里,废热锅炉的拆卸空间限制了燃气轮机靠近舱壁设备。

9.3.5 位置

如前所述,舱室的位置很重要。通常机舱在舰船内的位置很低,而且置于船舯靠后的位置(图 9.5)。也许会有一些变化,但通常变化不大。如果某种推进系统很重,例如核动力装置,通常将其布置在船舯部,使设计师比较容易解决重量平衡问题。机械设备在舱室内的布置还要受到船宽和船型的约束,若将其置于舯部,则受到的约束最小。对依赖空气的原动机来说还需要进、排气口。在布置时进、排气管道要与上层甲板上的武器、直升机和吊车等其他要求一起考虑,若将其布置在船舯部是一种有吸引力的折中方案。

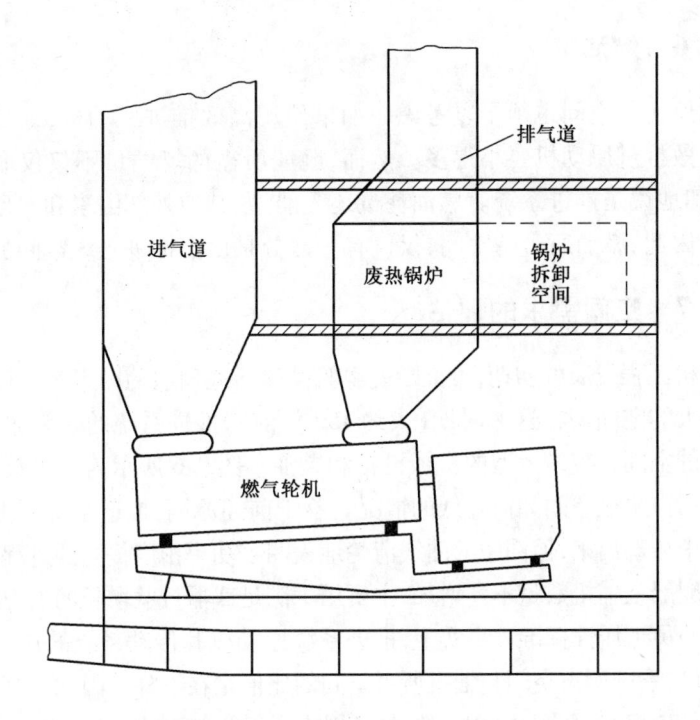

图 9.4 拆卸空间会影响甲板和舱壁的位置

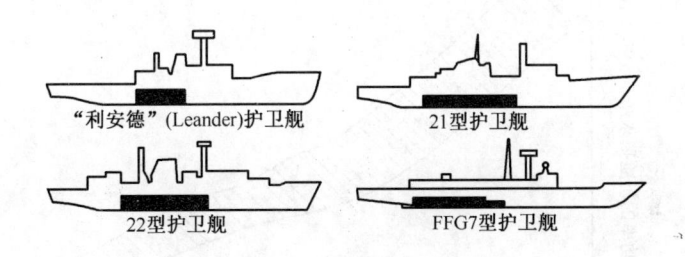

图 9.5 机舱的位置

商船机舱的位置比较靠后,因为其最宽船体的位置靠后,而且商船通常只使用单台原动机使其可以做到这一点。对舰船来说,若机舱的位置靠后,其轴斜度较大可能会带来一些问题,或者对机械系统本身,或者因为轴倾斜度过大会造成机械设备有效高度增加到难以接受的程度。

如果采用间接传动的方式,例如采用电力传动,则原动机的位置可有多种选择。是否利用这种改变位置的能力取决于船舶设备的其他要求,例如,可将原动机置于船内较高位置,这样将导致用于安置武器的宝贵空间减少,而仅仅剩下舰船的低层空间,无法有效利用。

9.3.6 燃油

燃油所占的空间也须予以考虑。如果使用高效推进原动机,则其燃油量要比使用低效推进原动机要小得多。然而,舰船所需的燃油量不仅仅取决于原动机,或确切地说是推进系统。燃油耗量还受船型、其他外部因素和船用电气负荷的影响。因此,燃油所占的空间,仅仅有一部分是由于推进系统空间的要求。

9.3.7 空间需求的评估

在轮机工程发展的初期,可推断说舰船设计不太理想的因素之一就是机械设备要占很大的空间。在这一时期(大约 150 年前),推进系统的效率非常低,而且需要很大的空间来容纳大型的机械设备和燃油。图 9.6 所示为过去数年来,单位推进功率所占机械空间如何降低的情况。鉴于前述原因,推进系统所占的实际空间无法从中分离出来,但图中的曲线清楚地表明了功率密度提高的进程。实际上,最近几年舰船上辅机数量不断增加,主要用于满足武器日益增长的电力需求,以及提高改善舰员适居性标准。事实上,推进系统原动机和传动系统的功率密度目前已很高,推进系统所占空间与辅机所占空间的比值正在下降。因此,如果能把推进系统单元分离出来,则图 9.6 中曲线的负斜率在近几年更陡。

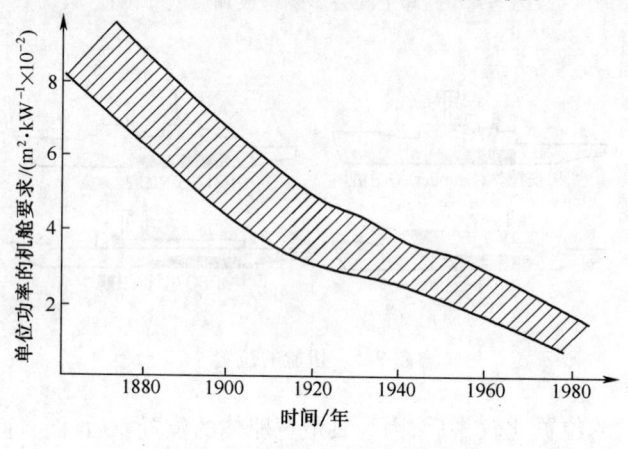

图 9.6 机舱空间的变化趋势

9.3.8 综合设计

从对各种推进系统方案所需空间的比较可见,确定其差别的唯一正确途径是对每种推进系统组件周围的船体线型进行优化设计。每艘舰船必须考虑各种设备的不同空间要求,确定如何满足拆除路径要求,综合考虑进、排气道与上甲板武器装备的相互关系。

9.4 特征信号与冲击

9.4.1 水下噪声

若将水听器置于海中,则会接收到广阔海域中由各种声源发出的各种各样的声音。这些声音可由舰船、海洋生物、绕过水听器的水流、气象原因等因素产生。这些因素在自然界是变化的。舰船相应幅值和形式的特征信号淹没在背景噪声之中,很难探测。

舰船的噪声特征信号会影响自身的传感器和护航船的传感器,同时也提供了被敌方传感器探测和分类的可能性。在舰船设计的早期,噪声指标是根据很多相关准则设定的,并对武器和传感器的能力,以及敌友双方的作战策略作出某些假设。

噪声总能量级及其特征都是很重要的,舰上不同的噪声源发出的噪声波型是不同的。通过对一艘舰船典型的特征信号进行窄带分析可见,有些噪声相对很"白"(即其总频谱相对平均值的偏差很小),而其他一些噪声则有明显的尖峰(图 9.7)。噪声也可在较宽的频率范围内观测(宽带)。这些形式的噪声可由传感器得出有用的信息,也可对舰船自身的传感器产生干扰。因此,必须使宽带和窄带噪声特征信号限于可接受的水平上。

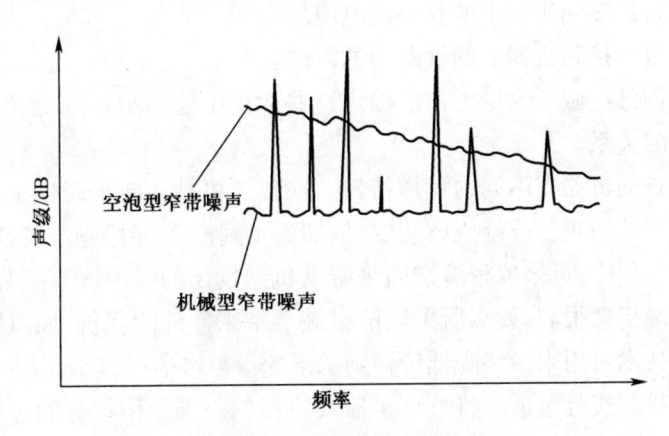

图 9.7 噪声特征信号

当航速比较低时,舰船的噪声特征信号主要取决于机械噪声。当航速较高时,水动力噪声和螺旋桨噪声占主导地位,不过,机械噪声峰值也会出现在该特征信号内。通常,一旦螺旋桨出现空泡,全船噪声就快速提高,因此,在高速航行时应尽可能延缓空泡出现。这些特性限制了螺旋桨设计师在对效率、桨叶负荷、转速等因素进行权衡时的选择范围。

降噪的成本很高,涉及资金、尺寸、重量、复杂性等问题。在设计的最初阶段,必须对设备的噪声特征信号进行评价,并将全船总特征信号与噪声控制指标进行比较。对于噪声指标超出的区域必须进行调研,以确定系统中的哪些系统应对噪声谱上特定部分的噪声级负责。如果确定了相应的系统,就要采取适当的降噪措施。除非在设计阶段对噪声特性作出准确评估,否则因采取很多降噪措施而提高船舶不必要的成本,或者在运行时会发现噪声水平超标,那时要满意地解决这些问题,不仅很难,而且成本很高,甚至是不可能的。

噪声传播过程中,噪声的高频分量比低频分量衰减得更快,所以低频噪声会传播得更远。通常降低高频噪声比降低低频噪声容易得多,所以应当优先将低频噪声源降至最低限度。

机械设备所辐射出来的声能只是机械输出能量的很小一部分。尽管舰船特征信号只有数十瓦,但也可使敌方的传感器在相当远的距离上接收到有用信息。机械设备制造的微小误差(但仍在容许范围内)及在舰船上安装带来的轻微偏差,都足以使标称完全相同的舰船能产生可测量的不同的噪声特征信号。机械设备以声能的形式向海中发出的能量将通过下列途径之一传播出去:

（1）通过空气传播。

（2）通过船体结构上的基座。

（3）通过连接到机器上的管路或电缆。

（4）通过连接到机器上的管路中的流体。

尽管人们已经做了大量工作以确定这些途径中哪一个最重要,但仍没有找到普遍适用的关系。

不同型式的机器有不同的噪声特性。往复式机械倾向于产生很强的、数倍于其工作频率的谐频。连续流体装置,例如透平则产生"白"噪声特征信号。在设计和制造过程中,可采取很多措施来降低机器发出的噪声,但在很多情况下,要么噪声量级仍然很高,要么所采取的措施会带来额外的代价,如风险、成本提高等。以下技术可用来最终降低传输到水下的噪声水平:

（1）对机器实行包覆。将整台机器或机器的一部分用特殊的包覆层盖住。这种包覆层使操作人员不易直接观察到机器密封处是否出现故障情况(如泄漏)等,如果包覆层容易撤去并且不易损坏,这就是一种可接受的方法。

（2）采用弹性支撑装置。机器可放置在弹性支系统上。但是支承系统的弹性不能太弱,否则由于舰船的运动或者机器本身运动都会使机体过度移动。较硬的支承仅对高频噪声有效,支承系统可分成两部分。由一中间质量分开

（图9.8）。设计时在两层之间要尽量减小能量传播,这种双层隔振系统能降低噪声量级和扩大降噪的频率范围,比单层系统降噪效果好得多。为了有效地隔离噪声,需要一个很重的中间质量(典型的占机器质量的50%~100%)。然而,当中间质量较大时,必须注意使中间质量有足够的刚度,并且支承的安装要防止其质量发生影响降噪效果的弯曲。

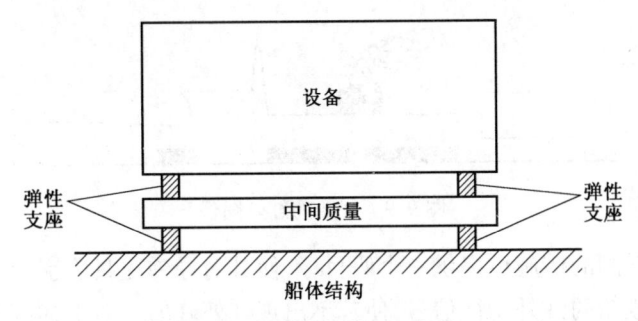

图9.8 双层支座隔振系统

（3）隔声罩。机器可设置在隔声罩内,通常隔声罩要足够大以便于进行经常性维护操作工作,不过,较大型维修项目(但不经常有)要将隔声罩部分拆去。这种隔声罩还可为机器提供其通风和消防系统。隔声罩要占用空间,因为它们要扩大机器的有效高度(如果除了构件厚度外,没有其他原因),隔声罩与其相邻机器维修空间重叠的范围减小。

（4）弹性接头。电缆、接管和管系上需要安装专用弹性接头,以保证机器可在其弹性支座上移动,并且抑制噪声沿接头传播。

（5）流体设备可装备消声系统,以防止机器发出的噪声向外传播。

（6）设备的位置。把机器放置得远离水线,这将意味着能量到达水下的传播路径更长、更曲折。

（7）如果噪声已传递到海水与船体的界面区域,仍然采取一些降噪措施,例如,在船体周围引入一层气幕,或者在船体上包覆一种降噪阻尼材料等。这些方法提供了一种将船体与海水相隔离的阻抗失配方法。

9.4.2 红外辐射

红外辐射是由热物体发出的,实际上沿直线传播。环境吸收了红外波长范围内大部分频率的辐射,红外传感器能探测到红外辐射的波长范围仅为 $3\sim5\mu m$ 和 $8\sim14\mu m$。

在探测一艘未采取特殊红外抑制措施的舰船时,通过接近海平面的红外传感器在离此船一定距离所看到的船型映像如图9.9所示。这时,高于周围温度很多的船舱呈黑色(负片同样看得很清楚)。主机舱位于船舯,而辅机舱位于前面。从图上也可看到烟囱和排出的烟气。若从高处看,排气热阱可看得更清楚,因为它比前面提到的各部分温度高得多。导弹的红外传感器在一般背景中寻找红外辐射的峰值点,因此导弹上红外感受的灵敏度设置很重要。如果灵敏度设置太高,感受太多的低温特征就会出现黑影,从而遮盖了高温热源。

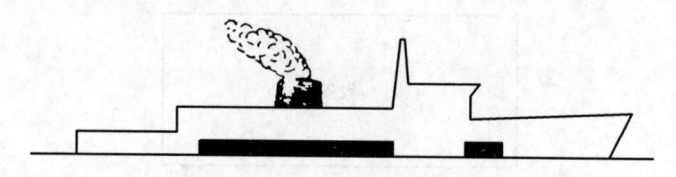

图9.9 舰船的红外图像

抗红外探测的措施可提供一个假目标,使其对导弹更具吸引力的红外热源,或者是抑制舰船的红外特征信号,使其不出现红外峰值。对上述两种措施来说,从长远来看后者更为可取,因为未来导弹可能用多种传感器,假目标很难起到作用。

1. 抑制红外特征信号

机舱可冷却,船体舷侧也可冷却或者绝缘,从而减少机舱的红外特征信号。排气中的红外特征信号可用下列三种方法解决:

(1) 排气管道和烟囱的金属温度可在排气道和烟囱外壳之间引入空气来降低。减小排气道顶部金属的温度日益显得重要(排气道的这部分从海平面上很大范围内都可看到),经过管道壁面的冷却空气掺入排气烟羽中,提高了金属的冷却效果。烟囱自身可装一层绝缘层来降低外部温度。

(2) 冷却空气掺入废气流中,减少了烟气的排气温度。如果要求温度降低较多,则需要掺入大量的冷却空气。除了要掺入大量的冷却空气(其数量甚至比燃气流的数量还多)之外,还必须有使两股气流掺混的有效方法。

(3) 由于红外是沿直线传播的,因此,屏蔽应按接近红外探测器探测路径来遮盖红外源。这样可延迟红外源被确认的时间,或者迫使红外探测器按这样的角度接近,从这个方向上舰船能使红外探测器无效(图9.10)。

2. 不同动力装置备选方案

一般来说,燃气轮机的排气温度比其他推进原动机要高,同时燃气轮机的烟气流量也大,所以在各种原动机中,燃气轮机的红外抑制问题也最大。如上述(1)、(2)条解决办法所述,通常采用空气冷却,但必须注意温度不能降得太低以防止腐蚀性酸的形成,且背压不能太高以使对燃气轮机特性的不利影响达到不可接受的程度。

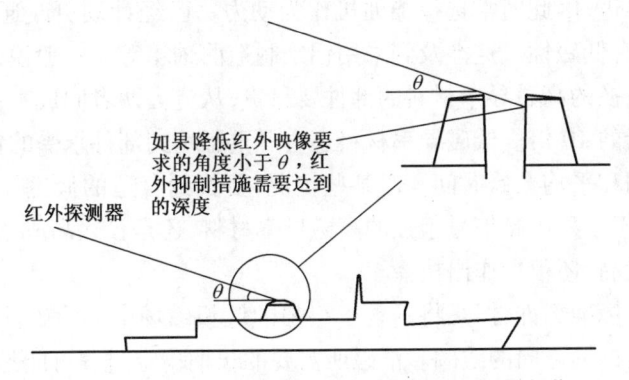

图 9.10 选择红外抑制措施来限制红外探测器的作用

推进系统的废气成为红外辐射源是不可避免的,但是通过减少红外辐射源的水平,限制主要红外源的映像,就会使导弹找准目标的几率变小。

9.4.3 磁特征信号

水雷可通过多种方式被激爆,其中一种方式是舰船的磁特征信号。磁特征信号随距离的增长衰减得很快,所以,磁特征信号源要么离水雷很近,要么其辐射强度很大,才能处于水雷的有效作用范围。

除非是扫雷舰船,否则舰船不会故意进入水雷区。若采用一种减少磁特征信号的系统,使磁特征信号减到适当的程度,即使舰船进入到水雷区,其引爆水雷的机会也很小。反水雷船不仅要进入水雷区,而且要使它尽可能地接近水雷,从而确认和排除水雷。因此,反水雷舰船更要使其磁特征信号降低到最小限度。

磁特征信号由以下三部分组成:(1) 铁磁性,永久磁体或感应磁体的磁性可能出现在各部件的高磁导率的材料中;(2) 磁涡流,在航行期间,在舰船内导体材料中会出现磁涡流;(3) 杂散漏电磁场。由电动机等设备产生的独立磁场。

1. 对抗指施

以下四种措施可用来抑制铁磁辐射:

(1) 用磁导率低的材料制造零部件,从而可防止永久磁性和感应磁性。在舰船设计的很多方面已经从根本上成功地引用了玻璃钢材料。然而,对于机械部分,这种材料是不适用的。实际上,对于一些小型舰船其机械部分所使用的材料在不限制磁特征信号时,可用高磁导率的材料来制造。

反水雷舰船需要低压磁特征信号,导致其尺寸都很小。反水雷舰船工作时,以低速航行来改善探雷效果并减小压力特征信号。这些因素使反水雷舰船仅需

151

中等功率来推进,因此通常选择柴油机作为动力。已经计划更改通常生产的柴油机,使其具有低磁性。这涉及到采用铝来制造曲轴箱等。一般说来,低磁导率部件比其所替换的高磁导率材料的部件要昂贵,从过去两者间成本比较来看,前者大约是后者的 10 倍。低磁导率材料还会严重影响到部件承受的负荷,减少了平均故障时间和平均大修时间。对某些情况,要找到合适的低磁导率替换材料很难,所以对于是采用磁信号很强的高磁导率材料,还是投入高成本及冒高风险寻找新的替代品,还很难作出抉择。

(2) 采用标准部件,但是将其置于很强的低频磁场中去除磁性。使部件通过一个沿三坐标轴方向的线圈。消磁所需要的长期稳定过程可能是该方法的一个限制因素。这种方法就其本身来说并不能抵抗感应磁性,但感应磁性问题可通过引入补偿线圈单独处理。消磁比采用低磁导率材料成本要低得多,而且它不会影响到标准高磁导率材料的其他品质(如耐磨特性和可靠性等)。

(3) 安装补偿线圈可使设备的磁场降低到指定水平。这些线圈会增加成本,同时增加了机械维护的复杂性。

(4) 偶极化(采用与设备磁极相反的磁棒)也会达到同样的效果。这种措施有以下几种限制因素:

① 冲击和振动会导致偶极移动。

② 时间及温度会影响原始部件的磁辐射。使用强磁性、高矫顽磁性的材料(即材料稳定、不易受外界条件影响)可使上述风险处于可接受的范围。

③ 地理位置的变化要求补偿偶极的磁特征信号也随之变化。假如事先知道航行区域,则补偿系统可设计成在所处的任何地理区域都可提供足够的调整。

可通过避免出现大面积连续的导磁体区域及管路的连续回路使磁涡流达到可接受的水平。推进系统有很多中性的断点,这些部分可用来阻断涡流。

补偿线圈可抵消杂散磁场,不过这会涉及到提高成本,并使维护工作很难进行,因为接近机器受限制。在大型发电机设计时应注意杂散磁场问题,以免使补偿系统太大。对于电力传动推进系统,也应注意杂散磁场。

2. 全船消磁系统

通常安装一个全船消磁系统,一个船舱或一组船舱都装有补偿线圈,当其工作时,可用来减小和平缓全船磁特征信号。

9.4.4 冲击

舰船会成为攻击的目标,因此,在其遭受各种各样最强烈攻击时有必要采取措施保持正常工作能力。为做到这一点,可采取一些措施来抵抗一定程度的冲击。

为保护设备免遭冲击力的破坏,下列两种方案可供选择:

(1) 设计强度足够的设备,使其能够抵抗特定的冲击载荷。

(2) 设计一套抗冲击支承系统来保护设备。

在某些情况下,方案(1)成本昂贵,且研制风险较高。结合(1)和(2)两种方案可得到较好的综合效果。将设备装在离水线较远的部位可减少设备经受的冲击载荷,如果难以采取抗冲击措施,以及设计时舰船的设备的位置可灵活移动,则可采取这种措施。

图9.11所示为一种抗冲击支承系统。理想情况下,为完全防止冲击,一台设备当其周围的船体结构移动时能在空间内保持静止。这样,设备就不会经受到任何加速度和作用力。但这种理想情况在实际中是不存在的。由于不对中,或管系的可允许移动等限制,支承系统设计时受到约束。支承可设计成当设备受到冲击作用时,作用在其上的力是逐渐增加的,当达到最大许用位移时许用作用力也达到最大。在冲击循环的最初阶段,支承被压缩,这一过程吸收了一部分能量。然而,橡胶支承的特性可能是这样的,其变形越大时刚性也越大,刚性增加的速率可能不足以使设备在达到最大允许位移时所受的作用力达到最大。对于这种情况,可与正常支承系统平行安装抗压支承,或者弹性缓冲支承。这种设计可修正位移与刚度之间的关系,从而在发生较大位移时刚度快速增加。因为抗压支承和弹性缓冲支承的刚性比正常支承要大,它们在设备正常运行期间不必与设备接触。抗冲击支承与设备之间的间隙要反映出通常橡胶支承经受的屈服和退化,这两种因素将在一段时间后使间隙趋于减小。

图9.11所示有加速元件和减速元件,因为两种情况下的位移和力都必须受到控制。图中还示出了在某些情况下必须垂向安装的止动块和支承。

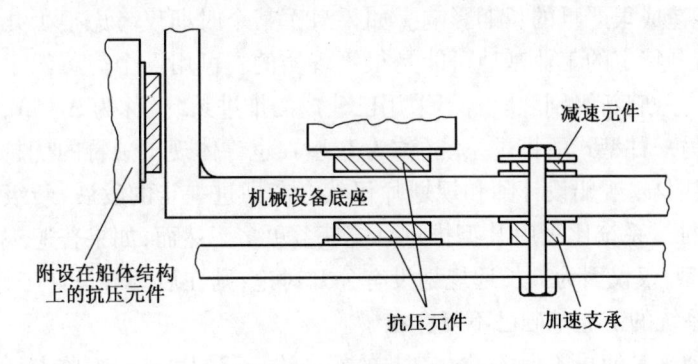

图 9.11 支承系统组件

为降低噪声而设计的支承也有助于防止冲击,因此设备支承系统的设计旨在将噪声、冲击、环境产生的运动及自然频率等等的各种要求综合到一个尽可能简单的支承系统之中。

9.5 工业基础

本节讨论以英国海军为例展开。

对任何已建立好的设计、生产和硬件的支撑保障体系,有两个问题要解决:一是续约以保证目前设备的正常使用;二是需要做长期规划以安排在适当的时间进行更换。对于某些设备,这两个方面是可完全分开的,但是对舰船推进系统来说,要将其完全分开是不可能的。推进系统的很多部件是舰船总体设计中的一部分,因此,在某级舰船服役期内不能将它们单独拿出来改为其他部件。如果上述各部件的工业基础很薄弱,或者,在该级舰船服役期内终止合作,这会给操作维护人员带来严重问题。

由于种种原因(其中一些原因已经讨论过),海军经常会要求指定一些专用设备,这些设备在民用或一般船用市场上的销售量很小。除非制造商已建立了广泛的商业基础(开发民用或出口市场),否则,制造商只能在要求的质量和要生产的数量上依赖海军的需求。对于现代设备,总是希望能有一些民用或者开发外国军用市场,很多潜在用户都很重视英国海军是否使用,或打算使用,对任何指定设备都是如此。广泛而分散的工业基础有着这样的优越性,在紧急情况下,舰船都有充足的备件,且可很快得到新部件。

如果英国海军的要求有改变,意味着可能改变未来级别舰船上安装的推进系统的型式,对工业基础的影响必须加以考虑。在特定时期内,某些设计和加工基地的持久性可能靠不住,在这样一个关键时期,如果海军似乎想避开其工业基地,则可能造成很严重的长期影响。如果海军某个时期仅考虑很少几艘新级别舰船,若避开特定的工业基地可能是很不现实的。可用一个简单例子很好地说明这一点。一艘新级别舰船若不采用已建成的推进系统(称为 A 型),而采用完全不同的另一种型式的推进系统(称为 B 型),也许体现出独特的优越性。从长远来看,很明显,舰船设计师和规划师仍然会考虑进一步的发展,新级别舰船若采用 A 型推进系统比采用 B 型推进系统获益更多。然而,如果普遍观察到海军已放弃 A 型,仅仅因为其长远规划没有公开讨论,则在后续舰设计工作开始前,A 型推进系统的工业基础已不复存在了。

竞争似乎是使投资发挥最大效益的好办法。我们可能会面临着燃气轮机制造商 X、燃气轮机制造商 Y 与柴油机制造商 Z 等的竞争,但是市场份额不足以使他们都来参与,决定任选一家制造商的产品,如制造商 X,可能会使其他制造商终止交易。这可被视为激烈的商业竞争现实,但是如果海军其余部分仍然运用制造商 Y 和 Z 的产品,则现有舰船的保障服务会变得很难(或许这些舰船的服役期还有 30 年)。竞争对于特定设计方案可能有较好的初期成本效益,也许还有长期效益,但是对于海军已经使用多年的其余部分舰船,也许会导致显著的负面效应,因为在较长一段时间内,现有舰船数量将大大超过新型舰船数量。

英国有四种主要型式的推进系统设计和制造能力。但是每个方面都面临国外竞争。外国竞争者或许为找寻新市场,或许试图排除竞争,向英国舰船设计师提供很有吸引力的一揽子服务。对这种一揽子服务必须非常谨慎,不仅仅是出于上述有关现有级别舰船的服务保障的原因;问题在于在舰船服役期内,英国是否会仍与提供技术的国家保持友好关系。正如福克兰群岛冲突所表明的那样,曾经认为很友好的国家很快就变成了敌人。阿根廷人发现,若没有欧洲提供战争物资,则其作战有效性就会受到严重削弱。即使提供物资的国家与英国的关系不会因战争状态而恶化,它将需要改变政治关系,因为获取备件或设计资料会很困难,从而导致战争受挫或受到限制。在仅仅是推进领域(如燃油蒸汽动力装置)有较强工业基础的国家,推进系统设计方案会选择燃油蒸汽动力,即使这不是最吸引人的技术方案,但是它可避免外国供应商因政治关系恶化而造成的困难。

英国海军因尽可能多地使用民用产品而带来好处,需要对制造商扩大其产品的范围使其商业上更具吸引力的希望作出响应。如果这种改变带来的其特征或性能的变化不会引起严重的缺陷,则并不代表海军要采取其他的设计方案。如果缺陷很严重,则要作出是否需要海军独立研制(以及与之有关的复杂联系)的抉择或者选择替代物,但仍然是民用产品。

9.6 成　　本

对舰船设计师有很多限制因素,包括外部权威和科学规律,但是近年来经常出现的问题是成本限制。成本有多个方面,所以当一项设计受到成本限制时,通常很难说清楚其全部实质是什么。由于这个问题较复杂,在舰船设计上有很多相互作用因素,因此在第 10 章中单独讨论。

9.7 变革的阻力

提出一种新的推进系统时,这种新系统必须在克服由换装新设备所带来的负面影响方面具有明显优势。

我们很熟悉当前使用的设备,知道其优缺点,对其性能、寿命、磨损率等已得到大量的数据。而对于新设备也许没有在海洋环境下有关其性能方面的确切数据。在其他应用场合所得的数据可能有用,但不确切。缺乏海洋环境下的使用经验会导致对新设备过于乐观。因为对当前使用设备有大量数据(显然会使其受到限制),所以当前设备更具现实性。如果情况如上所述,则新设备未必会达到其预期的性能。若这种预期的性能级别是最基本的,则需要进一步努力来研究和修改其缺陷,这种修改也许成本很昂贵。

采用试验船可使新的推进系统在其最终要使用的环境中进行试验和检验。然而,这种试验平台成本很高,所以很少采用。

伴随新设备的引入而带来的风险可通过对设备进行陆上试验来降低,并尽可能在接近舰船工作环境下进行。这样可要求按照在原动机试验中适用舰船的负荷型式、正在使用的标准海军燃油和滑油(如果计划海上使用)及适当的海水冷却器。就使用空气的设备而言,使用盐水喷雾来模拟进气道周围的海上盐雾。在陆上模拟舰船运动和振动很困难,因此,只有在极端的情况下才做试验。这种试验设备还可检验维护工作,以保证能够在与船上相同的空间内同样可完成维护工作。还可进行操作人员训练。陆上试验越复杂,其设计和运行费用也越大,所花时间也越长。对于不很重要或风险性不大的设备可只做一般性试验。

正如前面所说,新设备的引用可能会动摇工业基础。除了已提到的效应外,一个制造商或一家工厂的出现若以牺牲另一个为代价,可能会有很重要的政治影响,其结果很难预料。

根据所要做更改的性质,可能影响到船坞设备、大修线、备件储备、燃料供应设备后勤保障船和其他基础设施。改变基础设施可能涉及到大量资金投入和较长的时间,它们才能投入使用。

鉴于这些原因,通常不愿意变更推进系统型式。在过去的160年里,已经有过几次变更,详情见文献[15]。早期变更推进系统的推动力是提高效率、减小重量和减少空间。通过成功改进设计很快提高了效率,效率的提高及其他一些变化减小了推进系统对重量和空间的需求。推进系统变更的重要里程碑如下:

19世纪20年代:引入工作压力为10^5Pa的往复式蒸汽机系统。采用明轮推进。

19世纪50年代:螺旋桨替代明轮。

1850—1880年:主要是由于锅炉设计的改进,使得7×10^5Pa蒸汽压力很常见。对这种高压采用两级往复式蒸汽机。

1880—1990年:到1900年,由于蒸汽压力持续升高到21×10^5Pa,三级膨胀的蒸汽机很常见。

1906年:英国海军第一艘蒸汽轮机驱动的战舰,"无畏"号战舰下水。

1906—1916年:采用单级减速齿轮箱。燃煤系统大部分由燃油系统取代。

1920—1940年:蒸汽装置在英国取得有限进步,而在美国持续发展。

20世纪40年代后期:共同努力追赶美国。采用双级减速齿轮箱。英国的蒸汽装置快速发展。

20世纪50年代:燃气轮机作为燃蒸联合动力装置的部分用于主要战舰。

1967年:英国决定在所有各级新型主战舰上采用燃气轮机。

20世纪70年代中期:21型舰和42型舰成为西方第一批全燃气轮机战舰。

9.8 可用性、可靠性及可维性

可用性(A)和可靠性(R)是舰船设计的重要特性。按理想情况,可用性和可靠性都应该是100%,但是实际上不可能达到。即使能达到100%的理想情况,也会对设计的其余部分产生严重影响,因为这样会导致昂贵的新设备和/或冗余系统,从而使成本、重量和空间增加。然而,较高的可用性和可靠性会对高资本投入得到最大回报,并且会减少对岸上保障系统的要求。在期望达到的可用性和可靠性指标与全寿命周期成本之间可作出权衡。

可维性(M)与可用性和可靠性有关,因为这三个因素相互依赖。高维修负荷会影响到舰员的人员编制,因此会对设计的其他方面产生影响,特别是会影响到可用性,因此减小维修工作量是经常的需求。必须对设备进行维修活动的频率作出判断。如果维修间隔延长,则机械的状况值得注意,通常其工况会恶化,在战舰突然要求航行到远距离的争议现场时就可能会出问题。因此可能会出现过度反应,致使维修间隔时间设置得过短。这样会出现以下缺点:

(1) 维修之后,可能存在一个运行初期,这时故障率比已完全安装就位的所有部件要高(图9.12)。这个故障率高的时期随着维修间隔的缩短而增加。

(2) 如(1)中所述原因,由于维修间隔缩短,不可避免要有更多的备件,从而使备件的成本增加。

(3) 承担维修工作的人力需求增加。

(4) 维修期间,系统无法工作。

在舰船推进系统设计时,需要考虑可用性和可靠性的很多基本问题。可靠性定义为在海上不可修复故障时设备能正常工作的可能性。可用性定义为在考虑海上可修复故障时设备可使用的时间。还可能有其他的定义,对不同的特定应用场合选择不同的定义。然而,为方便起见,在下面的讨论中将会用到上述两个定义。

9.8.1 可靠性

考虑上面关于可靠性的定义时,设计师面对的第一个问题是,什么是"海上不可修复"故障?极端故障明显是海上不能修复的,但是假如能满足下列要求,某些故障是能在海上修复的:

(1) 能得到适当的备件。
(2) 能得到必需的工具。
(3) 舰船上有能承担修复工作的专家或者专家能容易来到船上。
(4) 在某些情况下,舰船需要停泊在平静的水域,或采取措施将舰船的运动降到最低程度。

在紧急情况下,平常认为海上不可修复的故障也要在海上进行。在设计阶段,必须确定在正常情况下什么故障是海上可修复的故障,尽管设计方案应采取措施以保证某些在海上不可修复的故障紧急状况下可在海上修复。

9.8.2 故障率

1. 磨合期

图 9.12 为一典型设备的故障率随时间变化的规律。磨合期的早期故障主要是由制造、安装或维修期间不适当质量保证等问题引起的。通过制订适当的质量保证程序,确保有效的质量控制,可将早期故障数量降至最小限度,磨合期也可缩短。

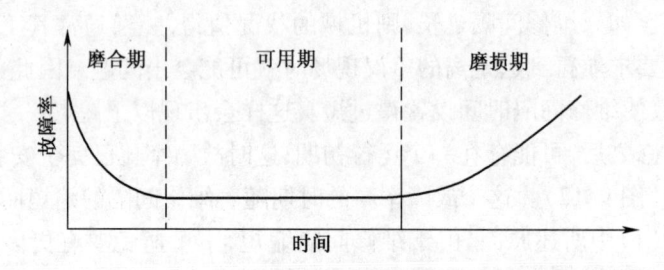

图 9.12 典型的故障率随时间变化的关系

2. 可用期

在可用期内,工作设备的故障率是不变的。这意味着在一定时期内故障是随机分布的。这些故障可能是由一系列原因引发的。加工中的误差、容差、环境条件、负荷或工作循环都会在随机故障阶段影响到故障的发生。总体目标是尽可能地延长可用期,并保证故障率尽可能地低。实现上述目标的措施通常会与其他设计特征相矛盾。可用期可通过以下方法来延长：

(1) 对设备的某些特性(如强度)设计时留有较大的裕度,这个措施会导致重量、空间和成本的增加。

(2) 更严格地控制加工精度。

(3) 以更严格的限制条件来控制运行模式和环境条件。

当考虑到上述所有因素时,并最大限度地利用这些因素时,推进系统的可靠性仍然远远低于想想情况。在这个阶段,可靠性可能开始有效影响推进系统的设计。对串联连接的若干设备要求所有设备为系统的运行而工作。对并联连接的若干设备仅要求一台设备为系统运行而工作,但输出功率会降低。在可靠性很差的部位(区域),推进系统要按并联路线设计以改善整个系统的可靠性(图9.13)。如图9.13(a)所示,若 R_2 较低,只要 R_3 不比 R_1 低得多,则将系统布置成如图9.13(b)所示的形式,那么整个系统的可靠性可得到改善。

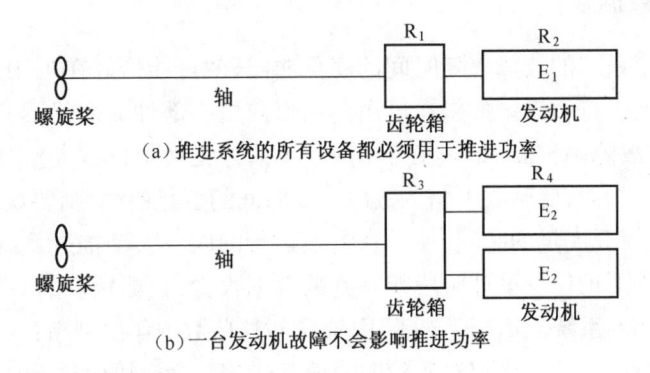

图 9.13 推进系统的冗余布置,图中 R 为可靠性

对图9.13所示的情况,图9.13(b)中的两台发动机 E_2 既可与图9.13(a)中的发动机 E_1 相同,又可是仅为其1/2功率。对前者情况有两种方案可供选择：

(1) 改进全部传动系统,以致装机功率可用来改善舰船性能。

(2) 传动系统限于图9.13(a)所示可使用的功率,有效地安装一台发动机以提供冗余。

当 $E_1 = 2E_2$ 时,图9.13(a)和(b)的推进功率相同。即使图9.13(b)中一台发动机发生故障,推进系统仍能将最大功率的1/2传到水中。这样会减小舰船能达到的最大航速,因为舰船在高速情况下,功率与航速的关系曲线很陡峭,最大功率的一半可能允许达到最大航速的80%。若 $E_1 = E_2$,则入水功率是相同的,因为传动系统的作用,图9.13(b)中一台发动机发生故障并不会降低最大航速,因为工作发动机 E_2 可提供所需的全部功率。

上述概念延伸为,图9.13(b)中全部两台发动机的功率不必相等,因为可靠性要求并不需要那样,而仅要求不同发动机的可靠性满足推进系统总体可靠性的要求。若图9.13(b)中选择不同规格的发动机,其他的性能可能会更好地匹配。在发动机发生故障时舰船性能取决于这台发动机可能的工作状态以及哪台发动机已有故障。多数情况下,图9.13(b)的布置所占用的空间更大,重量更大,维护工作量更大,成本更高。

3. 磨损期

经历过可用期的设备将会达到其故障率急剧增加的时期。故障可能由磨损、腐蚀或疲劳引起,这些因素都与时间有关。如果在磨合期和可用期的故障率很高,则这些设备不会坚持到磨损期。

9.8.3 数据

如果确立了系统的故障率随时间的变化曲线,就可能恰好在可用期结束前计划更换部件或进行大修。如果在可用期结束前更换部件或大修,则会过早回到磨合期,因此故障率较高,如果在可用期结束后才更换部件或大修,则磨损期的故障率较高。然而,要确立可信的故障率随时间的变化曲线,则要获得大量的相关数据,这就需要大量的时间,使用在海上运行的同一大型推进系统,以及在海上同样的条件下工作。设计阶段能得到的数据很少,数据较多的系统是那些在海上工作多年的系统。由于下列原因,必须对这些数据作出判断:

(1)海上所有系统都是相对比较旧的设备,鉴于一系列原因,新的改型系统在设计上和已经使用的设备大不相同。

(2)现役舰船上所得到的数据,或是名义上相同的舰船所得到的数据,可能包括相同设计方案的许多变量。在舰船使用期内,可能会引入新设备,并借助于其他设备的经验做一些改进,这样会使所收集到的某些数据相关程度较小。

因此,对于新设计,要按未试验过的系统来作出有关故障率的准确评价可能会产生问题。推进设备的陆上试验可能有助于产生数据,但这种试验并不是在真实的海洋环境下进行的,陆上试验仅能对很小的样机得出结果。

一艘新级别的舰船下水,所用的推进系统是基于当时所得到的最好数据来评价其可靠性的。根据运行经验,可靠性指标可能达到,也可能达不到。在海上发生故障时,要对故障进行调查,以找出原因和可能的排除方法,防止事故再次发生。在后续的推进系统中是否采取正确的措施取决于以下因素:

(1)故障是不是重大事故。

(2)故障是不是不可能再发生的孤立事件。

(3) 修改设备的意义是避免重蹈覆辙。

正如能预计的那样,人们自然期望修改设备以防止故障重演,但是决不能总是认为这样做有理由,对于孤立的故障,设计的修改可能严重影响到设计的其他方面。所做的修改可能引入新颖性,新事物本身可能会产生新的故障。

设备的可靠性取决于设备运行的时间。对舰船来说,巡航发动机的使用时间比加速发动机的使用时间要长,因此对于给定使命时间长度,应该使巡航系统比加速系统的可靠性更好。

设备的用途还会影响机械设备的构成。对执行使命时间短的舰船可设计成较少的原动机,从而使整个系统保持相同的可靠性。

如果鉴于各种原因,选择的一种推进机械系统可靠性较差,这时要考虑采用有返航能力的系统。这种系统的推进功率适中,但能使舰船低速返航。返航系统可使用伸缩式推进器(美国海军 FFG 7 舰上,使用可转动 360°的舰首推进器,用于当其单轴主推进系统发生故障时返航),或者将返航系统连接到推进系统的高可靠性部分(如螺旋桨轴),这样利用主推进系统的螺旋桨轴和螺旋桨返航。

9.8.4 可用性

像可靠性的定义一样,很难给出可用性定义的确实含义。可用性可以写为

$$A = \frac{\text{MTBF(RS)}}{\text{MTBF(RS)} + \text{MTTR}}$$

式中:MTBF(RS)为平均故障间隔时间(海上修理);MTTR 为平均修复时间。

对于可靠性来说,要确定正常情况下什么故障在海上可修复,对平均修复时间也要给出较明确的定义。如果事故发生时有强有力的维修小组人员,且立即可得到恰当的备件供应,平均修复时间会是一个指标数。然而如果维修人员对特定的设备不熟悉,有其他更重要的工作要做,或者不易得到备件,则平均修复时间要比第一个指标数大。实际上,第一个指标数能以分来计量,而第二个指标数以天或星期(备件发送时间可能很长,其他任务会延误修理工作的开始,导致修理周期过长)来计量。

在成本很高的全面维修时期,也有类似可靠性的争论问题。停机时间是可用性的重要因素之一,由于维修人员不足或者没有充足的备件,造成维护停机时间较长,会严重影响可用性的指标数。对此,在特定情况下要进行权衡,当发生海上可修理的故障时,可能会引起二次故障,修理所需要的总时间会比维护所用的停机时间更长。这样,一旦磨损期的故障率上升,可用性会急剧下降。只要能得到故障率随时间变化关系的准确数据,就能选择部件或系统的寿命点,以得到

最大可用性。像可靠性评估数据一样,常常很难得到全面的相关数据。

9.8.5 状态监测

在很多情况下,不可能得到故障率与时间变化关系的准确曲线。船用设备的状态监测技术会有助于判断是否接近故障状况。这样,在设计初期,当不能确定可用性的准确图像时,可降低导致明显的二次损坏的严重故障发生机率。

可按推进装置和可能的故障模式,装备不同的状态监测系统。与设计的众多领域一样,必须对可用的很多状态监测装置作出判断,其中有些会很昂贵,并对舰船设计的其他方面会产生负面影响。因此,情况并不是使用可得到的每种监测系统,而要选择那些具有下列性能的设备:即能确定可能故障,能及早确定将发生的故障并能避免其发生,还能在故障的类型和频率与状态监测系统对舰船设计其余部分的负面影响之间,作出最有益权衡。

作为状态监测组件的一部分,对性能进行检测,长期对设备上仪表读数的监测都能给出设备状态变化的有用信息,在某些情况下,用这种方法确定故障的可能性很大。

除了状态监测装置以外,还可对设备进行目测检查。如果设备的设计如此,目测检查可对设备的工况提供大量有用信息。

9.8.6 可用性与运行模式

不同航速下的预期可用性也不同,而这种变化与可能的运行模式有关。图 9.14 所示的设备布置可用来说明上述问题。如果采用 COGOG 联合动力装置,采用两台加速机组(E_3)可使舰船达到最大航速;采用两台巡航机组(E_4)可使舰船达到 50%最大航速,所以最大航速下的可用性取决于可用的两台 E_3 发动机(图 9.15)。50%最大航速下的可用性取决于可用的两台 E_4 发动机或者两台 E_3 发动机中的一台(不过,E_3 发动机作为燃气轮机其部分负荷的油耗率较高,所以在舰船 50%航速下使用时的油耗较高,比使用两台巡航发动机 E_4 要高)。

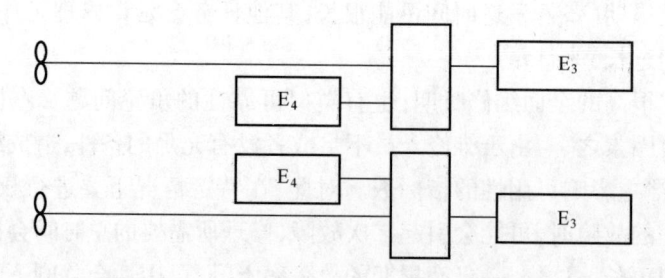

图 9.14 COGOG 或 COGAG 两种可能的推进模式

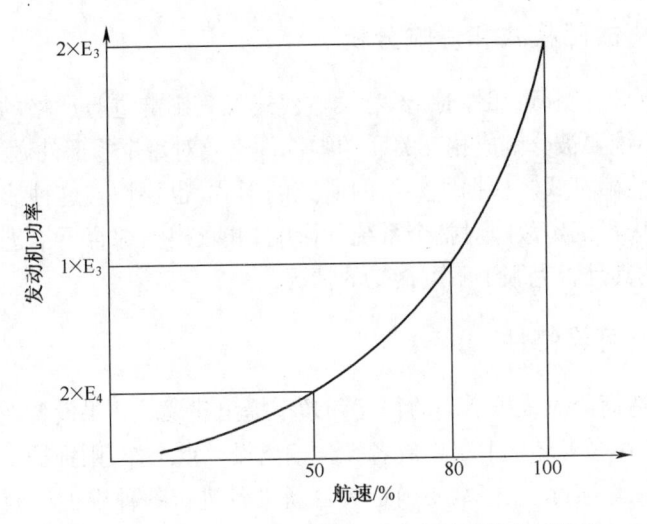

图 9.15 COGOG 动力装置舰船功率与航速的关系曲线

如果图 9.14 按 COGAG 方式布置,要获得最大航速,则要求所有的四台发动机都工作(图 9.16)。四台发动机都可用的概率比仅两台发动机都可用的概率要小(如 COGOG 方式),所以 COGAG 方式以最大航速工作的机率比 COGOG 方式的机率要小。显然,COGAG 和 COGOG 两种布置方式下的两台 E_3 发动机的可用性相同,因此假如两艘舰船设计的功率与转速的关系曲线相同,则以两台 E_3 发动机为动力的舰船的航速相同,COGAG 布置方式舰船的最大航速比 COGOG 布置方式舰船的最大航速要高。

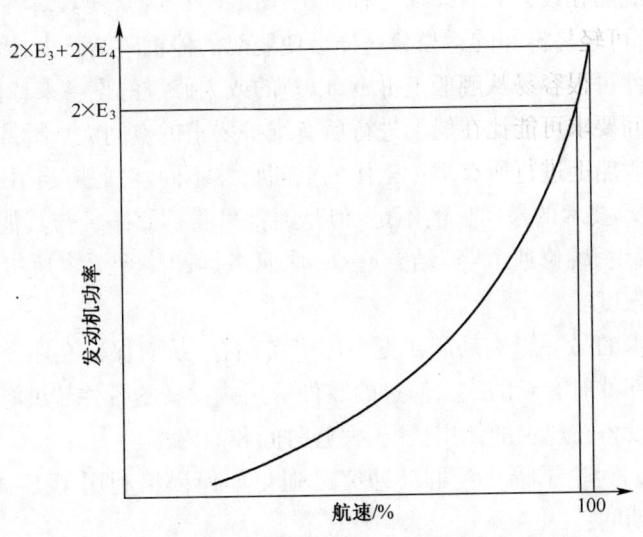

图 9.16 COGAG 动力装置舰船功率与航速的关系曲线

163

9.8.7 故障模式和影响分析

在研究可用性和可靠性时,要对故障模式及其影响进行严格的检查。在研究过程中,系统要被分解成相互关联的零部件。要对每个零部件做适当探讨,就可能建立起故障模式。根据所要做的研究的形式,也要调查这种故障的可能原因。从模型中可确定故障对整个系统的影响,并且模型综合了推进系统的修改部分,以评估其是否克服了不可接受的情况。

9.8.8 可维修性

设备制造商会对维护活动的程度和频率提出建议。如果设备在特定的方式下使用,例如在恶劣环境下工作或者经常偏离设计点工作,则维护工作量比其他正常情况要大。实际上,经常要确定一台新设备进行各种维护的频率。如果所选择的设备很新,则很少能得到关于维护频率的数据,即使设备是在理想条件下工作。对于不太理想条件下工作的设备,维护的时间间隔要缩短,而缩短的程度要依据过去类似设备所获得的数据及一些判断来定。各种设备的维护要求不同,因此,不同类型的推进系统不仅要求的维护技术不同,而且要求的维护人员的数量也不同。

对于大多数机械设备,维护工作可在船上进行,或者将设备从船上拆下,在岸基设施中进行维修。对于后一种情况,英国海军将其称为通过更换来维护(U_xE)。随着20世纪70年代中期航空改型燃气轮机的采用,U_xE技术的应用更为普遍。舰船在设计时就要对这种维护作出特殊考虑,使其对各种U_xE的维护工作,都有可轻易拆卸的途径。这样可使舰船的停机时间减少,因为损坏的或过期的零部件可很容易从舰船上拆下,以新的或大修过的设备来替代。有时,拆卸路径的空间要求可能比在船上进行所有维护要求的空间大。拆卸路径所要求的空间与在舰船上进行所有维护工作的空间自然不同,对此应当引起高度注意。这可能是U_xE技术的最明显的不足,但是通常可将拆卸路径与其他必需的空间要求(如进气道、维修通道等)结合起来,从而将拆卸路径要求所带来的不利影响降到最低限度。

U_xE技术的另一影响是需要更多的设备储存,从而保证在船上拆卸损坏的或过期的零部件时有新的或大修过的零件可用。设备的备件超过海上使用的数量取决于该设备在船上的使用情况、大修时间和故障率。

文献[16]讨论了福克兰群岛冲突已强化如何谨慎利用U_xE技术的需求。在战争状态期间:

(1)舰船需要远离主要基地航行,因此要建立后勤保障链很困难。

（2）英国海军部队舰船很分散，这意味着一艘舰船内的资源不易用来支持另一艘舰船。

（3）由于很少注意到要向南航行，并不是所有的舰船在离开英国前都有机会装满备件。

这些困难意味着需要临时采取临时拼凑的方法来解决。若真的要临时现凑，采用以下方法则成功的可能性较大：

（1）大量供应"有用的"（即使是不适当的）备件、材料和工具。

（2）要有充足的信息资料，从而可对临时拼凑效果作出判断。

（3）要有经过适当训练的人员。

9.8.9 数据采集

这个事情表面看起来很简单，但实际做起来会有很多困难。任何数据采集活动的目标是要得到充分的相关数据，从而可对未来作出决策。第一个问题是要确定需要什么数据。未来的系统与过去的系统在很多重要方面可能有很大差别。可能需要将问题分成几个方面，以便将现有系统的数据分成很多部分，其中一部分数据（经过初步分类或未经分类的形式）是与未来设计相关的。

一旦确定需要什么数据，以及它们应采取什么的形式，就需要确定采用哪一种来源。有些数据可能来自岸基试验，但如前所述，这些数据有些限制。由运行的舰船提供数据之前，需要考虑以下几个方面的问题：

（1）确定需要多少艘舰船来提供数据。采用小样品（小型海军舰队均可得这种样品）需要较长的试验周期来得到充足的大样品数据。

（2）必须标明准确的试验条件和这些条件的偏差。舰船上某些设备可能不工作，因此某些机械的工况不可能得到。除非操作人员已事先知道试验条件的充分信息，否则他们可能会不经意地废弃以不可接受的设备工况运行的结果。

（3）操作人员的主动性是变化的。试验周期很长，会令人乏味，除非给操作人员明显的鼓励，否则他们不可能会以高度的主动精神进行工作。从而可能导致数据不令人满意。

（4）某些状况可能会使试验中断或延迟，所以再次长时间的试验将会更多地经受这种状况。

上述因素使设计者力图将特定试验限制到最小的范围。

在某些情况下，可从舰船上工作人员所做的日常记录中采集数据。很多情况下，舰船上生成的数据不是以即用的形式存在，而是应用之前要做大量的变换。在变换过程中，还可能需要补充某些数据，如果这些数据没有记录，也会成为一个问题。

一旦数据采集好后,就可作出预测。当舰船出海后,可采集更直接的相关数据,从而使预测更精确。

当奥林普斯燃气轮机初期服役时,其大修期是基于尽量按照海洋真实环境所做的陆上试验制订的。尽管如此,还是遗留某些隐藏的因素使其大修期比严格要求的频率高。福克兰群岛冲突导致人们开始加速实施寿命期延伸计划。这次战争前,燃气轮机两次大修之间的时间周期被逐渐加长了。与美国海军相比,英国海军所积累的时数相对较少,英国海军采取了以下三个方面的措施:

(1) 服役期检查报告的专家审查。

(2) 专家小组上舰访问。

(3) 对从舰船上拆下的发动机做综合检查。

在福克兰群岛冲突期间,由于急需舰船在役,所以认可了大大延长燃气轮机两次大修之间的运行时数,对关键部件每 500 h 做一次检查。详细情况参见文献[5]。在战争状态结束时,发动机的累计运行时数比战争之前的两次大修之间的正常运行时数增加约30%(这个正常值受到以下因素影响:许多发动机因其在舰船上的时间较长而被拆下,但是其累计运行时数并不多)。在其后的检查中发现,发动机的状况极好。这样就可能进一步延长两次大修之间的周期。

SM1A 燃气轮机是比奥林普斯燃气轮机更为现代的发动机,20 世纪 80 年代中期它开始在英国海军服役。根据奥林普斯和太因燃气轮机所得的经验教训,使这种发动机两次大修之间的周期更长。而且,SM1A 燃气轮机的设计使日常维护工作更容易进行,因此改善了其可用性。

9.9 易 损 性

推进系统的易损性评估是一个很广泛的目标,但大体说来,它是要确定舰船遭受攻击的环境、来袭武器及其效果。舰船遭受导弹袭击时的易损性与其遭受水下武器攻击时不同。在舰船设计的初期要考虑舰船可能受到的水线以上或水线以下的攻击,或者偏重考虑一种攻击形式。设计对一种形式攻击的易损性为最小的舰船,在其寿命期内,可能处于另一种攻击形式占主导地位的战争环境中。舰船遭受导弹或鱼雷袭击引起的破坏程度不好明确区分。主要破损可能会限于一个舱室或者如果攻击点位于舱壁,破损可能会影响到两个舱室。弹头的大小和武器燃料保有量会影响爆炸的程度和引发火灾的可能性。并非所有的武器都能正常工作,因此不能保证爆炸就能发生。一旦发生火灾,舰员控制其蔓延速度很重要,以免造成进一步破坏。鉴于这些原因,根据下列情况还很难作出决定:

(1) 易损性评估开始时所受到的威胁。

(2) 要考虑破坏什么区域。

(3) 遭受攻击时,主要破坏范围内什么设备会受到影响,或者破坏范围之外的什么设备不会受到影响。

以下设计特点有助于减小易损性,尽管其改善程度是不确定的:

(1) 实现舰船特定功能的替代方法。替代方法要尽量独立,且在舰船上所占区域要最小。这样,如果舰船上的某区域受到攻击,一种系统可能完全被破坏,而替代系统由于远离攻击点,应该不受其影响。对很多武器系统来说,这种技术是成功的,但对于推进系统,却会有很多困难。图9.17所示为一典型护卫舰的推进系统布置情况。在小型舰船上,空间受到严格限制,这是仅设置一个烟囱的原因之一。这样可能导致所有的原动机都从一个烟囱排气(不过,装备柴油机的情况也可用桅来排气)。鉴于各种原因,机舱可能彼此靠得很近。如果机舱相邻布置,单点击中普通舱壁会使两个舱室都受影响。实际上,即使机舱可分开布置,螺旋桨位于船尾,意味着有些舱室要相邻布置,如果遭到攻击,会使推进系统全部置于危险境地。可在舰船前部布置推进装置有助于解决这一问题,但要以它能独立布置为前提。360°旋转的船首推力器能够满足这一要求。因此,推进动力可与主要机械系统分隔开来。

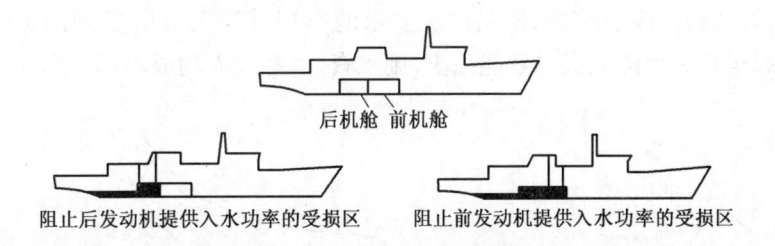

图9.17 不同推进方式的易损性

(2) 受到攻击时舰船上燃料可能会出现危险。认真设计好燃油系统可能有助于将受到攻击的风险降到最低限度,并减少受到攻击的影响效果。

(3) 若舱室设计得较小,将有助于减小破损的扩散和进水的影响。

(4) 当不能减小受攻击的可能性时,舰员对控制火灾的蔓延和加快损坏部分的修复都会起重要作用。

有些机械设备或推进系统部件比其他设备更容易修理,因为各设备均有自身的特点,例如,蒸汽系统的修理很费时间,尽管其自身修理会很快捷,但系统的残热消退需要时间。若舰船不能运动,则在后续攻击波的作用下更易受损,或自然因素的作用会使其处于更危险的境地。在遭到攻击受损后,推进系统能立即暂时恢复工作,这一点是很重要的。

9.10 舰员配备

舰船设计时对舰上或岸上配置的人员数及其技术水平等方面应当提出某些限制条件。

9.10.1 舰员数量的限制

近年来,舰船设计一直致力于减小舰员的规模,推进系统所需人数的变化反映了这一趋势(图 9.18)。减少人数主要是要降低成本,但是世界上有些国家,也有很难征得数量足够的合适人选入海军服役的问题。必须为每个舰员提供生活和起居设施,这样在舰船设计时涉及到重量、体积和成本的增加。由于舰上生活无法与陆上生活相比,因此,西方海军舰船一直致力于改善舰上生活条件,以跟上日益改善的陆上生活条件。舰船上环境条件的改善要求重量和空间进一步增加,例如,为适应不同的环境条件,需要更多的功率和机械设备将空气温度和湿度控制在较窄的范围内。文献[17]的计算表明,在基本型舰上舰员规模每增加一名舰员会使得护卫舰级舰船采购成本增加 50000 英镑(1981 年价格)。如果所设计的舰船舰员较少,但是该舰要求的岸基维护人员增多,则不会节约成本,如果运行和保障人员总数能减少,则工资、训练和人均成本都会降低。

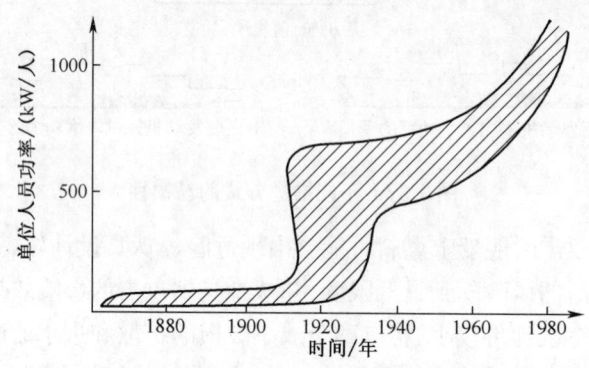

图 9.18 轮机人员编制随时间的变化关系

可用下列方法来减少舰员人数:
(1) 简化舰员要做的工作。
(2) 取消需要舰员介入的任务。
(3) 将以前需要舰员在海上所做的工作推延到舰船停港时由岸基人员来做。

上述方法(1)通常在详细设计阶段解决,但是如引入 U_xE 技术所带来的根本性改变,也会带来较大收益。采用这种维护方法以及将困难任务放在岸上进行,而不是在船上进行。

随着电子设备和微处理器的进步,可为舰船提供更加复杂的机械监控系统。若其可靠性较高,自身的维护工作量较小,则在和平时期就可以节约人力。对于商船,正常情况下机舱内已做到无操纵人员。但是,在设备发生故障,尤其对于战舰在遭受攻击被破坏的情况下,仍然需要足够的人员来使机器工作。如果舰员在无全自动控制设备帮助的情况下不熟悉如何操作,当设备发生故障或遭到破坏时,还会引发其他问题。

自动控制技术已经进步,下一代控制系统能使舰员数量降低已不成问题,问题是舰员数量进一步减少会给总体设计带来什么好处? 就战舰的属性来讲,它会受到攻击,正是在这个时候需要人而不是自动控制系统来解决难以预见的问题。如果在这种情况下确实需要人员,则在非战时状态即让其日复一日地熟悉机械操作,使其成为控制系统的一部分,战时就会发挥作用。

舰船在和平时期的运行模式是按照需要岸基维护队伍承担某些任务建立的。这显然会影响到舰船运行程序可改变的难易程度,因此需做权衡考虑。战争期间,平时供应标准放置一边,某些或者全部岸基维护队伍都应上舰进行维护。

舰员少,但要监测和维护的设备却很多,并且其中的大部分很复杂,因此就要保证这些舰员的技术水平和资质,从而使他们能够处理很可能发生和某些不大可能发生的偶然事件。

9.10.2 技术熟练程度

海军能否吸引人才的因素不在舰船设计师的控制范围内。工资、国家一般福利和人们对海军的一般印象可能是重要的因素。如果应征的大多是素质达不到要求的人员,而又必须由他们来担负海军轮机部门的任务。这样,高技术推进系统会处于操作人员理解不深入以及维护不充分的危险状态。自动控制系统可在短期内保证装置正常工作,但是,如果自动控制系统本身维护不当,则装置的工作会最终失败。如果征招人员素质令人满意但训练计划不周全,也会产生类似的效果。

文献[18]报道了美国海军FF1040战舰上使用的压力为8.27×10^6Pa的燃油蒸汽系统装置复杂而操作水平不高的情况。蒸汽的参数比以往蒸汽动力舰船高得多。这些高技术的复杂蒸汽动力装置需要专门训练的舰员去操纵和维护。如果操作和维护不当,与以前的装置相比很快就会发生故障。美国海军在FF1040战舰下水时正经历舰员交替时期,舰员缺乏经验很快使蒸汽动力装置出现一系列故障,导致了这些舰船的可靠性不高。

第 10 章　推进系统的成本要素

10.1　概　　述

成本经常成为舰船设计的主要驱动力,然而,对于舰船及其设备的成本还从未作为一个正式主题进行过广泛的讨论研究。成本经常在某艘舰船或某台设备设计时提到,但一般对下列问题尚不明确:

(1) 所引用的成本数字中包括哪些因素?
(2) 正式使用的是什么价格水平?
(3) 这个成本数字是否代表甲方最重要的成本因素?

对于这样一个重要题目只能进行有限的讨论,是由于成本各要素之间密切相关;而要得到有关的数据极其困难,因为出于各种原因,这些内容都是保密的。

本章的目的在于确定水面舰船推进系统相关成本各方面的影响因素。很难将各种因素区分开来,因为它们密切相关。尽管如此,若将各因素按近似独立来处理,在建立成本模型时,可对各因素的重要性有更清楚的了解。只有通过这种途径,将成本分解成各种因素后,再进行重新组合,才可对不同的推进系统进行比较。这是一个有很多陷阱的研究领域。对推进系统成本进行比较的理想情况应是两种舰船设计方案在各方面都相同,只是推进装置不同。实际上这种比较很难做到,因为推进系统变化会对舰船的其他特性如重量、空间等产生影响。有时仅对单一的舰船设计方案做比较,仅改变设计的某种特性,如最高航速。在这种情况下,借助上述成本比较的方法,可确定最高航速的增加值。在某些情况下,这种比较是行之有效的,但是正如前所述,也存在风险,即最高航速及推进系统的变化会引起诸如噪声特征信号、可用性、可靠性等其他特性的变化。因此,要对各种推进系统方案做严格比较,要根据舰船规格书对各种特性特征进行检查,提出下列方面的关键技术要求:

(1) 武器装备。
(2) 最高航速。
(3) 巡航舱速。
(4) 续航力。

（5）舰船特征信号。

（6）可用性、可靠性、可维性。

（7）机动性。

（8）易损性。

（9）保障体系。

推进系统方案之间重量需求、空间需求、效率等方面的差别，可能造成尺寸、重量和功率不同而符合相同规范的舰船。这些舰船设计方案之间的成本差别代表了推进系统方案之间成本的差别。很少对海上舰船做这种严格的成本比较，因此，在审查各种方案时，大部分有用的数据来自设计的早期阶段。

当做综合研究时，必须设定每种特性的最低水平，以致所有重要特性保持在可接受水平上。在很多情况下，很难确定最低可接受水平，需要试取一个数值使其比以前的设计不会更差。使用这种方法时必须注意，若所取的值不是最低可接受水平，可能会强制增加无用的重量、空间等，这些对设计的其他方面会产生负面影响。

本章对很多方面尽可能定量地评价，但对其他方面由于以下难点仅能定性地评价：

（1）商业信心——一个用户提出的价格会不同于另一个用户的价格，这是因为工厂的加工量、批量不同等因素的影响。

（2）无法得到数据——在某些方面没有任何数据。

（3）价格水平——对得到的某些数据，不清楚被引用的是什么价格水平，或者若是给出了价格水平，如何进行变换。

（4）一体化服务内容——成本可能包括专用工具、第一批备件等。

对某些设计，最重要的是初次成本，而对其他一些设计，甲方可能认为全寿命周期成本是最重要的。

文献[19]中，D.K.Brown 和 D.J.Andrews 所写的文章很有价值，文中讨论了与舰船设计有关的成本、各种成本的原因。本章经常引用文献[19]的内容作为讨论的出发点。

10.2 评价成本的方法

与商船不同，对于舰船及其设备的价值很难找到一个可普遍接受的评价方法，而商船任何特性的价值都可最终转变成每吨海里货运量的成本。有几种评价舰船价值可能的方法，但是它们最终将取决于每个客观的判断，不可能就某个单一的价值达成一致。就此而论，对这一难题将不再做深入的探讨。

成本分类有很多种方法,并且使用众多术语,每个术语都涉及一组不同的成本。为便于讨论,虽并不要求定义明确的分类,但是在设计研究中需要明确定义,否则,有些成本会被忽略,或可能会计算 2 次。全寿命周期成本包括舰船从概念设计算起的整个寿命期内的各种成本。对于全寿命周期成本,可做以下分类:

(1) 初期成本。

(2) 研制成本(包括设备和系统)。

(3) 设计成本。

(4) 第一批备件、说明书等成本。

(5) 燃油成本。

(6) 人力成本。

(7) 维修成本。

其中的某些成本仅出现在舰船全寿命周期的最初阶段,如初期成本。其他成本,如燃油成本,仅当舰船海上航行时才出现,因此会延伸至全寿命周期的大部分时间,但是不会出现在初期。成本发生在全寿命周期的早期还是后期的区别很重要。越是到后期,不确定性的水平越高。决策人对于成本问题会遇到两难困境,例如,可能会出现这种情形,设计方案 A 的早期成本可能很高,但其后期成本低于设计方案 B。后期成本的不确定性因素很高,设计方案 A 可能无法实现其后期的低成本,导致设计方案 A 从整个寿命期来看比设计方案 B 昂贵。

表达发生在一段时间内的成本的方法可能不止一种。有两种常用的方法:一是按目前的价格计算每年的成本,然后累计一段时间内的总成本;二是以同样的方式计算成本,但是将其累加之前乘以折扣因子。

当选择设备时,第二种方法有两种主要影响。首先,全寿命周期内每一年的折扣因子取决于国家当时的经济发展水平,因此成为另一个变量,不确定性因素又进一步引入研究中。其次,折扣会对后期成本的影响作用逐渐减小。这一特点目前仍具吸引力,因为它消减了所经受的最不确定性信息的影响,但是也的确忽略了发生在全寿命周期前期成本的重要作用。对前期成本的这种加权方法会严重影响选择方案的分析,虽然初期成本很低,但寿命期的大部分时间内的运行和维护费用很高。

以一艘使用第二代燃气轮机的未来护卫舰为例,其推进系统的全寿命周期成本分布如图 10.1 所示。图 10.1(a)假设不加任何折扣,图 10.1(b)假设成本向后的折扣率为每年 5%。这种图仅能说明成本的分解,而会有很多变量,例如舰船的使用、舰员与岸基人员的维护任务的分工、维护周期、舰船寿命及涨价率等,这些变量会改变图示的任何专门设计。用同样的变量,当下图代表目前设计的全寿命周期成本(舰船成本图见文献[19],商船成本图见文献[20])时,以其作为预计未来成本的基础,但必须注意保证将推进系统效率、燃料价格、人员成本、舰船使用、设备成本等均考虑在内。不采用这种方法,有可能预计到设计的某一特定方面日益重要,实际上,可能仅会以全寿命周期成本的其他部分同样的方式增长。

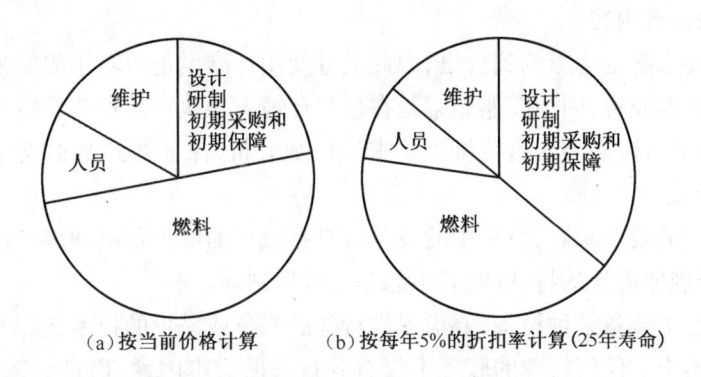

(a) 按当前价格计算　　(b) 按每年5%的折扣率计算(25年寿命)

图10.1　推进系统的全寿命周期成本

其他国家海军所做的全寿命周期成本模型对于设计师规划未来级别舰船时的参考作用有限,因为这种全寿命周期成本模型即使可以理解,但其他国家海军的基础设施有其内在因素。因此,即使总成本可用这个模型处理,不同国家海军所用的评价方法不同,会给模型带来一些偏差。

从上述讨论可见,英国海军所做的全寿命周期成本对舰船设计或推进系统是否有作用值得质疑,假如是在特定模型限制范围内使用,则其回答是肯定的。从绝对的角度来看,全寿命周期成本模型对设计师的价值有限,但在对各种选择方案进行比较时还是非常有用的。

10.3　影响成本的因素

对推进系统总成本的影响因素很多。各种因素的重要程度取决于适于特定研究的设计约束条件。下面分析主要因素,不分先后次序。

10.3.1　初期成本

确定一台设备或系统的成本不是一件简单事情,它取决于以下因素:

(1) 如果对于一批舰船定购大量设备,制造商则会大大降低每套系统的价格。

（2）竞争机制会为制造商提供一种寻找更有效的减少成本的技术推动力。

（3）制造商希望进入新市场或处于经济衰退时期，因此推出价格的盈利可能性很小。

（4）价格很少会公开发表，由于制造商有时希望保守一定程度的秘密，以期以后与其他用户谈判。公开出版物中出现的价格通常可能不包括专用工具、备件、保障服务等内容。

特殊要求必定会影响到价格，因此最好使用标准设备。对于舰船来说，并非总能选到标准设备，因为舰船通常是在恶劣环境下要执行某种非常特殊的任务。对于舰船的设计，必须对这些特殊要求做仔细分析，保证做到基本满足，而不仅仅是希望而已。

从用户的观点来看，所采用的设备应具有较宽的应用范围和多种供货来源，但是，由于舰船设计的特殊性，并不总是能够做到。

在舰船上装备某种设备，要求提供特殊的服务或昂贵的技术，这些都要反映在初期成本中。任何特殊的服务不仅有其自身的成本因素，而且会增加对舰船重量和空间的需求，反过来又会影响成本。

10.3.2　燃油成本

第4章讨论的核动力推进系统，成本很高，以致于只有少数国家能够拥有它，并且限制它仅用于特殊用途。英国海军有核动力潜艇，对核动力在水面舰船上的应用曾经研究过，但目前来说，由于其成本、重量等原因而使其无法应用到水面舰船上。

燃油的采购价格是燃油成本的重要因素，但是伴随每种燃油而来的处理和维护成本作为附加的因素，从而使舰船燃油的成本提高了很多。

燃油的作用已在第7章中讲过，但其对成本的主要影响归纳在这里。石油公司从原油中产出的精炼产品的质量和数量会有一定的变化范围。有多种因素会影响到未来石油提取物与剩余物的比值，但最重要的决定因素是石油公司对于其投资希望能得到最大程度的收益。供求关系在确定其比值时也会起到重要作用。目前，舰船所用的精炼燃油比剩余燃油贵80%（不计海军燃油部门的处理费用）。如果精炼燃油的需求超过供给，会促使石油公司从每桶原油中提取更多的精炼油。这样会导致精炼燃油和渣油两者的特性都不受欢迎。然而，如果由于渣油（或替代燃油）具有价格优势，目前的精炼油用户转而使用渣油，供求关系导致生产大部分的渣油会创造更大的利润，或者减小其与精炼油的价格差别。这样使成本问题很复杂，成本差别、燃油质量、燃油处理成本和维护成本都是可变因素。

目前,英国海军和北大西洋公约组织的海军中服役的航空改型燃气轮机、柴油机和燃油蒸汽动力系统中所使用的燃油都是柴油。其质量会随时间的变化而变化,但希望这种变化不会对目前正在服役或计划服役的原动机带来严重问题(因此,不需要在这方面的研究发展上投入昂贵的费用)。

对于未来舰船用渣油的地位还很不清楚。其特性随从石油中提取精炼油的比例而变化,但是渣油趋向于黏度增加,含有油渣和沉积物,其长期稳定性和热力学稳定性可能会恶化。如果泵的负荷不允许超过,则需要对渣油加热或掺入更轻的燃油加以稀释。上述特点在油箱加热及燃油处理系统上会增加成本,而且更轻级的燃油价格更昂贵。燃油的掺合会产生由于燃油不相容的额外问题。如果将来源不同而名义上相似的渣油掺合到一起,则这个问题会更加严重。这时需要对不同的燃油进行分离,并在储存前要清洗油箱,从而增加成本。这些方面还会对舰船之外的其他方面产生影响,如供应船和岸基设施必须有处理这种燃油的能力。

油渣和沉积物还会产生很多影响,因此,燃油系统的设计必须要保证能对其进行处理。在特定情况下,沉积物还会引起磨损,所以还会影响到零件的寿命。这种形式的成本取决于推进系统的设计。

作为战略储备,海军用燃油要存放,所以某些燃油在其离开炼油厂后要存放相当长时间。而商用燃油通常会在其出厂后的几个月内使用,所有的燃油都会受到时间的影响,而渣油受储存的影响特别值得关心。极限情况下,如果英国海军采用渣油,则可能会导致某些燃油不能满足战略储备政策的要求,但若不出现这种极端情况,则意味着需要专用燃油处理装置。

对很多燃烧蒸馏燃油的原动机来说,是不可能燃烧渣油的。这个问题对成本的影响很大,将在后面变化的成本章节中讨论。

这些因素表明,在舰船接受某种燃油之前,舰船用燃油的成本中要包括海军管理部门付给的燃油价格加上舰船上和岸上的处理费用和处理这种燃油的维护费。上述讨论仅仅是基于蒸馏燃油与渣油的比较,还可考虑的另一种燃料是煤。同样要考虑各种成本,另外的影响还包括固态煤的热值不如碳氢液态燃料的热值高,这个因素会导致发出同样功率的燃料储备要大得多(在蒸馏燃油与渣油比较时这个问题不那么严重)。这种因素以及固态燃料更多的处理问题导致对舰船的重量和空间的需求增加,其附带的成本也提高。

10.3.3 设备效率

在将燃料中的潜能转变成推进器上推力的过程中,会在推进系统中产生很多损失。现代舰船上的能量损失如下所述:

(1) 原动机

现代简单循环燃气轮机的一般效率约为35%。遗憾的是,目前燃气轮机的热效率在20%的部分负荷、25%的功率下急剧下降。这个特点成为一个设计约束,如果主要工作状态在巡航速度的范围内能够获得最高热效率条件,则在运行的经济性和后勤保障上会具有明显优越性。主要是由于这个原因,现在通常采用 COGOG 布置方式,采用独立的巡航发动机以取得巡航速度下的最大热效率。

有办法使推进系统的总热效率得到改善,使部分负荷的热效率维持在合理的范围之内。这些改进措施会增加复杂性、重量和体积等负面影响。美国海军提出用于未来驱逐舰的一种新的推进系统。它是一种废热回收系统,称为 Rankine 循环能量回收系统(RACER)。对此,第3章已经简略地叙述过,文献[21]也有详细叙述。对其优点和缺点之间的权衡依赖于约束条件,因此,无法确定这种系统是否会被普遍接受。

燃气轮机对进气和排气的压力损失很敏感,因此,燃气轮机从燃料有效转化为输出轴上的功率将低于前述的峰值效率。准确的数据取决于设计的细节。通过采用适当尺寸的管道,并按照流动模式精心设计弯管,可减小进、排气管道中及不可避免弯曲处的损失,但同时要对其所需的舰船空间加以权衡,时刻要注意进、排气管所需的空间一般位于舰船的中心部位,许多其他用户对这一部位也是感兴趣的。一般说来,进气道1%的损失或者排气道2%的损失会导致2%功率损失。其他通用型舰船原动机对进、排气道的损失不那么敏感。

还有一个需要考虑的因素是环境温度。某些原动机对温度的升高比另一些发动机更敏感。舰船主要航行区域可能限定了原动机的正常工作效率。

柴油机的热效率比简单循环燃气轮机高,而且其热效率在一定功率范围内几乎为常数。低速柴油机的热效率超过45%,而高速柴油机的热效率在40%左右。在30kn航速的主战舰上,低速柴油机比燃气轮机的重量大10倍,而体积至少大5倍。主要是由于这种差别,还有维护、保障及操纵等原因,低速柴油机不适于主战舰。高速柴油机无法发出低速柴油机的功率水平。高、中速柴油机广泛用于商业领域。因此,只要维护、保障及操纵性限制可接受,在高速柴油机的功率范围内,柴油机是燃气轮机的很强的竞争对手。超出这个功率范围,中速柴油机可能是一种有吸引力的选择,但是,重量会增加,在某些情况下,空间也会增大。

(2) 传动

传动效率取决于传动系统的形式。齿轮箱的效率一般非常高,其最大效率可达98%,且在部分功率下略有降低。正如第5章所讨论的,电力传动系统已经在舰船上得到应用。它们的总体效率比齿轮箱要低,电力传动系统的效率约为

90%(当考虑到舰船的速度控制要求和接口问题时)。然而,对某些特种船舶来说,电力传动系统有其优势,在这种情况下,其他方面的优势比传动效率的优势更重要。其相对较低的传动效率可由其提供很大的灵活性来补偿。如果某些原动机能够与电力传动系统配合工作,并且这种原动机工作在接近其峰值效率范围内,则原动机加上电力传动系统的总效率更具有竞争力。这种布置方式的竞争力取决于这样一些因素,如任务剖面、原动机尺寸和特性等。

轴系也会使效率略有降低(约1%),而推进器、推进器与船体界面间的损失约为30%。导致入水功率的最终航速还取决于舰船的排水量及其水动力学特性等。

就舰船设计的各方面而言,必须有一个总体考虑。在某些设计中,燃气轮机与调距桨配合工作,当一根桨轴工作而另一根桨轴拖曳航行时,可大大降低油耗。拖曳轴会增加船舶阻力,但这可由燃气轮机工作在其特性曲线的高效率范围内而得到较好的补偿。对这种单轴工作方案还可采取措施进一步降低油耗,即减小调距桨的螺距。是否采取这种措施取决于,当螺旋桨偏离其设计点时,螺旋桨效率降低的速率及相应的燃气轮机效率增加的速率。

由于拖曳轴会增加阻力,因此总是希望一直有动力驱动这根轴。从节约燃料的角度来看,采用机械的、电动的或液压的交叉连接方式,是很有吸引力的布置方式。

10.3.4 舰船利用率

燃油的用量以及对全寿命周期成本的影响取决于推进系统效率、系统对舰船任务剖面的优化以及舰船在海上航行的时间。有关效率特性已经讨论过了,下面介绍其他两个方面。

(1) 任务剖面

舰船的任务剖面是变化的,并取决于舰船要执行的任务及执行任务的频率。一艘通用型舰船可承担反潜战任务、护航和早期预警任务等,每种任务都要求舰船在某个特定航速范围内工作。一艘舰船若设计成主要用于反潜侦察,任务剖面应在舰船抵达和离开巡逻海域时高速航行和在执行反潜侦察任务时稳定低速航行。舰船的典型任务剖面如图10.2所示。

根据曲线的形状,对推进系统可进行优化,以保证最大燃油用量的航速范围处于其可能的最高效率范围。鉴于这种原因,最早优化的推进装置特性曲线呈现简单的尖峰形状。困扰推进系统设计师的一个问题是设计初期任务剖面并不确定。对舰船的最终任务剖面可进行估算以获取所需数据,但是由于环境变化,例如武器特性、装备特性和威胁的变化等,准确的任务剖面只有到设计后期才能

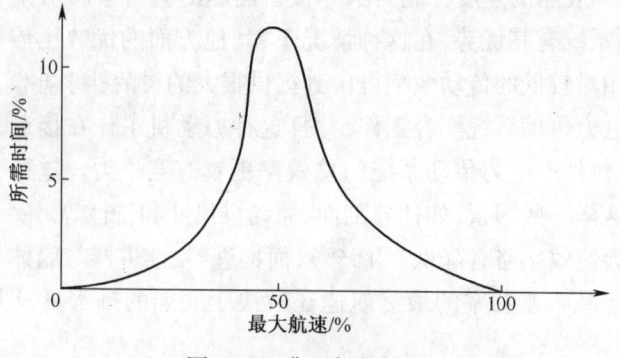

图 10.2 典型任务剖面

确定,甚至到了舰船寿命期还会变化。因此,即使期望任务剖面的峰值范围较窄,明智的做法也要允许设计具有灵活性,以致在舰船设计不作重大改变的条件下其尖峰在形状、速度范围的位置和幅值可变化。另外必须予以考虑的是(主要是用燃气轮机巡航的舰船)即使任务剖面现实上是合理的,在设计初期给定航速所需功率也是不确定的,因为船体形状、排水量还远未确定。一般说来,随着设计的进展,排水量增加,则给定航速下的所需功率也要增加。因为研制适用的舰船用燃气轮机的成本很高,跨越一定功率范围的不同型号发动机只有几型。由于简单循环燃气轮机部分负荷的效率相对较低,用于巡航的燃气轮机应接近其最大输出功率。这样,在设计阶段,若设计的尺寸逐渐加大,则要满足任务剖面中预期的主要航速的所需功率可能偏移巡航燃气轮机的功率范围。实际上,这个问题可通过限制舰船航速来避开,以使主要航速与巡航发动机的功率相匹配。不过,如果舰船要求更有效力的航速,这样可能会带来操作上的不便。对于其他形式的巡航推进系统,这个问题不太可能成为关键问题,但若使用柴油机,要用大型发动机,其空间和重量也较大,若使用燃油蒸汽动力装置,则要采用一台巡航蒸汽轮机(由于燃油效率原因),如果舰船设计尺寸增加时,汽轮机大小也要加以调整。

(2) 海上航行时间

某艘舰船一年海上花费的时间取决于它是处于执行任务阶段还是主要维护阶段等。然而,从一个舰队范围来看,可导出每年海上航行时间的平均值。舰船并非总是在海上航行,尽管没有机械上的原因阻止其出海。然而,目标旨在增加每年出海的时间,以获得更有用的主要优点。当采用文献[19]的全寿命周期成本模型时,在特定情况下,燃油成本只占总成本的 10%,这个数字可作为合理的近似。若海上航行时间较多,会影响到维护工作量和所用的备品,应该更有效地利用总的资源。

10.3.5 重量

当计算机械系统的重量时,考虑到系统中各种设备和系统的各个方面很重要,因为机械系统设计的某些特征会影响舰船最终排水量。

(1) 效率

对备选的推进系统方案进行比较时,原动机热效率的差别和传动效率的差别会导致给定航程的燃油要求不同。在第二次世界大战后的一段时期内,创造了机械系统加上燃油(M+F)重量这一术语,它仍然可能是一个相关的量。

(2) 船体结构

一般说来,机械系统越重,其所需的支撑结构也越重。设计方案的其他特征也会影响到结构。因此,大多数设计方案,不可能确定机械系统结构重量的精确贡献。

(3) 舰员配备

每一位舰员都要求有相应的居住与日常生活服务设施,因此,舰员数量增加意味着船舶结构和机械系统两方面的重量都要增加。

(4) 燃料

除了核动力装置外,舰船所用的燃料为蒸馏燃油、渣油和煤,这些燃料的形式或为固态或为液态。它们都有各自的热值和密度,从而会影响到舰船给定航程所需的燃料储存舱的尺寸。此外,每种燃料对燃料装卸系统均有各自的要求,这样,原动机会进一步影响燃料系统设计。

使用蒸馏燃油的燃气轮机舰船通常要对其燃油用聚水型滤器和离心分离设备加以处理,以保证到达发动机的燃油足够清洁并不含盐分。采用相似燃油的柴油机或燃油蒸汽动力设备受尘埃和盐分的影响较小,因此清洁处理设备要简单得多。然而,如果能燃烧渣油的原动机使用更便宜的渣油,则该燃料系统必须反映出这种燃油中所含的污染物越多,其黏度越大,并且需要加热燃油以满足油泵的负荷要求。商船上所用的燃料装卸系统取决于燃料的种类及燃料处理方法。无论哪种情况,都会对重量产生影响。燃油加热系统的重量既包括系统本身的重量,也包括来自热源重量分量。

舰船排水量无论增加多么少,都对提高所需功率有影响。比如,以 30kn 速度航行的典型护卫舰来说,排水量每增加 1%,则需额外增加 1% 的功率。在低速航行时,所需的功率增加量要小一些。若不改变船体形状,重量的增加会导致给定航程的所需燃料量的增加,对于给定的最大航速需要更多的功率。当比较不同的推进系统时,这个螺旋上升过程在取得最终的平衡设计之前,会导致出现不同的船体尺寸和形状。即使当重量增加时,最高航速的降低和航程的减小是可接受的,那么,各种航速下的燃料耗量增加,仍然会提高成本。在舰船整个寿命期内,这种成本的增加会达到相当可观的数量。

10.3.6 尺寸

一般说来,随着舰船尺寸的增加,机械系统的空间要求,从总体来看,变得不那么重要。像如此众多的一般性陈述一样,这不会影响到总体特征。舰船的尺寸是由各种因素决定的,包括下列因素:

(1) 武器和探测设备(包括直升机)需要上层甲板面积。
(2) 对航空母舰来说,搭载飞机需要空间。
(3) 舰船必须具有一定适航性。
(4) 装载有效负载需要空间。

由于舰船某些区域的空间要求非常重要,机械系统紧凑性的空间要求,在总体上可接受的情况下,也是很关键的。对燃气轮机舰船来说,有两个特征使设计师很难处理,即拆卸路径和进、排气管道。这两者都要经过舰船的中心部位,而这一部位对于几种用途来说都是很重要的地方,最终这两者出现在上层甲板上,与武器和探测设备共享有限的上层空间。

因为可能有更重要的因素决定着舰船空间要求,所以,机械设备所需空间的减少并不一定会降低舰船的成本。

10.3.7 裕度

对任何设计来说,明智的做法是考虑不确定因素时在空间、重量和功率等方面留有裕度。问题在于确定什么是裕度。如果一艘舰船打算 15 年后报废,对于武器和传感器这两种最快过时的设备,在舰船寿命期内是否要用现代设备来代替的争论很大。这样对考虑到各种可能设备的不确定性所留的裕度可能很小。然而,寿命期短的舰船对海军来说是很昂贵的,所以舰船的寿命通常都在 20 年或 20 年以上。为保持设备的有效性,在一定的时间跨度内,需要对设计的某些方面进行更新。就推进系统的成本而论,如果一艘舰船的设计考虑今后其重量、空间和服务设施可能增加,船体比严格所需的要大,这样致使所需功率增加。因此,购买功率较大的动力设备的初期成本会提高,由于燃料耗量增加,其全寿命周期成本也会提高。

10.3.8 最高航速

最高航速与成本的关系很难确定。最高航速值本身也很难确定,由于天气原因通常不能达到最高航速,即使达到了最高航速,但因为很高的耗油量使其难以维持很长的航行时间。

最高航速的取得不仅与推进系统发出的功率有关,而且与推进器和船体的水动力学性能有关。如果认为需要达到某个最高航速值,则要在船体形状和推进系统的空间、重量等要求之间作出权衡。鉴于这个原因,若推进系统设计没有提出特殊要求,30kn 航速的护卫舰一般细而长,而低航速舰船则短而宽。若舰船最高航速超过 30kn 以上很多,采用常规船型则要求功率增加很多,或者采用非常规船型(如滑行艇、水翼船、气垫船等),其高速航行时的阻力适中。

曾经试图确定最高航速的微小增加与成本之间的量化关系,文献[19]给出了一个成本逐步提高的例子,其范围从有限能力的近海巡逻艇到护卫舰。近海巡逻艇的最高航速通常为 20kn,而护卫舰的航速为 30kn 左右。在这个航速范围内,其功率需求(甚至考虑到船型的变化)表明,在适中的最高航速下,柴油机是非常吸引人的选择方案,而在较高的最高航速下,选择燃气轮机更好。这样从一种型式的原动机转到另一种原动机,成本更加不易比较。因为不仅要考虑到设备的成本和装舰的成本,而且要考虑到人员配备水平、保障、特征信号、操纵性等等的差别对成本的影响。正如推进系统全寿命周期成本分析图(图 10.1)中说明的那样,采购成本远非设计中的主要因素,对于大多数舰船来说,上述说法可能是真实的。

10.3.9 人力配备

正如在有关重量一节中所提到的那样,舰员配备通过其所需的空间和服务设施来影响一般的舰船设计,这反过来又影响到重量。在文献[19]中,每增加一个人,则舰船初期成本会增加 5 万英镑(1981 年的价格水平)。这一数据依赖于准确的设计细节,但它可表明成本效应。

舰员的成本问题以及在某些时期经历过征收到合适的人选的难题,促使后续舰员的数量逐渐减少。在和平时间正常操作使用期间,可设计控制和监测系统,以致只需很少的舰员来管理舰船。但是在紧急状态下,如发生事故或战争期间,若不增加人力,要有效地操纵舰船是很难的。这是舰船设计时所遇到的又一个典型情况。舰船特性的某些方面很容易量化,而另外一些方面则无法确定。一旦各种计算的基本规则确定下来,舰员训练和再培训的费用可计算出来。每增加一个舰员对舰船设计的影响也可确定。然而,从一开始就困扰设计师的问题,即那艘舰船的真实价值,反过来无法量化增加舰员的费用。不存在简单的现成答案,各个方面都难以估计,然而,在确定舰员配备水平之前必须进行审查。

10.3.10 后勤保障

不同的原动机系统所要求的备件数量、滑油量等也不同。除基本要素的成本之外，还必须反映这样一种成本组成，即英国海军舰船依赖于保障供应船队提供能够长时间在海上航行所需的补给，这也要作为成本的一个要素；保障供应舰船的大小（包括其初期和运行成本）反映了其要装载的备件和消耗品的情况。

10.3.11 可用性、可靠性、可维性

第9章曾经对这三种性能有详细论述，在理想情况下，可用性和可靠性都较高，而可维性要求则适中，但是即使达到这种理想状态，它们对成本的影响也较大。对设备和系统都设计有一定的工作寿命期。通常不可能确定工作寿命期将有多长，因为舰船的工作环境会使任何基于岸上经验的预测变化很大。对舰船说来，所关心的是舰船上机械系统应尽可能接近峰值，当世界任何地方需要舰船时，它不仅能迅速到达指定海域，而且能有效地工作较长时间，直至得到充足的保障。若注意到这一点，则可能存在"过维护"设备的倾向。这可能会产生与预期愿望相反的效果，因为如此维护可能会使处于工作寿命期内的设备在自由故障发生区（盆形曲线的底部）移回到初期的高故障率发生区。"过维护"会对成本产生两方面的负面影响：一是高故障率；二是过于频繁（不必要）的维护活动。要根据积累的经验和掌握的技术进行最基本的维护，这会使设备服役时间延长，同时不会发生危险的故障或者需要付出昂贵代价才能修复的故障。

因可靠性和可用性而必备的冗余设备和系统，必须考虑计及其安装和运行成本以及增加重量和空间的有关成本。

发动机的可用性受舰员训练水平的影响很大，并且还受舰船上备件（或舰员容易得到的备件）数量的影响。这两者都要影响到成本，因为舰员的训练需要花费资金，采购备件也会增加成本，且后者还会增加舰船的重量和空间负担。

由于航空改型燃气轮机推进系统的引入，采取一种新的政策，尽可能多在岸上进行维护和修理工作，用新的或经过大修的部件替换已磨损或者有缺陷的部件。一个燃气轮机替换单元可拆除和替换，全部更换工作在24h多一点的时间内即可完成。为使维护更换政策更为有效，对舰船的空间要求有拆卸路径可顺利打开。由于各种设备可共享相同的拆卸路径，所以认为这种空间要求是经济有效的。对维护更换政策的好处常常受到质疑，因为它会导致舰船过于依赖外部的帮助。福克兰群岛冲突中，舰员能够完成修理工作的能力对改善舰船的运行有效性是有积极意义的。成功的临时维修依赖于即可得到的材料和能力较强的舰员。所有这些特征都会以各种形式影响成本，从而逐渐背离维护更换政策。

显然需要一种综合平衡,因为英国海军舰船必须能够有效地、独立地执行任务,但是执行任务的距离要依据所受到的威胁及战情而定。

维护更换政策确实需要有大量的设备以供岸基修理或大修。这意味着舰船的初期成本要考虑这一部分浮动的成本。这个浮动量的大小取决于两次大修之间的时间间隔,大修时间的长短。对装备燃气轮机的情况,还要注意改装舰船的数量,因为被改装的舰船其燃气轮机更换单元已经拆除了。然而,即使所有的维护和大修工作都在战舰上进行,也同样需要仓库存储备件以处理舰载设备可能发生的重大故障,这种故障只有通过更换整个单元才能迅速修复。

将维护更换政策与舰上承担的主要维护方法进行比较时,舰船停在修船坞中的成本也必须计入。文献[19]对估计这种成本的难度作出了解释,给出的结论为每天86000英镑(1981年的价格水平)是有代表性的数据,不过假设要修理的舰船没有阻碍值。虽然每天的准确成本还可讨论,但它却表明舰船不需在港口滞留很多天,因为其成本会很高。

当考虑维护和大修时,舰上或岸上的专用设备以及专用工具的成本不能忽略,尤其在检修完全不同的推进系统时,更应作为主要成本来计入。

10.3.12 特征信号的抑制与抗冲击

如第9章所述,与推进系统有关的主要特征信号为水下噪声、烟囱热烟气的红外辐射以及磁特征信号。抑制这些特征信号的任何措施都会影响到成本。

(1) 水下噪声

为使特征信号可接受,或采取减小噪声源的措施,或在噪声源与海水之间采取抑制措施。无论采取其中的一种或是另一种,还是两者都采用,均取决于成本、风险、重量和维护工作等是否有负面影响。最常用的办法是在原动机与海水之间噪声传输路径上采取抑制措施,一般是采用复杂程度不同的弹性支座装置。抑制噪声的成本可能比某些设计方案中的成本高,例如,有必要采用电力传动系统措施:

  a. 对原动机采取更为完善的噪声隔断措施。
  b. 避免使用噪声较大的齿轮传动装置。
  c. 将原动机离水线更远安装。
  d. 避免噪声沿轴系传播。

这种系统的成本以及它对重量、空间等的影响必须计入降噪的成本中。

显然,降噪措施的成本可能很高。因此,如果在安静状态下使数量最少的发动机运行,在成本上有很大优越性。这可能引导设计人员确定安静状态下需要保留什么功能以及牺牲什么功能。

甚至当噪声能量已经达到船体与海水的界面,仍然有技术措施在此界面上做到声学不匹配。如果推进系统是主要噪声源,则这种声学不匹配系统的主要成本必须归咎于该系统本身。

(2) 红外辐射

对原动机的高温废气,如果不加处理,会产生两个红外辐射源,一个是高温废气本身,另一个是排气道。

通常采取的办法是给高温废气和排气道配备一个冷却系统,使其温度降低到可接受的程度。在这方面还必须综合权衡,因为废气温度下降过低会形成腐蚀性酸(导致维护成本增加),过高的排气背压会影响到燃气轮机的性能(因此会增加运行成本)。

与导弹红外传感器有关的红外辐射,在相对较短的距离内,与其他形式的电磁波一样,在各种实际用途中都是以直线传播的。通过简单的屏蔽或者精心设计排气口都可抑制相对于舰船一定位置的导弹红外寻的系统的作用。红外抑制措施的成本包括排气冷却系统的成本(其大小取决于原动机)或相对简单和廉价的屏蔽设备的成本。

舰船上高温机舱也会给红外传感器提供有用信息,因此,对机械系统散发出来的高温也要采取特殊防护措施以满足红外抑制的要求。

(3) 磁特征信号

如第9章讨论的,最危险的船型是反水雷艇。当其执行任务时,经常非常靠近水雷。其他类型舰船不会无故进入水雷区,在任何情况下,经过适当努力即可保证舰船磁特征信号低到不足以吸引水雷的程度,尽管当其离水雷的距离较近。

反水雷艇的推进系统的磁特征信号对成本的主要影响可按组成磁特征信号的三个主要因素来讨论:

a. 含铁量。推进系统的内在特征信号是变化的,但其含铁量可能较高,因为钢铁常常用在推进系统组件上,这些设备的特性与磁特征信号无关。这些材料有较高的永久磁性成分,除非采用特种钢材或经特殊处理。很多发动机部件可使用替代材料,这样可使磁成分大大降低,但会增加成本。这不仅是由于材料的原因(文献[22]中说其成本是常规材料的10倍),而且由于需要进行专门研制,才能保证其他特性(如强度)不会降低到不可接受的程度。对钢材的特殊处理会导致三个方面成本的增加,即研制成本、初期成本和运行成本的增加。因为需要专门设备来定期检查磁特征信号,当其品质降低到不可接受的程度时,要采取措施恢复其原有磁特征信号。

b. 磁涡流。推进系统是相对紧凑的系统,它适于自然的断点,所以磁涡流不会对成本产生严重影响。

c. 杂散磁场。除非采用电力传动系统,否则不会有与推进系统有关的强杂散磁场。电力传动系统要进行检查,并采取可能的措施使磁特征信号减少到可接受的水平。正如钢铁部件一样,这会导致研制成本、初期成本和运行成本增加。

甚至对单个设备或部件采取了合理措施后,但仍需要采取消磁措施来减小磁特征信号。这样,消磁系统的部分成本就可归咎于推进系统的总成本。

(4) 冲击

如同噪声一样,设备本身的设计要能够吸收冲击能,或者采用弹性安装以及用弹性支座系统来吸收冲击能。在很多情况下,两者都采用。设备的很多关键部件采取特殊的措施以抵抗一定程度的冲击,关键部件通常包括推进系统。这样,设备和支承系统的抗冲击设计、研制、试验和可能的生产等成本就会增加。

10.3.13 工业基础

英国海军不会提供足够多订单以使得某一个制造商的全部时间都用来生产主推进系统,更不用说几个制造商。从英国海军的观点来看,一个制造商最好是要有充分的商业基础和出口基础,以便有助于分散研制费用和全部生产费用(见第9章)。

设计上的决策会影响到工业基础的命运。如果在新级别舰船上采用另一种不同型式的推进系统(称为 C 型),则会对海上使用的现存推进系统(称为 D 型)和提供保障服务的工业基础产生负面影响。这对整个舰队运行的成本有影响,所以在新的推进系统的总成本中必须加以考虑。在极端情况下,某个制造商会被要求退出 D 型推进系统的生产,但这个制造商可能会愿意继续为 D 型推进系统提供保障服务。一种特殊的"仅提供保障服务"的方式可能会形成,即提供备件和承担大修,而不生产新的 D 型推进系统的整机。原生产 D 型推进系统的制造商和提供备件的制造商就可使用同样设备来开展两种服务活动。这种情况下,在"仅提供保障服务"的方式中,保障服务厂商必须承担总的费用,而这种费用过去是由生产厂商分担的。

然而,并非所有的问题都是如此极端。在英国,对于更新、研制和试验各种推进系统有一个连续发展计划,由于国防和商业预算的压力不断增加,有很多项目都是由国防部和工业部门共同资助的。开发工作可能是很有意义的,因此,共同投资双方都会受益。

10.3.14 更换的成本

通常有一种乐观的想法是,与系统更换有关的问题均可很容易解决。在某些情况下这种乐观的想法是正确的;但是在很多情况下,由于对现行使用的系统很熟悉,对其作基本判断有较多可靠的数据。因此,转向一种新系统相对说来即是转向风险更大的领域。如果上述乐观想法不能成立,则更换的成本就足以抵消由更换带来的好处,甚至还不如不更换。

  舰船设计都要保证舰船每年在海上运行一定的天数,如果推进系统妨碍达到这一目标,则会增加成本,这一问题前面已经讨论。为了试图将风险降到最低限度,新的机械设备和系统在海上服役之前都要做陆上试验。这些活动之所以造成实际成本,是因为这些试验必须做很长时间才能保证有机会确定问题的所在。上述陆上试验为维护评估提供所需时间和设备,对舰船全寿命周期产生良好影响。

  更换对成本的其他方面的影响,取决于更换的性质。舰员和维护人员进行培训所涉及的费用,为人员(包括受训人和训练人)、训练设施及手册等成本。另外,对后勤保障服务体系必须安排好,这些活动的成本可能与舰船推进系统的成本相当。因此,对小批量舰船更换推进系统没有吸引力。更换还会影响到整个后勤保障服务体系,例如,如果海军要采用渣油,补给船则需要对油舱加热,并采用专用的燃油处理系统,这些更换要在舰船投入使用之前进行。因此,上述更换增加的成本发生在任何节省实现之前。对折扣的成本作比较时,这种结果会使未来的节省(或增加)都减小。在 20 年周期内增加 1 万英镑的成本需要 3 万英镑的节省才能够补偿(按 5% 的折扣率)。

第 11 章 设计研究举例

11.1 概 述

对推进系统的研究可采取很多形式,要考虑的因素以及对详细研究的深度在很大程度上取决于设计方案的特殊性质。本章讨论的例子仅代表三种一般形式,更详细的模型尚未建立。在前面的几章中对推进系统各要素之间的相互作用关系进行了探讨,并给出了综合平衡之后的结果。本章不打算重复以前的各种详细讨论,而着重于说明在推进系统选型过程中最可能遇到的主要问题。通过讨论设计方案的各个方面,以及某些措施可能产生的影响,仅用泛指的模型就能说明研究的广度。如果将讨论集中在有严格定义的模型上,则会失去这种特性。

每种研究方案都不同,最重要的是,研究的方法必须正确,并完全基于相应设计阶段详细探讨的相关设计特点。随着时间的推移,要注意设计的新特点,一种新式武器的研制会引起推进系统的重要改变。设计师可从先前做过的研究方案中取得经验,但是必须注意在进行每项新的研究时,必须对与新方案有关的因素进行研究,而不是仅仅考虑与以前研究方案有关的因素。

11.2 例1:是否需要研制新机型

舰船确实可使用现成的设备,但要对其略做修改以适应海洋环境。然而,舰船的特殊需求,要求研制某些特殊设备为海军专用。如第9章所讨论的,每个研制项目应该允许制造商用于产品或用于出口,但这常常要在英国海军型号中得到证明后才能做到。

一种新型发动机的研制所需的资金和资源成本都很高。如第9章所讨论的,一般不愿意变更发动机。因此,一种新型推进系统带来的好处必须足以克服由于装置的变更带来的缺点。因为现行类型发动机将来不可用了,所以要强制研制一种新型发动机。但在大多数情况下,在过渡时期研制的舰船用发动机将在未来的舰船设计中要能与现行的发动机竞争。

11.2.1 研制周期

在推进系统设计时,设计师可选择已在海上使用过的各种型式和功率档次的原动机。有些原动机是旧式的,有些则是现代的。一种新型发动机的研制周期很长,从最初的概念设计到在新级别舰船上服役使用可能要 10 年时间。如果在新级别舰船上装备现行的发动机,则在该级别的首舰服役之时已经落后 10 年,在该级别的最后一艘报废之时,则发动机或许落后 45 年了。这样就引出了以下问题:

(1) 现行发动机将会难以保障供应吗?
(2) 长期以来,海军是现行发动机唯一的用户吗?
(3) 现行发动机的性能会比新型发动机差很多吗?

会有这样一个时刻,现行发动机值得放弃而转向使用新型发动机,但问题是这一时刻是何时才能来临?

11.2.2 决策过程

研制一种新型发动机需要很高的成本和大量资源。在向某个项目投入大量的资金和资源之前,必须进行大量的研究以确定新研制项目是否值得。初期的研究要简要浏览一下未来需求,如何用现行发动机和未来发动机来满足这些需求。要确定主要优点、风险、资源以及需进一步研究的其他领域。如果推断特殊选择表明在未来的应用潜力有限,则可能放弃这些选择。这就需要对研究的深度作出判断,以保证对所放弃的方案有把握不会在进一步审查中产生与推断相反的问题。

研究的下一阶段便是将注意力集中到已判定的更有吸引力的方案上。在作出最后决策之前需要几次反复以确定需要研制什么,如果需要研制,选择哪一种方案。这种方法可使决策过程的资源耗费最小。在开始分析大量方案时,在研究的每个阶段都要去掉不具吸引力的方案,从而使在得到最终方案之前付出的精力最小。

可根据很多设计准则对方案作出判断,这样就不可避免地导致不明确的单一方案维持到最后的详细设计阶段。在上述情况下,所选择的方案纯粹是一种主观判断。然而,在对设计方案进行分析时,应当尽可能地采取多种方案,就可作出客观评估。下面将讨论这种方案。

对未来 20 年海军发展规划可作出阶段性评价,这一时期内的规划将会充满各种不确定性。正在研制或计划研制的新式武器如果得以实现,则可能影响相应舰船的性能,海军发展规划要受到国防预算状况的影响。经济停滞时期,推荐的舰级可能要削减或修改。然而，尽管存在各种不确定因素，根据对海军未来发展要求预测的最有用的信息来作出选择仍很重要。从已知的和预计的设计约束条件出发，对于何时需要什么级别的舰船，需要什么性能以及什么是理想的附加特性，就有可能形成某些审查意见。

未来海军舰队的规模与形态是推进系统设计很重要的特性。如果计划发展大型舰船或高速舰船，则其推进系统需要大功率发动机（目前倾向于选择燃气轮机）。反之，如果未来海军舰队由小型舰船和/或低速舰船组成，则需要小功率发动机（目前倾向于选择柴油机）。如果设计者由于各种原因对海军未来需要所作的预测不够准确，则会导致对推进系统的投入资源不适应的舰船设计方案。在某些情况下，这种状况会造成严重的长期影响。事实上，未来需要的工业基础会因今天作出的错误决策而受到严重破坏，或者未建立起相应的工业基础。

一旦对海军未来舰队的可能形态作出决策，就可对舰船功率与航速的关系以及任务剖面和运行模式作出预估。对任何特殊的或许新颖的特定舰船设计要求的影响可作出判断，因为这些判断会影响到推进系统。对各种推荐级别的舰船可制定建造方案，图 11.1 给出了一个例子，这些信息形成对引入一种新型发动机优缺点评价的基础。

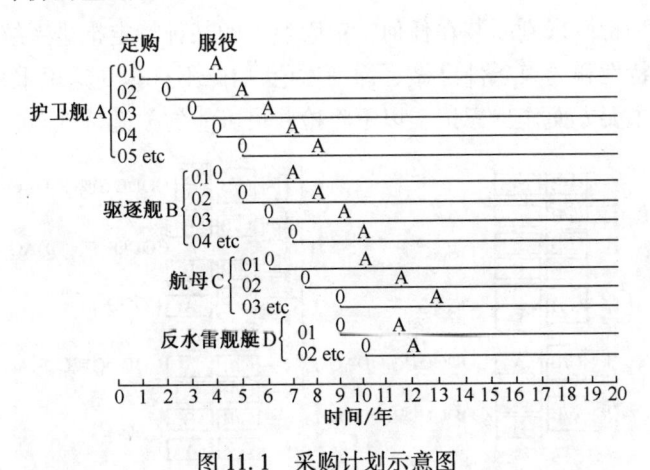

图 11.1 采购计划示意图

11.2.3 灵敏性研究及假设

因为这种前瞻性研究方案中有很多不确定性，所以需要对关键参数的灵敏性进行评价。例如，若对应 30kn 航速预计需要 25MW 功率，那么较高的功率和较低的功率都应该考虑到，因为 30kn 航速和所需功率要求都可能变化，即使 30kn 航速是最终要求，最终功率也可能不是 25MW。

还有一个需要对灵敏性作出评价的例子是在考虑降噪措施时出现的。舰船自身的传感器(可能仍在研制中,因此其特性不确定)和敌方传感器的特性(不确定性更大)是确定未来舰船噪声特征信号的可接受水平的决定因素。可为舰船设定几个噪声指标以处理这些不确定性,这样就要考虑在各种机械系统选择方案中综合各种降噪措施。某些机械设备的噪声很高,即使采取了降噪措施,其噪声特征信号仍会超过某些噪声指标。

通过某些假设,有可能减少研究中需要检验的准则的数目。例如,下列假设是可接受的:

(1) 在研究方案考虑的20多年期间,所用的燃油用途和目标与目前所用的燃油相同。

(2) 在相当长时期内,由于推进系统设计师无法控制的因素,工业基础不会发生重要变化。

11.2.4 需要研究的特性

起初看起来,未来多种舰船可能有多种推进系统方案都满足运行要求。图11.2示明了仅三种类型发动机的几种布置方案,可满足最大制动功率20MW的要求。

可用各种特性来判断装在任何特定舰船上的某种特定推进系统的优点。前面的章节对特性和约束条件已做了详细讨论,因此不打算在这里重复讨论,而仅仅对研究的主要方面作出标记。以下将检验最可能的关键特性。

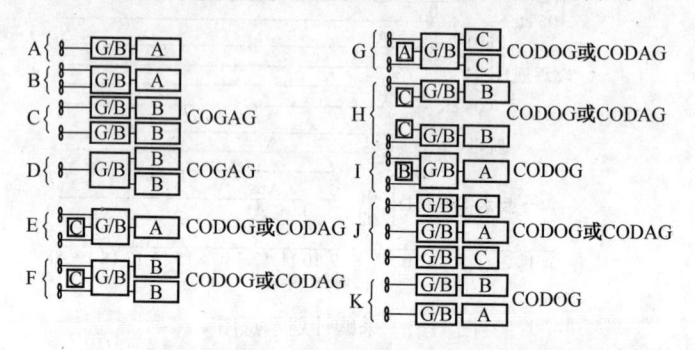

图11.2 某些能提供约20MW制动功率的推进系统

假定 发动机 A = 20MW 燃气轮机
发动机 B = 10MW 燃气轮机
发动机 C = 中等功率柴油机

(1) 燃油耗量

燃油耗量对设计有几种影响。燃油储存量(因它占有重量和空间)通常是

由舰船以 Y 节航速航行 X 海里的要求来确定的。Y 节航速下的高效率推进系统可将燃油储存量减少到最低限度。

舰船可从其供应油舱中得到所需的大部分燃油。若舰船推进系统在各种航速范围内(包括主要航速)的效率较高,则不需要经常进行燃油补给。这就是一种运行优势而且可能是一种成本优势,从而降低了对油舱的需求。

舰船全寿命周期成本将会受到燃油耗量的影响。

(2) 重量

不同的机械系统重量及燃油储存量将影响到排水量和给定航速下的所需功率。

(3) 空间

如果机械系统所占空间较大,则会影响到舰船尺寸以及成本。拆卸路径、管道等也不能忽略。

(4) 初期采购成本

目前,某些决策人认为初期采购成本是一项非常重要的成本。正如第 10 章所讨论的,减小初期成本可能会导致设计上不可接受的特征或者导致全寿命周期成本增加,因此,必须对各种成本要素及其相互关系进行全面检查。舰船下水之前的成本也应该在这里考虑。初期的舾装备件、专用工具和首制舰的其他成本也要归入这一范畴。

(5) 全寿命周期成本

全寿命周期成本可按燃油耗量、备件、维护工作量、大修等项目进行评估,第 10 章中出现过的问题也可进行探讨。

(6) 研制成本

上述成本值得从全寿命周期成本中单独分出来,因为它们出现在全寿命周期的早期阶段,如同采购成本一样,值得特殊考虑。将研制成本分配到使用这种设备的各类舰船上是正确合理的。

(7) 研制周期

某些新设备的研制完成时间可能比另外一些设备快得多。研制周期较短则可使发动机在将要设计的舰船上采用,这样可提出更加明确的要求。研制周期长的设备要承担更大的风险,因为它不能满足性能预测,或超出时间及成本的限制条件。

(8) 舰员配备

要求舰员配备数量较多的设备会对人力资源规划和船体尺寸产生影响,因为需要增加生活设施。舰员技术水平也是要考虑的一个因素。

（9）设计修改的灵活性

舰船设计将要承诺一系列目标。以最大功率为例，如果最初假设相应最高航速需要功率 25MW，则只能发出 25MW 的发动机就不如能发出 25MW 而仍有裕量的发动机有吸引力，因为设计过程中舰船的尺寸可能会增大，服役期间排水量也会增加。要考虑 25MW 的发动机可超出额定功率运行，但是超出额定功率运行其风险也可能更高。

（10）航速要求

舰船将要求在特定的航速下航行，也希望有其他航速，但不是完全必需的。一个设计方案在要求航速下不能提供有吸引力的布置方式，则此方案一定存在缺陷。

（11）后勤保障

现行的发动机有现成的备件、保障网络、手册以及训练体系。新型舰船用发动机也可能会有些上述保障，但不是全部。因此，对新型发动机可能需要建设新的大修线或者在船坞中引入昂贵的设备。

（12）可用性和可靠性

可用性和可靠性随采购的设备以及系统构成的不同而变化。

（13）可维性

不同类型的发动机对维护工作量的影响也不同，甚至还可能影响到维修政策。例如，某设备不可能允许从舰船上拆卸下来到岸上修理。

（14）风险

风险有多种形式。在成本预算内或在规划时间之内，可能有一种风险存在于预期性能的某一方面（或几方面）。由于上述三个因素都很重要，风险则可定义为在预定的研制周期内，达到期望性能而超出成本的可能性。所以必须确定风险的形式以及权衡的结果，然后对得到满意结论的可能性作出客观判断。在舰船上已试验过或试运行很好的设备其风险性较小，但新产品鉴于其他原因必须进行试验。陆上试验可减小风险发生的可能性，但是它会影响到成本、资源和研制周期等，而且，设备的陆上试验不是在真实的海洋环境下进行的。

（15）特征信号

设备内在的相关特征信号随设备类型的不同而变化，如果需要验证，则可采取措施来减小特征信号。

（16）易损性

易损性主要取决于设备布置方式，不过，设备的类型也会对其产生影响。

（17）机动性

从某一特定航速至停船的距离一般认为很关键。有时可能没有这一限制，舰船允许在确定的但非要求的距离内停船。这样为机械设计提供了灵活性,某些机械设备将会比另一些机械设备更有利。

11.2.5 客观判断

如果要在具有很多不确定性的环境下作出综合的、客观的判断,必须建立一种评价方法,以确定对于每种舰船、每种机械动力方案如何能更好地实现各自的性能。某些特性可以很容易地以数值来表示。例如,耗油率可以计算,各种选择方案可按耗油率的高低进行排列。另外一些特性,如风险,则不容易转变成数值来表达。如果对各种特性可建立某些规则,并设计一种标记系统,从而可对各种选择方案按规则进行检查,这样就可产生一个量化的数字,以表明每种选择方案满足各种特性的程度,这样做虽然经常较为困难,但使评价更为客观。

由于设计具有相互作用的特点,某些方面(如重量或空间)要求较高的动力系统方案,则需要对舰船的基本方案重新设计以容纳所选择的机械设备,结果是舰船的功率与航速的关系将与基本设计方案不同。因为缺乏数据,这种相互作用关系很难确定,需要作出一些判断以保证不同机械系统方案之间比较的公正性。

(1) 特性的加权

在设计中,并非所有的特性都同等重要。对空间较小的舰船,机舱要求可能比空间较大的舰船更重要。加权因子可能与每种特性有关,但它们很难确定,必须对各种特性作出判断。通过对舰船设计的各个方面进行讨论和协调,将更有利于确定加权因子,从而得出特定设计方案的主要约束条件。

加权因子在其他方面也很有用。在设计的各个阶段必须判断每种特性需要研究的深度。在某个设计阶段深入研究的重要问题并不能保证后来会深入考虑,或许是因为某个设计阶段已经过去,那种特性或多或少将会固定,但无论好坏,决策已经确定。另外,在设计初期,对某些特性不会详细考虑,因为这类特性的确切性在以后阶段可能要加以修改,或者因为它对总体设计的影响较小。在特定的设计阶段,加权因子有助于确定什么是最重要的,并确定设计方案哪些方面最可能需要做最多的研究。

对每种特性的研究深度可能仅仅是个判断问题。但是一般的规则是对每种特性要有充分的保证,使其足够稳定地达到设计的最后阶段,以致于在设计的下一阶段不会出现些不可预见的基本问题。

(2) 优良指数

可作出如图11.3所示的表。针对特定舰船和机械系统的方案,将每种因素乘以重量加权因子,然后与其他类似的乘积累加。最后得到的数字即为优良指数。对所研究的舰船类型来说,这种优良指数可与备选机械动力方案的优良指数进行比较。

		重量	空间	风险	噪声	优良指数
方案1	评分	8	6	3	7	
	重量因子	8	5	8	2	
	乘积	64	30	24	14	Σ350
方案2	评分	4	4	7	5	
	重量因子	8	5	8	2	
	乘积	32	20	56	10	Σ365

图 11.3 优良指数表

尽管按优良指数的绝对值对不同类型的舰船进行比较是很困难的,但从比较的角度出发可看出引入一种新型发动机(它可补充现行发动机)是否会对未来的舰队提供很多有吸引力的推进系统方案。即使一种新型发动机仅为一个级别的未来舰船提供有吸引力的多种推进系统方案,而不适用于其他未来的舰船,但是这种比较会对需要研究的多种方案提供进行灵敏性研究的线索。例如,若现行发动机很满足航空母舰的要求,并且多年后可预见的仅有两艘航空母舰,解决方案是延期作出决策,因为后期的决策可利用更多的最新资料,或者接收一种解决方案——航空母舰采取与舰队其他舰船完全不同类型的发动机,这样可使整个舰队全寿命周期成本降低至最小值。可能出现这样一种情况——如果引入一种发动机则可免除主机研制计划,尽管引入的发动机某些特性并不理想,但已在其他应用场合得到证明。如果航空母舰采用独特的发动机,执行此项决策则可能会有风险及负面影响,这些负面影响必须得到认可。

此过程涉及的许多方面都缺乏准确的数据,但却可指出某个特定设备(可能要结合其他设备)是否具有广泛吸引力,或者完全没有吸引力。

对所有级别的未来舰船进行这一过程并且考虑到各种类型的现行发动机和未来发动机,就可确定开发新型发动机的意义,并进行全面研究。

这种方法不能满足对研制新型设备的价值作出准确判断的需要,但考虑到未来有很多引人注目的不确定性因素,不可能存在一种完全严格准确的判断。如果根据优良指数的微小差别来判断一种发动机比另一种更优越则是错误的。通过开展灵敏性研究,可确定认为优良指数的最小差别很重要。

这些舰船和机械系统运行模式对发动机设计者也很有用,因为设计发动机需综合平衡,以确定增加功率或提高效率,或者增加两次大修之间的时间间隔,但是不能三者同时增加。舰船和机械运行模式还可用来确定这些参数不同值对总的优良指数的影响。

在准备将大量资源投入到研制新型发动机时,进行如上所述研究将可能是一种贡献,并且是极其重要的贡献。如果情况不是这样,研制方案可能导致多种有吸引力的选择,但可能没有推动力去继续这一过程。可以运用主观判断,但是上述过程有助于保证选择过程引入一些准则,考虑各种因素,进行各种可能的研究,最后得出尽可能客观的结论。将尽可能真实的值分配给各种特性以及加权因子具有充足把握前,这个过程要进行几次反复。正如本例开始时提到的,从开始研制发动机到其服役使用的时间周期很长。可能会出现这样的情况,在确定是否要研制发动机的时候,舰船的采购计划已经确定了。然而这时发动机的研制时间就会超过舰船的采购时间表。这种情况下,必须重新开始研究是否要研制新型发动机,而此时起点设在一个新的、周期更长的舰队发展时间表上,将会回到原始水平不确定性的不幸结局上。

11.3 例2:新设计舰船推进系统的选型

各种事件都可能引发设计新舰船的需求。例如,存在一种新的威胁,或者一种新式武器要求有一个能安装的专用平台。

一艘新级别舰船的研制意味着大量资金和资源的投入,甚至比例1的投入还要多。这样就要有初步的、简略且范围广泛的种种研究,通常经过几次反复过程,在后期研究方案中就可将大量的资源投入到相对较窄的领域内。在这种反复研究过程中所消耗的资源与舰船最终的投资比起来是极小的,费效比可能很好。

在新设计方案的起始阶段,对于舰船要求执行什么任务,期望舰船具有什么特性,未来的操作人员、维护人员和舰船设计师都有很多想法。综合起来考虑,这些要求和特性彼此之间可能含有不相容的特征("要求"一词在设计的各个阶段都用,经常是一种误称,尤其是在设计初期。"要求"是尝试成功的基本条件,实际上,很多设计"要求"具有指标值的特性)。最初都希望对设计方案提出最少的严格约束条件。即使这样,仍然会有很多不相容的条件,因为正如已经讨论过的那样,某些特性与很多其他特性存在各种相互依赖关系。因此,只有通过仔细地分析才可能确定设定一项"要求"的全部内涵(这里"要求"是其词典上基本条件的含义)。一般说来,很多特性都允许比其最初设计阶段所提的"要求"低。如果这种降低会带来很多明显的优点,"要求"内容减少不可能排除一种设计选择方案。初期设计阶段一个主要目标是对重要设计特征进行初步的综合研究,以量化偏离原始"要求"产生的影响,这些所定义的原始"要求"并没有从各种特征融合一起来的舰船设计中获益。

最初舰船尺寸是基于一组初步要求预估的,这样就可估算出功率与航速的关系,根据功率与航速的关系、任务剖面和工作模式就可预选推进系统方案。对于各种要求之间最具吸引力的最终折中方案,不抱任何偏见是很重要的。为此,需要从各种选择方案出发,选择那些既考虑目前的技术水平,又考虑创新性的方案。

舰船设计师的工作进度表是要使舰船尽早下水,因此计划要紧凑,并且要注意风险较高的设备或项目研制周期要求较长。这样会影响到所考虑的机械设备的选择方案,因为这可能将设备限制在下列状态之一:

(1) 目前在海上使用。
(2) 研制计划接近完成。
(3) 能以低风险快速研制出来。

有些设备,如齿轮箱或燃油蒸汽动力装置不是以标准的箱装体(如燃气轮机)出现的,因此必须按照舰船设计方案进行定制。要做到使其可接受,对某些部件的研制工作必须事先进行。当某种设备或系统还没有装舰试验时,则所做的试验必须尽量接近舰用环境,这样可对所设计的所有主要特性有足够的把握,从而可直接装备到舰船上。

11.3.1 初期评估

一旦列出各种可能的选择方案的初步清单,可对其各种相关的性能进行分析评定,如例 1 中所研究的那些特性。如同例 1 中的做法一样,保证研究的客观性和严格性很重要。可根据舰船的初步特性来考虑推进系统方案,但也可根据具有较高重量或空间需求的推进系统方案来重新评估舰船设计方案,以保证不需要大型舰船来容纳所选择的机械系统。大型舰船可能会导致不同的功率与航速的关系,也可能增加安装功率。

例 1 经历了很多不确定因素,而例 2 作为一个舰船设计方案,打算在较短的时间内完成,其不确定性较少。这样使所做的评估具有较高的可信性。

某些基本设计方案(例如,舰船应该采用单桨或是多桨),可作为主要研究方案内各个独立项目的研究课题。对这些子项目立项研究则有助于减少主要方案中推进系统选项的数量。各个研究方案内容将有所不同,但是使用单桨还是多桨值得简略讨论一下,以说明子项目研究中会遇到的问题。

11.3.2 影响桨轴数目选择的考虑因素

由于诸多原因,如负荷、强度、空间、工业加工能力等因素,限制了设计师希望通过齿轮箱/轴/螺旋桨系统传递的最大功率。因为这个限制取决于众多因素,世界各地均不相同,所以没有可普遍适用的限制条件。

舰船设计期间,采用单桨还是多桨方案,有一般的考虑范围。假如没有机械加工的限制,应该考虑如下因素。

(1) 螺旋桨尺寸

螺旋桨能够延伸到龙骨以下的范围取决于舰船的作战使命和进坞时所采用的设施。尤其是多桨方案,螺旋桨可能延伸至舰船的最大宽度之外。可接受的延伸程度取决于操作人员的意图,因为这影响到舰船的操作使用,尤其在港口时。

应该注意到单个螺旋桨所在位置的船体正常形状,螺旋桨直径所受限制的情况与多桨情况相似。如果要传递同样的功率,则单桨的负荷更高,转动更快。这些特性以扭矩和转速特性反映在传递系统的其余设计中。

(2) 易损性

在比较舰船受到攻击损坏而失去机动的可能性时,多桨布置比单桨布置有优越性,但很难量化。在大多数布置多轴的舰船上,几根轴在大部分长度上彼此靠很近。这样,当相应位置上的舱室受到严重损坏时,可能影响到多轴布置中的每根轴。然而,若受到轻微损坏,则可能只影响到多轴系统中的某根轴。

多轴布置方案为沿舰船长度方向分开布置原动机提供了可能性。这样使所有的推进原动机在一次攻击中全部遭受破坏的可能性减少,但是,因为原动机必须驱动船尾的螺旋桨,原动机向前移动增加了推进系统的某一部分受到攻击时破坏的可能性。

(3) 可用性、可靠性和可维性

轴承和轴封都是很可靠的元件,因此维修要求很低。如果传递的功率很大,则要求较大的轴承或轴封。这样可能要做新设计,风险增高,可靠性降低。从这个角度来看,单轴会首先达到新颖性设计的要点。当传递的功率适中时,可用性、可靠性和可维性对轴承和轴封来说,无论单轴方案还是多轴方案都不会有太大差别。

齿轮箱中运动部件的数量可能会影响可用性、可靠性和可维性,这一数量取决于推进系统的特征,其中轴的数量就是一个方面。例如:

a. 单台原动机用来驱动两根轴比起单台原动机驱动单根轴,其齿轮箱中运动部件的数量要多。

b. 双轴输入、单轴输出的一个齿轮箱中运动部件的数量与单轴输入、单轴输出的两个齿轮箱中运动部件的数量相当。

很显然,齿轮箱的其他特征也会影响到可用性、可靠性和可维性,例如,每个齿轮上的负荷、离合器的数量等。齿轮箱一般很可靠,并且维护工作量较小(不过不像轴那样可靠和易于维护)。因此,从这个角度来看,单轴和多轴布置方式对可用性、可靠性和可维性的影响不大。

(4) 水下噪声

作用在螺旋桨上的负荷是推进器产生水下噪声的影响因素中作用最大的因素之一。尺寸的限制,尤其是单桨的情况,可能会导致较高的负荷。进入螺旋桨的水流也会影响噪声特性,一般说来,进入单桨的水流比进入特定双轴布置的双桨的水流要差一些。

(5) 机动性

多轴彼此独立控制,当舰船低速机动时会给操作人员带来灵活性。

(6) 空间与重量

空间与重量这两者在很大程度上取决于特定的设计,因为单轴或多轴布置在个别设计方案中都有可能成为最具吸引力的方案。一个系统和另一个系统是否降低空间或重量要求,应该从舰船设计整体来考虑,因为这种节省可能对舰船总体设计并未带来真正的好处。

由于受到各个方面的限制,例如船型的限制,某些原动机配置可能很难布置,这个问题可通过多轴布置方式沿船长方向分开布置发动机来解决。采用多轴系统,减少每个齿轮箱输入端的数量,也可降低齿轮箱的复杂性,并减小重量与成本。

(7) 成本

如第 10 章中所讨论的那样,为了从成本上比较不同的方案,必须规定方案之间的某些特性是相同的,如同样的易损性、同样的水下噪声等,只有这样,才可对单轴或多轴方案进行优化以满足特定的要求。在这种特定情况下,各种优化方案之间的成本差别代表了单轴和多轴方案的成本差别。

11.3.3　与武器系统的接口

设计的特殊方面可能需要开展大量的研究。例如,装备某种武器系统(武器 A)的舰船要求在某个特定的运行和环境条件下以低速航行,而在另外的情况下则要求以中速航行。如果舰船装备另一种武器系统,则其任务剖面可能完全不同。如果该舰单独航行,则武器 A 要求一种运行模式;如果该舰作为编队中的一部分,武器 A 可能以不同的方式运行,其运行模式也不同。

作为编队的一部分,舰船以稳定的巡航速度航行,载有武器 A 的新舰可能需要低速航行一段时间,然后经过短时期加速,从而使其回到编队中的相应位置。在评估过程中,对这些特性必须做些说明。如果舰船低速航行时间较长,则推进系统低速时最好效率较高。类似地，如果舰船中速航行的时间较长，则中速航行时的效率应该更佳。当舰船载有武器 A 航行时，要求航速范围内推进系统的效率都较高，则在舰船设计其他方面（诸如增加重量或空间要求等）则要作出较大牺牲。武器性能对舰船设计影响关系需要综合平衡。武器系统的研制周期一般很长，因此武器设计师也会遇到推进系统设计师遇到的类似的问题，即试图尽量优化武器，而不考虑综合其中的舰船设计优势。

最近几年的舰船设计经常采用冲刺（sprint）或漂航（drift）的运行模式以适应传统的巡航/加速概念。然而，如果漂航的时间个别看来很短，从操作者来说，在漂航期间不关闭加速发动机显然是有利的（因为频繁地起动、停止会使磨损比正常情况下严重），但单个漂航时间叠加起来占舰船航行时间的很大一部分，这样会使漂航期间的燃油耗量增加。设计师可能正假设当加速机不需要工作时关闭掉，其他设计特性均基于这个前提。对这种情况，设计师必须预计操作人员会如何作出反应，然后开展设计，使其只能按照设想的方式操作，或者与操作人员达成明确协议保证能够做到这一点。为使后一种方法成功，尤其是如果操作人员热衷于此法，设计师必须向操作人员说明所选择的设计没有更简单的替代方案。

11.3.4 旧标准

可能有些标准或惯例过去几年里采用过，但问题是对新的设计方案它们可能不再有效，或者，会对新的设计方案带来不必要的负面影响。其中的一个例子是给定航速的停船距离。

过去燃油蒸汽动力舰船获得某些停船性能是可接受的。在这方面，蒸汽动力舰船没有理由要满足特定准则，但是更容易获得的是最大正车与倒车的功率比。操作人员已经熟悉了蒸汽动力系统的性能水平。

由于燃气轮机和调距桨的出现，与早期蒸汽动力舰船相比，可能会减小停船距离。通常提出的停船距离要求不应比以前的舰船停船距离更短。这就产生了一种效应，使停船距离越来越短，每个设计方案均试图改善停船特性，以免冒超过以前的舰船停船距离的风险。操作人员开始熟悉燃气轮机与调距桨的倒车特性。但是减小停船距离的持续压力导致对设计的约束变得很重要了。

在开始一项新设计时，如果把停船性能复原到蒸汽动力舰船的水平，就有可能减小重量、空间和成本等；如果根本不用任何倒车功率而仅靠惯性滑行至停止可接受的话，可能还会更加节省。从图 11.4 可见，操作人员可能会对惯性滑行的距离很关心，因为舰船达到最终停止的惯性滑行距离可能很长。尽管如此，操作人员还是很难判断出方案 A 性能很好，而方案 B 不可接受，因为两种方案的停船距离都是适中的。只要操作人员知道舰船的停船能力,正常情况下,他应该在这一限制范围内操作。如果存在意外情况,而舰船须在能见度极差的情况下高速航行时,则方案 B 更具风险。必须对出现这种意外情况的频率作出判断,并判断在这种意外情况下发生故障的概率。这样就要求做到折中权衡,不过应是一个很客观的权衡。

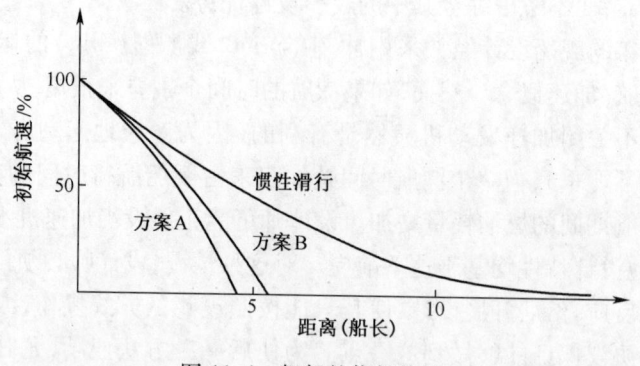

图 11.4 舰船的停船特性

不可避免地,必须对很多难于量化的特性(例如风险性)作出判断。如同例 1 一样,在设计的各个阶段还必须对每种特性的研究深度作出判断。

11.3.5 加权因子和优良指数

例 2 中要求的确定性程度比例 1 中要求的程度更高,若采用加权因子,则其可信性更高。在考虑可能的机械系统方案时,不应忘记可采取折中权衡。很多情况下,加权因子可给出设计方案的侧重方面。

当对特性和加权因子的评价可用时,则可衍生出优良指数。推进系统方案的最初优良指数可能很大,初步研究就可使设计师明确哪种方案具有可取特征,哪种方案不适于特定舰船设计的要求。借助这种方法,可确定多数方案不必进一步考虑,仅仅具有吸引力的少数几个选择方案可能进入下一阶段。

11.3.6 改进选型过程

随着设计的进展,通过连续的反复过程可得到更多的信息。这经常会使设计更加深化,但设备尺寸和重量的初步优化尚未实现。如果尺寸和重量明显增加,则会出现这样的情况,舰船按原始估计规划的推进系统无法提供所要求的性能。降低性能也许是可接受的,但是,如果不能接受的话,则需要增加功率或者减小舰船阻力。对于柴油机或者燃油蒸汽动力装置来说,提高功率可能不太困难。有多种不同功率的柴油机可供选择,因此足以满足修改后的要求,但是会增加重量、空间及可能需要的研制成本。蒸汽动力系统是按舰船定制的,若功率需求增加,则要重新设计蒸汽动力系统(必须接受由此而引起的重量、空间等的需求增加)。设计过程中,无论提出增加功率要求多么晚,无论涉及的是柴油机还是蒸汽动力装置,都会在计划上产生负面影响。

而燃气轮机则不同。它们是以标准箱装体形式出现的,并且在短期内提高功率的范围有限。燃气轮机有不同的额定功率,额定功率越高,发动机寿命越短。最初计划选择功率较低发动机的设计师,如果认为增加功率很重要,则改用额定功率大的发动机。燃气轮机一般都具有提高功率的潜力。通过改进某些部件或者引进技术(如叶片冷却),就可提高燃气轮机的功率。提高功率的可接受程度的细节和判断应当注意,随着舰船设计过程的进展,几乎没有时间进行大量研究工作。如果研制工作落在计划进程表之后,则会延误舰船的交付时间。在某些情况下,某台设备直到舰船交付后才能得到,舰船建造时要为设备"留有空间",舰船交付后,要尽快地装舰。这种方法并不理想,因为会使舰船试验很困难,在某些情况下,还会耽误舰船的试验计划。

依据功率与航速特性曲线和任务剖面的初步信息,某个特定设计方案的巡航和加速发动机的耗油率曲线如图 11.5 所示。如果任务剖面表明舰船大部分时间以 12~15kn 的航速航行,则在这一航速范围内,方案 A1(图 11.5(a))是有效的布置方式。方案 B1(图 11.5(b))是另一种发动机布置方式,在舰船整个航速范围内都采用单台发动机,在 12~15kn 的航速范围内不如方案 A1 效率高。因此,从这个特定的方面来说方案 B1 并不那么具有吸引力。如果随着舰船设计的进展,舰船所需的推进功率提高(或者任务剖面变化而使主要工作航速范围移向高速区),则方案 B1 可能更有吸引力。这是由于功率在 12~15kn 的航速范围内增加,发生在方案 B1 的工作曲线最有效的区域,而方案 A1 必须依赖加速发动机工作(假设方案 A1 的巡航发动机功率不能提高)。这就是如图 11.5(c)和图 11.5(d)所示的方案 A2 和方案 B2。这样,即使设计阶段初期的设计灵活性意味着该设计方案并未进行高度优化(方案 B1 即是例子),但却可保证在出现不可避免的变化时,不会产生严重的负面影响。如果舰船采用方案 A1,则会使巡航发动机的经济航速在 12kn 以下,而不是 15kn 以上。如果该舰随编队出航,这种航速限制要么导致整个编队航速都在 12kn 以下;要么编队以 15kn 航速航行时增加该舰的油耗量。

可作出不同推进模式在整个航速范围内的耗油量的关系曲线。某些模式仅在特定的场合可接受,例如,双轴驱动的舰船在单轴运行的某种情况下是不可取的,耗油量曲线还可给出某些设计方案其他方面的有用信息。在联合动力装置(如 CODAG)中,通过低航速航行时只运行柴油机,中等航速航行时只运行燃气

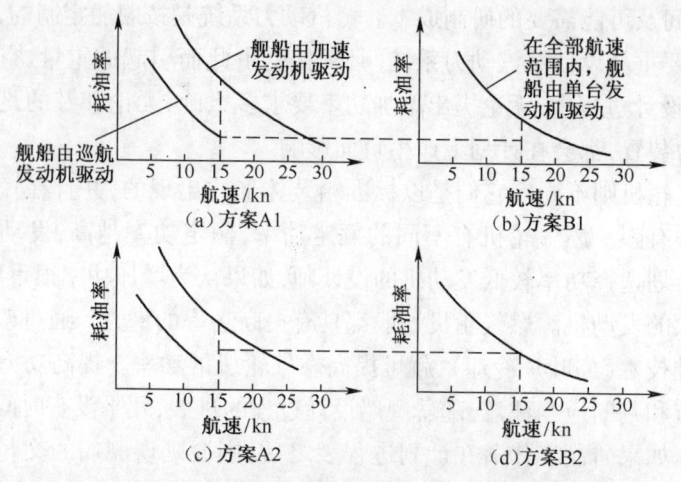

图 11.5 舰船功率需求的增加对耗油率的影响

轮机,高航速航行时柴油机和燃气轮机共同运行,则可做到各种航速下的耗油量最低。在给定的航速下只运行最少的发动机,则具有以最低速率累积运行时数的优点。如果耗油量曲线要求运行的发动机数量不是最少,则要在耗油量与可维护性之间折中平衡。

功率的裕量已经叙述过了,但是裕量在设计方案的其他方面也需要考虑。在设计阶段初期,各种机械设备(例如,齿轮箱的尺寸和形状、新设备的尺寸及拆卸所需的路径)有很多不确定性因素,因此,明智的做法是留有空间裕量,在到达设计最后冻结阶段时,裕量逐渐降低为零。有时,可进一步留出裕量以备在舰船的全寿命周期内使用。对于辅助机械可能需要这种裕量,以满足电气负荷或空调负荷增长的要求,而这类负荷的增加对每一次舰船现代化改装来说几乎是不可避免的。

在设计过程的初期所进行的研究工作可能缺少准确的数据。随着设计过程的进展,某些研究需要重复进行,以保证初期作出结论仍然有效。在某些情况下,随着迭代过程的继续,会出现新研究的需求,以保证后期和详细设计阶段可得到足够的数据。

可用性和可靠性指标可通过确定什么是具有吸引力的理想状况来设定。如果将这些可用性和可靠性指标作为设计要求,则会对下列方面产生较大的负面影响:

(1)试图研制更可靠的设备。

(2)增加额外的冗余系统。

(3)携带更多的备件。

(4)装载更多的维护人员。

这样,随着设计过程的进展,这方面和其他众多方面的折中平衡必须贯穿整个选择过程,以保证指标的实现。

在舰船设计的其余特性逐渐成形的过程中,推进系统设计师要主动保留几套方案,因为其他设计问题的转化会破坏各种方案间优势的平衡。很显然,保留多种方案的开放性会造成资源浪费,所以必须主动确定什么是所保留方案的优势。

11.3.7 技术风险的降低

舰船发生故障会使成本大大增加(见第10章)。如果对推进系统设计方案的判断证明是错误的,则排除系统故障会造成很长的停船时间。已经安装到舰船上的设备(如齿轮箱)若有严重缺陷则很难克服,唯一可行的办法是限制推进系统传递的功率,直至舰船到了重要改装期,再调整或更换齿轮箱。这样的状态显然不太理想,在舰船设计过程中应引起注意,以避免这种情况出现。机械设备可在陆上试验设施中做试验,试验设施可尽量模拟舰船环境,这样有助于消除出海前出现的基本问题。在陆上试验设施中,机械系统设置在适当的建筑物内,并且要运行适当长的时间。所以,陆上试验设施会影响到成本和时间两个方面。陆上试验设施的价值很难评定,因为如果没有发现所试验的机械设施有问题,则这种试验岂不是浪费金钱?建设陆上试验设施以及运行机械时间会延长舰船的采购周期,这也许比浪费资金的缺点更为严重。

减少风险的另一种方法是建造一艘样品船,但实际上很少这样做,因为时间较长,成本较大。可考虑一种类似的方法,即在某一级别后续舰建造之前,就建造一艘该级别首制舰,这样,可从首制舰中取得建造和运行经验,从而用于后续舰。这种方法仅在首制舰与后续舰之间的时间间隔很长的情况下才可行,因为该级别的第二艘舰所用的某些设备必须在第二艘舰建造之前定购。为了充分利用首制舰所得到的经验,在第二艘舰的长线设备订货之前,首制舰必须在海上运行一定时间。

11.3.8 详细设计阶段

当仅剩下一种推进系统方案时,选择过程就完成了。目标就是要在多种方案中尽快确定一种推进系统选择,这个周期取决于舰船设计的其他方面的进展情况。当然,在详细设计阶段开始前,推进系统的方案必须仅为一种。在详细设计期间,这个被选择的系统还要进一步进行研究,以解决各种疑点。如果在详细设计阶段,需要对设计方案做大的修改或者特征有重大变化(如重量增加很多等),则标志着选择过程失败。详细设计阶段是设计的一个重要时期,如果设计得不太正确,轻则会给操作人员或维护人员带来麻烦;重则可能会引起严重的事故或故障。

11.4 例3:续造舰船推进系统的选型

在规划新一批舰船时,要对现役舰船的设计进行回顾,找出是否有要改进的性能。如果两批舰船之间的变化不大,则应考虑下列情况:

(1) 由于重新画图、新的试验程序等所带来的第一批舰的成本要最小。
(2) 低风险。
(3) 如果认为有优势,现役舰船改装则有机会。
(4) 周期负面影响最小。

然而,由于下列问题,也可能需要修改:
(1) 现役舰船所用的设备有严重缺点。
(2) 现役舰船所用的设备停产了。
(3) 新一批舰船的任务与现役舰船相比有重大变化,因此需要一种完全不同的推进系统以满足新的要求。

例2中所用的基本方法也可用到本例中,即各种可能的方案要有初步的和范围较宽的研究方案,逐步收缩到单一的推荐方案。例2和例3的差别在于:
(1) 现役舰船设计有很多满意的特性可供新一批舰船采纳,因此可予保留下来。
(2) 对已确立的设计方案编制的生产程序的修改有许多负面影响,因此要避免"为修改而修改"。

一个方面所做的修改会明显影响到本来很满意的设计的其他方面,例如,对推进系统做大的修改会对全船产生影响。因此,对设计方案必须加以限制:舱壁位置不可改动或者进、排气管道的布置不可变化(因为它们会影响到武器和传感器的布置等)。所以总是希望改动最小。然而,一旦需要移动舱壁和进、排气管等,则前面所做的方案就要重新审查,看它是否确实比其他现行方案更具有吸引力。

当采用加权因子来考虑问题时,对于某种特性可能存在两个加权值。以空间要求为例,总的来看,它可不是设计的关键参数,因此需要适中的加权因子。但是,新的机械系统布置方案所要求的空间发生变化,例如,舱壁要移动,则加权因子必须反映这一重大影响。

例2中所提到的其他特性在本方案中也很重要。设计涉及到资源的变化或者前几批舰船所用的生产方法的影响都要求用适当的加权因子来考虑。

有两个例子值得讨论，以提出某些更专门的特征。

11.4.1 更换加速燃气轮机

考虑这样一种情况，在采用 COGOG 联合动力装置的现役舰船中，其加速燃气轮机已经陈旧，按现代标准来看其效率较低。最高功率档次的新型燃气轮机其最大功率略小，则会使舰船最大航速降低。由于续造舰船排水量大于现役舰船，如果用新型燃气轮机直接替换原有的加速燃气轮机，则导致其最大航速下降是不可避免的事实。

在检查了各种选择方案之后，最具吸引力的可能是：在 COGOG 联合动力装置中以新型燃气轮机作为加速发动机（与现役舰船相比，其最大航速要降低），或者是 COGAG 联合动力装置用于最大航速相同的现役和续造舰船。在这两种情况下，现役舰船巡航发动机均不改动。

在第 8 章中，对"与"方式较之"或"方式布置方案的性能特征上的优点已经进行了讨论。总的来看，在"或"方式布置中，巡航发动机和加速发动机都与螺旋桨匹配，以致在巡航和加速状态下，都可分别达到其额定功率。在"与"方式布置中，巡航发动机在巡航速度下通常是降功率使用，以使舰船在最大航速下，巡航发动机可发出额定功率。

在这个例子中，"或"方式具有优越性，因为现役舰船上所用的巡航发动机没有变动。现役舰船的巡航特性，如航速与耗油量关系不需要改变，从而省去了因排水量增加而引起的任何修改。

在下面这个例子中，COGAG 联合动力装置中"与"方式的影响如下：

（1）必须改变齿轮箱的巡航减速比，以使巡航发动机提供"与"方式下的功率。齿轮箱的减速比可改成这种方式，即在最大航速下可达到最大额定功率，但是这会导致巡航发动机在巡航速度下明显地降功率工作。齿轮箱还可设计成另一种减速比，即在"与"方式下，巡航发动机在发出最大额定功率之前，已达到最大转速，这样可降低在巡航速度范围的功率下降（图 11.6）。这种办法会给综合平衡带来困难，因为巡航发动机与加速发动机相比功率输出如果适中，"与"方式下巡航发动机的输出功率下降，则会影响到采用"与"方式布置的优越性。

需要进一步考虑的是，如果续造舰船的排水量比现役舰船的排水量大，则巡航速度下所需要的功率也要增加。这样，若再考虑到巡航发动机在巡航速度下能有效降功率工作，则巡航发动机提供的巡航速度会低到不能接受的程度。如果编队以较高巡航速度共同航行，续造舰船以巡航发动机工作时的巡航速度较低，要么会影响到编队中其他舰船的运行速度，要么续造舰船就必须更频繁地使用加速发动机航行，其结果是耗油量上升。当续造舰船由巡航发动机驱动工作

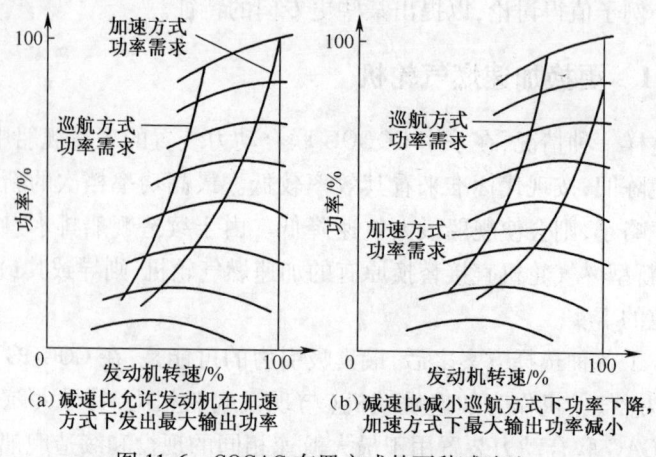

(a) 减速比允许发动机在加速方式下发出最大输出功率

(b) 减速比减小巡航方式下功率下降，加速方式下最大输出功率减小

图 11.6　COGAG 布置方式的两种减速比

时，发动机降功率有效运行，使给定航速下发动机效率比优化匹配后的发动机/螺旋桨的巡航工作效率要低些（如"或"方式布置的效率）。

（2）巡航发动机减速比的变化，还会给传动系统带来困难。减速比的变化情况在很大程度上还取决于现役舰船的设计方案。如果在巡航发动机和主齿轮箱之间设有初级齿轮箱，则减速比的改动就尽可能在初级齿轮箱中进行。这样或许导致改动基座，或许导致发动机相对主齿轮箱移动等。如果没有初级齿轮箱，则主齿轮箱减速比的变化会使其设计做重大改动，所以，采用初级齿轮箱更有吸引力。

（3）采用"与"方式布置，需要对控制系统做更大的改动。需要建立不同工况下的控制策略。例如，从全正车到全倒车，运行哪一台发动机以及按什么顺序工作？在舰船的各种航速下，希望只在低航速下用巡航燃气轮机工作，只在中等航速下用加速燃气轮机工作，在"与"方式下最大航速时才用巡航发动机和加速发动机共同工作。在制定控制策略时，不同航速下发动机的耗油量和发动机的运行时数也是必须考虑的因素。

控制系统的设计还必须保证航速的变化可方便地实现，推进系统也可安全地从一种模式向另一种模式转换。

（4）为了便于讨论问题，新型加速燃气轮机的功率比旧的加速燃气轮机的功率小。在 COGAG 布置方式下舰船的最大航速与现役舰船 COGOG 布置方式下的最大航速相同。加速发动机的减速比是否需要改动取决于发动机和螺旋桨的特性。在巡航发动机的减速比要改动的情况下，必须尽可能避免改动主齿轮箱。

从另一方面来说，如果新型发动机的功率比旧的发动机功率大，或者，若

COGAG 布置方式下的安装功率比现役舰船 COGOG 布置方式下的加速功率大，则在某些运行模式下具有限制续造舰船的输出功率的优势，以保证避免传动系统的重新设计。

（5）因为新型加速发动机的输出功率比旧的发动机要小，其几何尺寸可能较小，但是某些细节上的改动（例如拆除路径）可能导致需要重新设计布置方式。为了避免部分舰船结构的改动，可能导致接近设备的某些部件时比先前更困难些。

11.4.2 用柴油机替换燃气轮机

在续造舰船上用柴油机替换现役舰船上的燃气轮机时，应考虑下列因素：

（1）燃气轮机的输出转速可能比柴油机转速高得多。传动系统修改设计时，要考虑这一问题。由于柴油机的输出转速低，在主齿轮箱减速之前可考虑先在初级齿轮箱中加速。但更具吸引力的做法可能是重新设计主齿轮箱，尽管这样做会导致根本性的改动。

（2）如果柴油机用于护卫舰或较大型舰船上作为加速动力，则比起它所替换的燃气轮机要重得多。柴油机比燃气轮机的耗油率低，续造舰船推进系统的总重量是否会增加，还取决于续造舰船的燃油储备。即使续造舰船的总重量由装备柴油机而增加，它们仍然可能具有优越性。因为舰船增加重量的重心较低，可弥补续造舰船修改武器所带来的顶部重量的增加。

（3）柴油机的尺寸（考虑到维护空间要求）可能对机舱要求空间更大。天花板和舱壁的间距可能需要改动，或者某些通达区域可能受到限制。

（4）柴油机还将影响舰船的特征信号、维修政策和维护工作量。所有这些因素均要按照所提供的增益进行综合平衡。

11.4.3 详细设计阶段

与例 2 大不相同，在选型过程中要尽可能地注意设计的细节，因为在初期阶段注重细节可避免对现存设计方案大量细节做改动。目前现有通风管路和管系的布置等等会对新的推进系统有约束条件。在这种情况下，从选型开始到详细设计阶段的转换界限不是划分得太清晰，但是，仍有一个限定时间点，即选型过程何时完成，详细设计则何时开始。

参 考 文 献

[1] Bowen T L, Grogham D A. Advanced-cycle gas turbines for naval ship propulsion. Naval Engineering Journal, 1984, 5.

[2] Halkola J T, Campbell A H, Jung D. RACER conceptual design. Trans. ASME, 1983, 3.

[3] Rogers G, Mayhew Y. Engineering thermodynamics, Work and Heat Transfer, Longmans.

[4] Fowler A. Closed-cycle diesel engine for underwater power. Trans. I. Mar. E. (TM), 96:47.

[5] Donald K. Marine steam turbines. The institute of marine Engineers.

[6] Nicholas D, Hodgkin A. A new look at steam propulsion for warships. Trans. I. Mech. E, 1983, 9.

[7] Kinsey, Ashcroft. The future for nuclear marine propulsion, Proceedings of a Symposium on Marine Propulsion Systems held in Liverpool Polytechnic, 1974, 5.

[8] Shannon J. Marine gearing, Institute Marine Engineers.

[9] Clements H, Fortunato E. An advance in reversing transmission for ship propulsion. Trans. ASME, 1982.

[10] Charles C. Future naval gear design. Trans. I. Mech. E, 1983.

[11] Hiley R. Diesel fuel for the Royal Navy, Trans. I. Mech E, 1983.

[12] Begg G. Coal burning bulk carries for an Australian coastal trade. Trans. I. Mar. E. (TM), 1981, 94:15.

[13] MacNair E. Future fuels for the Royal Navy. Energy World, 1979.

[14] Thompson R. Present and future marine fuels. West European Graduate Education in Marine Technology, 1983.

[15] Plumb C. Surface warship propulsion-what causes change. Trans. I. Mech. E, 1983.

[16] Ridley P. Royal Naval marine gas turbines in the South Atlantic 1982. Trans. ASME, 1983.

[17] Andrews D, Brown D. Cheap warships are not simple. Trans. SNAME, 1982.

[18] Garzke W, Keer G. Major factors in frigate design. Trans. SNAME, 1981.

[19] Andrews D, Brown D. Cheap warships are not simple. Trans. SNAME, 1982.

[20] Watson D. Designing ships for fuel economy. 46th Parsons Memorial Lecture, 1981.

[21] Halkola J. Campbell A. and Jung D. RACER conceptual design. Trans. ASME, 1983.

[22] Gibson G. Construction and sea trials of HMS Brecon. Trans. I. Mar. E. (TM), 1981, 93:7.